创新型大学生素质教育精品教材

互联网+教育改革新理念教材

飞扬青春　阳光运动
高职体育与健康

主审　吕青山
主编　樊晓帆　杨　超　刘玲玲

教·学
资　源

航空工业出版社

北　京

内 容 提 要

本书结合高等职业院校体育教学的实际情况，以立德树人为根本任务，旨在帮助学生掌握运动技能，并使学生在体育锻炼中增强体质、健全人格、锤炼意志。

本书共十二章，前六章的内容分别为体育与健康概述、运动卫生保健、体育锻炼与体能、职业体能训练、我的大学体育和体质健康测试，第七章介绍了田径运动，第八章介绍了小球运动，第九章介绍了形体运动，第十章介绍了冰雪运动，第十一章介绍了民族传统体育运动，第十二章介绍了休闲健身运动。

本书具有内容丰富、易学、实用的特点，非常适合作为高等职业院校学生的体育教材。

图书在版编目（CIP）数据

飞扬青春　阳光运动 ： 高职体育与健康 / 樊晓帆，杨超，刘玲玲主编. -- 北京 ： 航空工业出版社，2023.7

ISBN 978-7-5165-3368-0

Ⅰ. ①飞… Ⅱ. ①樊… ②杨… ③刘… Ⅲ. ①体育－高等职业教育－教材②健康教育－高等职业教育－教材 Ⅳ. ①G807.4②G717.9

中国国家版本馆 CIP 数据核字(2023)第 090311 号

飞扬青春　阳光运动：高职体育与健康

Feiyang Qingchun Yangguang Yundong:Gaozhi Tiyu Yu Jiankang

航空工业出版社出版发行

（北京市朝阳区京顺路 5 号曙光大厦 C 座四层　100028）

发行部电话：010-85672663　　010-85672683

北京谊兴印刷有限公司印刷　　全国各地新华书店经售

2023 年 7 月第 1 版　　2023 年 7 月第 1 次印刷

开本：787×1092　1/16　　字数：335 千字

印张：14.5　　定价：49.80 元

前言

PREFACE

2020 年 10 月，中共中央办公厅、国务院办公厅印发《关于全面加强和改进新时代学校体育工作的意见》（以下简称《意见》）。《意见》指出：“学校体育是实现立德树人根本任务、提升学生综合素质的基础性工程，是加快推进教育现代化、建设教育强国和体育强国的重要工作，对于弘扬社会主义核心价值观，培养学生爱国主义、集体主义、社会主义精神和奋发向上、顽强拼搏的意志品质，实现以体育智、以体育心具有独特功能。”

本书面向高职学生，重点培养学生的运动能力、职业能力、健康行为和体育精神。本书以“实用、够用”为原则，结合编者多年的体育教学经验，有针对性地借鉴和汲取了体育科学和运动实践的最新研究成果。

具体来说，本书主要具有以下几个方面特色。

1．德体兼修，健体育魂

党的二十大报告指出：“育人的根本在于立德。”本书有机融入党的二十大精神，积极践行“立德树人”的理念，以提升学生的身体素质、教授学生运动知识为显性教育目标，以培养学生的思想品德为隐性目标，以爱国、爱人民、爱集体为主线，将爱国主义教育、集体主义教育和中华优秀传统文化教育等元素有机地融入正文中。章末设置的“强体筑梦”“健体育魂”“健康生活”模块，也将知识、技能的学习和人文素质教育进行了完美融合。

2．校企合作，协同育人

本书在一线双师型教师和体育行业从业人员的指导与支持下编写而成。本书通过合理地安排体育基础理论和运动项目知识，增强学生的体育意识，培养学生的体育与健康学科的核心素养，使学生在实现身心健康和获得良好社会适应能力的同时，养成终身锻炼的良好习惯，为建设健康中国奠定基础。

3．理念创新，优化课程

为积极践行“以学生为主体，以教师为主导，以能力为根本”的教育理念，本书在体系设置和内容安排方面，集课堂教学指导、课外健身技能指导、校园体育文化建设指导、竞赛组织与编排指导等为一体，具有新颖性和实用性等特点。

4．图文并茂，版面精美

本书在讲解运动技能的过程中插入了大量的动作步骤图片，可以帮助学生更快、更好地理解与掌握动作要领。本书版面简洁、清晰，能够使学生获得良好的视觉体验。

5．资源升级，平台支撑

本书将“互联网+”思想融入教材，配有丰富的信息化教学资源，如教学课件、微课、在线考试系统、在线教育和学习平台等，可实现线上线下混合式教学模式，促进学生进行自主学习、合作学习、探究式学习，同时方便教师开展翻转课堂教学活动。

此外，为了方便学校管理、教师教学和学生自学，本书与一款集教学管理、教学支撑为一体的文旌综合教育平台“文旌课堂”（www.wenjingketang.com）开展了深度合作。学校可借助该平台管理校本课程，教师可借助该平台管理各种教学资源（如教学课件、微课视频等）、布置作业、组织考试，学生可借助该平台阅读课外资源、提交作业、进行线上练习、参加考试等。教师和学生在学习过程中如有任何疑问，都可登录该平台寻求帮助。

本书由吕青山担任主审，樊晓帆、杨超、刘玲玲担任主编，王笑宇、吴杉杉、吴江、程兆宇、王绍骅、马孝臣、刘延琪担任副主编。在编写过程中，我们参考了大量的文献资料，由于部分资料来自网络，我们未能确认出处，也暂时无法联系到原作者。对此，我们深表歉意，并欢迎原作者随时与我们联系，我们将按规定支付酬劳。

目录

CONTENTS

第一章 体育与健康概述

知识目标

- 了解现代体育与学校体育。
- 熟悉健康的概念，明确衡量健康的标准。
- 了解亚健康，掌握影响大学生健康的因素。
- 熟悉体育锻炼对健康的影响。

素质目标

- 享受体育带来的乐趣，保持积极的精神状态。
- 充分认识体育对提高人体健康水平的积极意义，增强体育健身的意识。

第一节 现代体育与学校体育

一、体育概述

（一）体育的起源

体育作为人类文化的重要组成部分，是随着人类社会的发展而逐渐形成的。据史学家和考古学家的研究结果，在人类长期的进化过程中，严酷的生活环境迫使人类不得不学习走、跑、跳、投掷、攀登、游泳、搏斗等技能。例如，原始先民要想捕获肿骨鹿、斑鹿和羚羊等善于奔跑的野兽，就需要具备快速、持久的奔跑能力。

图 1-1 原始社会劳动

狩猎中的扔石块动作演化出了后世的链球运动和其他球类运动，投矛器动作是现代弓箭运动的前身。由此可见，劳动（见图 1-1）是体育产生的重要源泉之一，是体育运动的萌芽。

（二）体育的发展过程

体育的发展过程大致可分为以下三个时期：原始的体育萌芽时期、自觉从事体育时期、形成与完善体育制度时期。

1．原始的体育萌芽时期

随着人类身体动作和行为的进化，出现了类似动物嬉戏的体育游戏。到原始社会末期，出现了源于劳动、军事活动和体育游戏的仪式化的身体活动。我们把这种建立在原始社会经济生活基础和社会组织方式上的身体活动称为潜在的体育，即通常所说的原始体育。

2．自觉从事体育时期

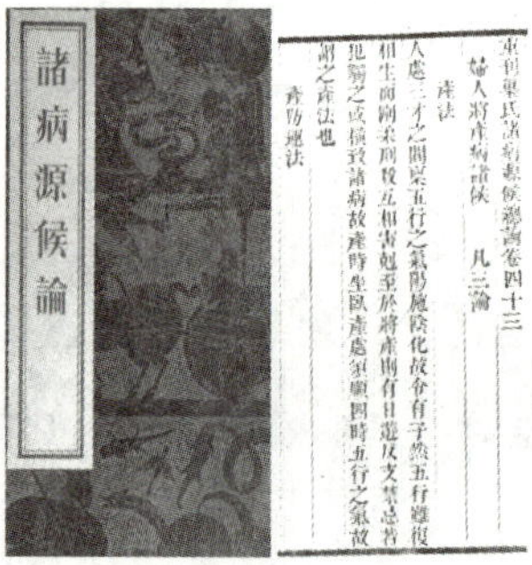

图 1-2　《诸病源候论》

（图片来源：中国网）

进入古代文明时期以后，人类逐渐积累了大量的有关身体活动与身心变化之间联系的经验和知识。例如，中国古代的五禽戏等导引方法就是这种经验和知识的体现。在这一时期，人类已经开始把身体活动与身体变化联系起来。战国时期赵国大臣触龙说自己因为坚持散步而“少益耆食”，隋代巢元方等在《诸病源候论》（见图 1-2）中列出了数百个防病治病的养生方导引法，这些都表明人类对运动与健康之间的联系有了初步的认识，并且已经开始自觉地将其用于改善自己的身体状况。我们把这一阶段的体育称为经验体育。经验体育是人类自觉进行的体育，但是，由于人们缺乏对身体活动规律和生理变化规律的深入认识，所以经验体育还带有一定的盲目性。

3．形成与完善体育制度时期

近代启蒙运动把人类带入了自觉审视自身的新阶段。17—18 世纪的科学技术革命和 19 世纪的工业革命，更是极大地提高了人类的认识能力，身体活动规律与生理变化规律之间的联系被揭示出来。在这一时期，人类不仅自觉地开展身体活动，而且会有意识地利用已经获得的科学认识来改善和提高自身身体素质。因此，这一时期的体育更具科学性，并且开始形成独立的制度体系，注重将科研成果作为体育发展的基础理论。

二、现代体育的构成

现代体育主要由学校体育、竞技体育和社会体育三个部分构成。

（一）学校体育

图 1-3　学校体育

学校体育（见图 1-3）是指为满足社会长远发展的要求，面向全体学生，以开发学生的体力潜能和全面提高学生的身体素质为根本目的的教育过程。

学校体育有以下几个特点。

（1）根据学生的身心发展特点和教学大纲，有计划地组织与开展多种体育教学活动。

（2）教学方法和教学形式丰富多样，让学生在快乐中学、在快乐中锻炼。

（3）竞技比重小，危险系数低，动作技术难度适中。

学校体育的目标包括两个方面的内容：一是强健学生的身体，二是通过体育教育使学生掌握正确锻炼的方法，为学生养成终身锻炼的习惯奠定良好的基础。

学练提示

学生上体育课的注意事项如下：

（1）上体育课需要穿运动服和运动鞋，衣服上不要有胸针、校徽等装饰物，上衣和裤子的口袋中不要装钥匙、小刀、尺子等坚硬、尖锐锋利的物品。

（2）听从指挥，服从安排，有秩序地进行各体育项目的练习。

（3）上课过程中，不可嬉戏打闹，不可损坏运动器材。

（4）做练习时，速度要由慢到快，运动强度要由小到大。

（5）上课前或上课中有任何身体不适，应及时告知老师。

（二）竞技体育

竞技体育（见图 1-4）是具有竞赛特点和较高技术要求的运动项目的通称。竞技体育以最大限度地挖掘和发挥人体运动的潜能，显示个人和团体的体育运动实力，创造优异成绩、战胜对手为目的。

图 1-4 竞技体育

竞技体育具有以下几个特点。

（1）能充分调动与发掘运动员在体力、智力和心理等方面的潜力。

（2）具有较强的竞争性与对抗性。

（3）参加者需要有充沛的体力和高超的运动技术。

（4）竞赛规则统一且具有国际性，竞赛成绩会在较大范围内得到认可。

（三）社会体育

社会体育也称“群众体育”“大众体育”，属于文化娱乐的范畴，是指普通民众自愿参加的，以强身、健体、娱乐、休闲等为目的，内容广泛、形式多样的体育运动，一般不追求达到高水平的运动成绩。

社会体育具有以下几个特点。

（1）满足参与目的的多样性。

社会体育可以满足人们健身、健美、休闲、娱乐、保健和医疗康复等多种需要。

（2）参与对象的广泛性。

全体社会成员都可以是社会体育的参与者，不论年龄、性别、爱好、职业，所有人都可以在社会体育中找到适合自己的项目。

（3）活动时间的灵活性。

社会体育是人们在业余时间开展的一种文化活动。

三、学校体育

（一）学校体育的目的和任务

1. 学校体育的目的

学校体育的目的是通过增强学生的体质，促进其身心健康发展，使其成为德、智、体等全面发展的人才，以便将来能够为建设祖国和服务社会贡献自己的一份力量。

2. 学校体育的任务

与学校体育的目的相对应，学校体育的任务包括以下四个方面的内容。

（1）全面锻炼学生的身体，促进其身体形态、生理机能和心理的发展，提高其身体素质和基本的体育运动能力，提高其对外界环境的适应能力。

（2）使学生了解体育与健康的基础知识，学会科学锻炼身体的方法与技能，掌握常见体育运动项目的基本技术，并能运用所学知识进行自我调控、自我检测和自我评价，为其终身健身奠定扎实的基础。

（3）对学生进行爱国主义和集体主义教育，培养其积极乐观、顽强拼搏的良好品质和团队合作意识，使其能正确对待个人和集体的成功与失败；使学生树立现代体育意识，并把健康与学习、生活和自身发展等联系起来，提高其对体育的兴趣和对体育比赛的欣赏能力，使其养成积极参加体育锻炼的习惯。

（4）发展学生的体育才能，提高学生的运动竞技水平。学校是培养人才的场所，学校体育应在普及体育知识的基础上，对部分具有一定运动才能的学生进行专项体育训练，进一步加强他们的体育才能，为国家培养和输送体育后备人才。

（二）学校体育的功能

在我国，学校体育是一种多功能的文化活动，它既与竞技体育和社会体育组成了完整的体育系统，又与德育和智育构成了学校教育的主要内容。学校体育的功能主要表现在以下四个方面。

1. 培养德、智、体等全面发展的人才

社会主义现代化建设不仅需要学生具备一定的文化水平和专业知识素养，练就为现代化建设服务的本领，还要求学生具有健康的体魄，否则，学生就难以在现代化建设中发挥应有的作用。学校体育能够促进学生德、智、体等全面发展，使其成为有理想、有道德、

有文化和有纪律的社会主义建设者和接班人。

2. 促进学生的身心和谐发展

在成长的过程中，一些学生会表现出自我意识强但心理不成熟、情感丰富但不稳定、意志水平有所提高但不均衡等情况，这些都是其身心发展不平衡的表现。学校体育可以帮助学生进行自我调节，提高其自控能力，使其保持稳定的心理状态。

3. 为提高国民体质水平奠定基础

学生的健康体魄是中华民族旺盛生命力的体现，是学生为祖国和人民服务的基本前提。学校体育不仅要通过督促学生进行有效的体育锻炼，使学生的体质水平得以提高，还要培养他们终身参加体育锻炼的良好习惯，使他们能以充沛的精力、健康的心态和强健的体魄从事学习与工作。

4. 为国家培养优秀的体育后备人才

通过学校体育，教师可以及早地发现具有运动天赋的学生，并对其进行系统与科学的训练，使之成为国家的体育后备人才。为此，学校体育可在普及体育知识与基本技能的基础上，有目的、有计划和有组织地开展业余体育训练工作，这对于提高学生的身体素质与运动水平也大有裨益。

第二节　健康常识

健康的身体是我们实现人生价值的基础。健康是人类追求的永恒目标，拥有健康才能享受生活。以往人们普遍认为“健康就是没有疾病”，但随着科学的发展和社会的进步，对于健康的定义早已不局限于身体的健康。

一、健康的概念

世界卫生组织曾指出：健康不是仅仅免于疾病和衰弱，而是保持身体上、精神上和社会适应能力等方面的完好状态。

这个定义包括三层含义：一是躯体健康，指躯体的结构完好，功能正常；二是心理健康（又称“精神健康”），指人的心理处于良好状态，包括能正确地认识自我、认识环境，及时适应环境等；三是社会适应能力良好，指个人的能力在社会系统内得到充分的发挥，个体能够有效地扮演与其身份相适应的角色，个人的行为符合社会规范。

后来，有学者提出了一个类似的健康观念，即健康是人对环境适应后所达到的一种生命质量，个体只有在身体、情绪、智力、精神和社会适应等方面达到完美状态才称得上真正的健康。这一健康观念具有以下几个方面的内涵。

（1）身体健康不仅包括无病，而且还包括体能充沛。体能充沛不仅可以预防疾病，还能提高生活质量。

（2）情绪涉及我们对自己和他人的感受。情绪健康的主要标志是情绪稳定。当然，人在生活中偶尔有些情绪波动实属正常，关键在生活中的大部分时间内能保持情绪稳定。

（3）智力健康是指具有认识、理解客观事物，并运用知识、经验等解决问题的能力，包括但不限于记忆、观察、想象、思考、判断等能力。

（4）精神健康是指能够认识自己的潜力，自如应对正常的生活压力，并且能够关心和尊重他人。

（5）社会适应是指个体的观念、行为方式能够随社会环境的变化而发生改变，以适应其所处环境。社会适应良好能够使人们在人际交往中充满自信和安全感，进而减少烦恼，保持心情愉快。

值得注意的是，以上几项内容是相互联系、相互影响的。例如，身体不健康会导致情绪不健康，心理不健康会导致身体、情绪和智力等不健康。因此，只有这些健康要素得到均衡发展，人们才能真正健康、幸福地生活。

二、衡量健康的标准

从公共卫生的角度而言，健康的身体应符合以下 10 条标准。

（1）精力充沛，能从容应对日常生活和工作。

（2）自信乐观，态度积极，乐于承担责任。

（3）善于休息，睡眠质量好。

（4）应变能力强，能适应各种环境的变化。

（5）对一般传染性疾病（如感冒）具有一定的抵抗力。

（6）体形匀称，体重正常，身体各部分比例协调。

（7）眼睛明亮，反应敏捷，眼睑不易发炎。

（8）牙齿清洁，无损伤，无病痛，齿龈无出血。

（9）头发有光泽，无头屑。

（10）走路轻松，肌肉、皮肤富有弹性。

人们在日常生活中也总结出一些健康的标准，具体内容如下。

（1）胃口好，进餐适量，不挑剔食物。

（2）排泄顺畅，胃肠功能良好。

（3）能很快入睡，且睡眠程度深，醒后精神饱满，头脑清醒。

（4）语言表达准确，说话流利。

（5）行动自如、敏捷，精力充沛。

（6）性格温和，意志坚强，感情丰富，具有坦荡的胸怀与达观的心境。

（7）具有良好的处事能力和自我控制能力，看问题客观、理性。

（8）能适应复杂的社会环境，对事物的变化保持良好的情绪，能保持社会外环境与机体内环境的平衡。

（9）具有良好的人际关系，待人接物大度、和善，不过分计较，助人为乐，与人为善。

三、关于亚健康

世界卫生组织认为，亚健康又称为“第三状态”或“次健康状态”，是指人体处于非病非健康并有可能趋向疾病的状态。

从生理学角度讲，亚健康是指人体各器官功能处于稳定性失调，但没有引起器质性损伤的状态。此时若进行医学检查，人体各项生理、生化指标往往无明显异常，因此医生无法做出明确诊断。但在这种状态下，人体机能和免疫功能已经有所下降，因此很容易患病，当然，其若能得到及时调理，则可恢复至健康状态。

（一）亚健康的症状

亚健康在临床常被诊断为疲劳综合征、内分泌失调、神经衰弱或更年期综合征等。其在心理上的表现为情绪低落、反应迟钝、注意力不集中、记忆力减退、遇事紧张、失眠、烦躁、焦虑等；其在生理上的表现为疲劳、乏力、胸闷气短、活动时气短、出汗和腰酸腿疼等。此外，由于亚健康基本上是由机体组织结构退化（老化）及生理功能减退所致，所以，目前也将人体衰老表现列为亚健康的一种类型。

总的来说，造成亚健康的原因包括以下几个方面。

（1）过度疲劳。随着生活和工作节奏的加快，各种竞争日益激烈，使得人们用脑过度，身心长期处于超负荷紧张状态，造成人体内脏功能过度损耗、机能下降。

（2）人体的自然衰老。人大约从 30 岁开始衰老。这时，人体器官开始逐渐老化，人体虽然没有病变，但已逐渐趋于亚健康。

（3）机体处于重病恢复期或慢性病发病前期。在上述两个时期，虽然理论上人并未生病，但实际上机体处在病态。

（4）人的情绪低落。情绪低落常伴有某些生理功能的改变，如食欲减退或缺乏，睡眠障碍等，进而使人的健康受损。

（二）亚健康自测

由于亚健康是介于健康状态和疾病状态之间的一种游离状态，所以亚健康很难界定。对此，有专家罗列出以下 30 种亚健康的症状以供人们自我检测。如果人体出现 6 项或 6 项以上的状况，则可视为亚健康。

（1）精神焦虑，紧张不安。　（2）忧郁孤独，自卑郁闷。
（3）注意力分散，思维肤浅。　（4）遇事激动，无事自扰。
（5）健忘多疑，熟人忘名。　（6）兴趣变淡，欲望骤减。
（7）懒于交际，情绪低落。　（8）常感疲劳，头晕眼花。
（9）精力下降，动作迟缓。　（10）头昏脑涨，不易复原。
（11）久站头晕，眼花目眩。　（12）肢体酥软，力不从心。
（13）体重减轻，体虚力弱。　（14）不易入眠，多梦易醒。
（15）晨不愿起，昼常打盹。　（16）局部麻木，手脚易冷。

扫一扫

亚健康了怎么办

（17）掌腋多汗，口干舌燥。
（18）自感低烧，夜常盗汗。
（19）腰酸背痛，此起彼伏。
（20）舌生白苔，口臭自生。
（21）口舌溃疡，反复发生。
（22）味觉不灵，食欲不振。
（23）反酸嗳气，消化不良。
（24）便稀便秘，腹部饱胀。
（25）易患感冒，唇起疱疹。
（26）鼻塞流涕，咽喉疼痛。
（27）憋气气急，呼吸紧迫。
（28）胸痛胸闷，有压迫感。
（29）心悸心慌，心律不齐。
（30）耳鸣耳背，晕车晕船。

四、影响学生健康的因素

有学者从预防医学的角度提出了影响健康的四个主要因素，即行为与生活方式因素、生活环境因素、生物学因素和医疗卫生服务因素。

（一）行为与生活方式因素

行为与生活方式因素是指人们自身存在的影响健康的行为和生活方式。

国内外大量研究表明，不良的生活方式和有害健康的行为习惯已经成为危害人们健康、引发疾病的主要原因。不良的生活方式和有害健康的行为习惯包括：吸烟、酗酒、暴饮暴食、过多摄入脂肪和糖等不健康的饮食方式和行为习惯；作息不规律、缺乏运动、睡眠不足、电子游戏成瘾等不健康的生活方式；以自我为中心、孤僻、抑郁、嫉妒和自私等不健康的心理状态；等等。这些不良生活方式和有害健康的行为习惯是高血压、冠心病、糖尿病等“现代生活方式病”的发生率不断增高和患者不断年轻化的主要原因。

（二）生活环境因素

生活环境因素可分为自然因素（如自然环境、气候与空气质量等）和社会因素（如科技水平、家庭环境、工作环境、人际关系和经济收入等），它们从不同的角度影响着健康。

一方面，现代建筑日益密集并不断向高空发展，居住在这些建筑物中的人们与大自然的距离越来越远，加上城市工业化使得淡水受到污染，空气中的粉尘与二氧化硫等有害物质不断增长，以及酸雨、霾、沙尘暴等自然灾害的频繁发生，致使人类的生活环境日益恶化，严重危害了人类的健康。

另一方面，城市交通的便捷和通信工具的现代化减少了人们利用走路锻炼身体的机会；家用电器的现代化减少了人们参与家务劳动的机会；食品中脂肪和糖类成分的增加，使得人们从食物中摄入的热量越来越多；加之整个社会生活节奏的加快，使人们的身心经常处于紧张状态，精神上承受着巨大的压力。这些生活环境和生活方式的变化使得人的身体机能发生了诸多不良变化。

（三）生物学因素

生物学因素包括遗传因素及细菌、寄生虫等病原微生物因素。

遗传是指自然生物通过一定的生殖方式，将遗传因子从上一代传给下一代的生物现象。在把遗传因子传给后代的同时，上一代也把许多显性或隐性的疾病传给了后代。

遗传因素直接影响人类健康，它对人类诸多疾病的发生、发展具有决定性影响。现代研究表明，遗传因素对健康的负面影响不仅表现在先天性缺陷和遗传性疾病方面，也表现在人类后天的常见疾病（如冠心病、高血压、糖尿病等）和常见的精神障碍等方面。遗传因素可能会使这些疾病提前发生。

病原微生物是引发传染病的首要条件。在微生物学、生物化学及相关学科发展早期，人们普遍认为一些传染病已经基本消灭，其余的传染病也可通过人体免疫和使用抗生素得到控制。但在 20 世纪末，人们惊讶地发现，致病细菌显示出明显的抗药能力和适应环境变化的能力，这意味着病原微生物与人类产生了共生关系，传染病会一直是危害人类健康的主要因素。

（四）医疗卫生服务因素

医疗卫生服务指医疗卫生机构和专业人员为了达到预防疾病、促进人类健康的目的，运用医疗卫生手段向个人、群体和社会提供的必要服务。

医疗卫生服务因素是指医疗卫生系统中影响健康的因素，涉及疾病预防、医疗及康复等方面，包括医疗水平低、误诊、漏诊，医务人员数量少、质量差，初级卫生保健系统不健全，重治疗轻预防，医疗资源分布不均，缺少康复机构和医患关系不良等，这些都是不利于人类身心健康的因素。

第三节　体育锻炼对健康的影响

一、体育锻炼对身体健康的影响

体质是指在遗传性和获得性基础上表现出来的人体形态结构、生理机能和心理因素等综合的、相对稳定的特征。它是人的生命活动和工作能力的物质基础，主要包括身体形态发育水平、生理功能水平、身体素质和运动能力发展水平、心理发展水平及适应能力等五个方面。体育锻炼是增强体质的最直接、最有效的手段。

（一）体育锻炼对身体发育的影响

人的生命大致可分为三个时期，即儿童时期、青少年时期和中老年时期。青少年时期是人体生长发育的重要时期，也是为人的体形、体力和健康奠定基础的关键时期。这一时期，后天因素对机体的影响比任何时期都大。实践证明，人在青少年时期经常参加体育锻炼，对身高、体重、身体机能发育的促进作用更为明显。

（二）体育锻炼对人体各个系统的影响

人体是一个完整的、统一的有机体，它由不同功能的系统构成，如神经系统、呼吸系统、血液循环系统、消化系统、泌尿系统、生殖系统、内分泌系统和运动系统。体育锻炼可以对人体各个系统产生积极的影响，从而促进机体全面发展。

1．体育锻炼对神经系统的影响

神经系统由中枢神经系统和周围神经系统组成。人的所有活动都是反射活动，即由感觉器官将体内、体外的刺激传送到大脑，大脑经过分析给出相应的反应指令，再由周围神经将反应指令传达给各个系统去执行。

当人体发育进入成熟阶段，人脑体积就不再增加，但大脑皮层的结构和功能仍在发展，因此，体育锻炼仍会对大脑功能有改善作用，具体内容如下。

（1）体育锻炼可以提高人体对刺激的反应速度。体育锻炼的项目种类和技术动作繁多，对抗性和技术性越强的运动，越能有效地强化神经元的生理功能，使神经元的兴奋强度和反应速度都得到提高。

（2）体育锻炼有助于增强记忆力，提高大脑工作效率。其原因如下：第一，运动使心脏供血能力提高，进而增加脑细胞的供血量，从而使得脑细胞的活跃性增强。第二，大脑在长时间思考和学习之后，其相关的神经元会产生疲劳，进而由兴奋转为抑制。人在此时进行体育锻炼，可以使运动神经元群兴奋起来，而其他神经元群就可以得到休息，从而有助于提高大脑工作效率。

（3）体育锻炼可以帮助改善神经衰弱。人经常从事体育锻炼，可以使大脑皮质兴奋增强、抑制加深，并且使兴奋和抑制过程都更加集中，进而使大脑的兴奋与抑制过程保持平衡。

2．体育锻炼对呼吸系统的影响

呼吸系统包括鼻、咽、喉、器官、支气管和肺等器官与组织。其中，肺是气体交换的场所，其他器官是气体交换的通道。

在安静状态下，呼吸系统的各个器官只需要很小的工作量就能完成呼吸过程，长此以往，很可能导致呼吸系统机能下降。而人在进行体育锻炼时，由于人体对氧气的需求量增加，所以呼吸频率会加快，这不仅有助于增加肺活量，还能使呼吸肌更为发达、有力，从而提高呼吸系统的机能。

3．体育锻炼对血液循环系统的影响

血液循环系统又称“心血管系统”，是由心脏和血管组成的封闭的管道系统。心脏相当于生命的“发动机”，推动血液在血管里不断地流动，以便把氧气和营养物质运送到身体各处，同时把细胞代谢过程中产生的废物和二氧化碳运出体外。

（1）体育锻炼可以使心脏功能增强。人在进行体育锻炼时，其血液循环会加速，这会使心肌得到更多的营养物质，心壁增厚，心脏容量增加，也使心脏搏动更加有力。一般来说，长期运动的人在正常状态下的心率要比一般人减少 20 次左右。

（2）体育锻炼可以使血管功能变强，血红蛋白增多。体育锻炼使血液循环加快，血流量变大，而血管经常收缩或扩张使得血管壁弹性增强、血管表面积增大，从而使血管对血液的运输功能增强。经常进行体育锻炼，还能使血液中的白细胞、红细胞及血红蛋白含量增多，使人体代谢和耐缺氧的能力增强，从而改善人体血液循环系统的功能。

4. 体育锻炼对消化系统的影响

消化系统是将摄取的食物进行物理性和化学性消化，吸收营养物质，并将食物残渣排出体外的系统。该系统由消化管和消化腺组成，消化管分为口腔、咽、食管、胃、小肠和大肠，消化腺包括口腔腺、肝、胰和消化管壁内的许多小腺体。

（1）体育锻炼可以促进食物的消化和营养物质的吸收。一方面，经常参加体育锻炼能使消化腺分泌的消化液增多，另一方面，腹部运动能加强消化道的蠕动，改善胃和肠道的血液循环，最终使食物的消化和营养物质的吸收更加充分和顺利。

（2）体育锻炼可以增进肝脏健康。体育锻炼会导致体内糖分的消耗增加，促使肝脏将储备的糖原及时向外输送。肝脏工作量的增加使其功能得到了锻炼和提高。

5. 体育锻炼对运动系统的影响

运动系统由骨骼、关节和肌肉三个部分组成。骨骼是人体的支架，是构成体形的基础，起着保护脑、脊髓、心和肺等重要器官的作用。关节是骨与骨之间的枢纽，人体以其为支点产生运动。肌肉附着在骨骼上，并在神经系统的支配下交替收缩与伸展，进而辅助人体完成走路、跑步和跳跃等动作。

体育运动是在运动系统的协调工作下完成的，运动也会使运动系统的各个部分更加坚固、灵活且粗壮有力。

（1）体育锻炼可以使骨骼的形态、机能发生良好变化。长期的体育锻炼会使骨骼变得粗壮、坚固，增强其抗折、抗弯、抗压缩和抗扭转等方面的机能。

（2）体育锻炼可以增强关节的稳固性，提高关节的灵活性。经常从事体育锻炼，能使关节囊、肌腱和韧带增厚，关节的稳固性、灵活性和柔韧性增强，关节软骨的弹性得到提高。

（3）体育锻炼可以提高肌肉性能，增大肌肉体积。肌肉在运动过程中工作量增大，久而久之，会使肌纤维增粗，肌肉体积增大，从而使肌肉更加结实有力。

（三）体育锻炼对环境适应能力的影响

环境适应能力主要是指人体对自然环境的适应能力，具体表现为人体对自然条件和气候的适应性，以及对一些季节变化引起的疾病的抵抗能力。环境适应能力的强弱是身体状况好坏的标志之一。

体育运动可以提高人体神经系统的功能，使人体对外界刺激的反应变得迅速而准确；还能增加人体的体温调节能力，有利于提高机体对环境的适应能力，以及对疾病的抵抗能力。此外，体育运动也有利于培养学生的拼搏精神和坚韧不拔的意志品质。

二、体育锻炼对心理健康的影响

体育锻炼对心理健康的影响是多方面的。对于学生来说，体育锻炼对心理健康的影响主要表现在以下几个方面。

（一）体育锻炼有助于发展智力

正常的智力是正确感知和认识世界的前提，是心理健康的基础。体育锻炼不仅能提高学生的注意力、记忆力、反应能力、思维能力和想象力等，还可以使学生情绪稳定、性格开朗。后者虽然属于非智力因素，但能对学生的智力产生促进作用。

（二）体育锻炼有助于培养良好的情绪体验

学生在复杂多变的社会环境中常常会产生紧张、压抑、忧虑等不良情绪，而体育锻炼能帮助其从烦恼和痛苦中抽离出来。

体育锻炼之所以能够调节情绪，是因为体育锻炼的参与者能体验到运动带来的愉悦感。心理学家认为，适度的体育锻炼能够促使人体释放一种多肽物质——内啡肽，它能使人们获得愉快、兴奋的情绪体验，减轻或消除由学习、生活、情感等各方面的挫折引起的焦虑和抑郁等症状。因此，参加体育锻炼，尤其是参加那些自己喜爱和擅长的体育项目，可以使人从中体会到乐趣，振奋精神，从而保持良好的情绪状态。

（三）体育锻炼有助于形成和谐的人际关系

人际关系也是社会适应的重要内容。现代社会生活节奏的加快，使学生越来越趋向自我封闭的状态，人际交流缺乏，从而造成人际关系越来越差。体育锻炼可以打破这种封闭状态，让不同年级、不同性别和不同家庭背景的学生在运动场上进行平等、友好的交往，从而有助于建立和谐的人际关系。

（四）体育锻炼有助于促进坚强品质的形成

一个人的意志品质体现在其果断性、坚韧性、自制性和独立性等方面。意志品质既能在克服困难的过程中表现出来，也能在克服困难的过程中培养出来。参加体育锻炼的过程，就是不断克服主观和客观上的各种障碍（如懒惰、胆怯和气候条件不佳等）的过程，有助于培养学生果断、坚韧等优秀的意志品质。

三、体育锻炼对社会适应的影响

体育锻炼有利于学生形成良好的价值观念。在运动过程中，学生会在规则的允许下创造良好的成绩，任何违反规则的行为都会受到相应的惩罚。这对于学生形成良好的行为习惯和积极向上的价值观都具有促进作用。

体育锻炼有利于培养学生良好的竞争意识。竞争既是体育活动的特征之一，又是体育精神的重要内容之一。在体育运动中，时时处处充满着竞争，既有人与人之间的竞争，也有团体与团体之间的竞争。在竞争中，学生必须讲究体育道德，依靠自己的能力取胜，而不是通过不择手段地伤害他人取胜。

体育锻炼有利于促进学生合作意识和合作能力的形成。合作意识和合作能力是集体性体育活动参与者的必备条件。在集体性体育活动中，每个成员都需要与他人通力合作，相互支持、相互信赖、协调配合，以达到既定的目标。

强体筑梦

社会体育和竞技体育“两翼齐飞”

体育承载着国家强盛、民族振兴的理想。党的二十大报告提出，“广泛开展全民健身活动，加强青少年体育工作，促进群众体育和竞技体育全面发展，加快建设体育强国”，进一步明确了未来体育强国建设的重点任务和方法路径。一幅社会体育和竞技体育“两翼齐飞”，助推体育强国建设的壮丽图景正在徐徐展开。

体育强国的基础在于社会体育。体育运动在提高人民身体素质和健康水平、促进人的全面发展等方面有着不可替代的作用。近年来，从燃遍华夏大地的“马拉松热”，到“带动 3 亿人参与冰雪运动”目标的实现，社会体育的热潮一浪高过一浪。无论是田间地头，还是都市街道，体育锻炼的身影随处可见。

2021 年相关统计数据显示，我国经常参与体育锻炼的人数已超 4 亿，城乡居民达到《国民体质测定标准》合格以上的人数比例达到 90%以上。全国共有体育场地 397.1 万个。在运动场上，人们迸发激情、挥洒汗水，为一个更美好的明天阔步前行。体育正逐渐成为人们生活中不可或缺的一部分。

近年来，我国运动员在国内外赛场屡创佳绩，一次次激发了人们的民族自信心和民族自豪感。2021 年举行的东京奥运会，中国体育代表团取得 38 枚金牌、32 枚银牌、18 枚铜牌的优异成绩，高居奥运会金牌榜和奖牌榜第二位。2022 年北京冬奥会，中国体育代表团首次实现全项参赛，勇夺 9 枚金牌、4 枚银牌、2 枚铜牌，创造了我国参加冬奥会的历史最好成绩。一代又一代运动员用昂扬的斗志、拼搏的精神，为中国竞技体育在世界舞台上赢得了越来越多的荣誉。这也为各行各业的人们注入了勇攀高峰的信心和动力。

青少年是国家和民族的希望，在青少年成长的道路上，体育发挥着巨大的作用。在中华民族伟大复兴的征途上，体育健儿中不断涌现出先进典型，彰显着祖国未来的激情与豪迈。2022 年 5 月，第 26 届“中国青年五四奖章”评选揭晓，在东京奥运会、残奥会上表现突出的杨倩、李豪等运动员和中国男子乒乓球队、中国轮椅击剑女子重剑团体等集体获得表彰。优秀运动员在赛场上不惧艰难、拼搏争先的形象，成为新时代中国青年精神风貌的一种最佳诠释。

（资料来源：新华网，有改动）

第二章　运动卫生保健

知识目标

- ❑ 了解营养常识，以及运动前后应如何补充营养。
- ❑ 掌握职业病的预防方法和运动疗法。
- ❑ 熟悉常见的运动生理反应与处理方法。
- ❑ 掌握运动损伤的预防方法与处理方法。
- ❑ 了解急救的意义和原则，掌握现场急救的方法。

素质目标

- ❑ 能够在运动过程中注意运动的强度，加强自身的保护，进行科学的运动。
- ❑ 能有效处理运动损伤，具备帮助他人的意识。

第一节　运动与营养

一、营养概述

营养是指人体摄取和消化食物、吸收和利用营养素及排出代谢废物，以维持自身生长发育、组织更新和身体机能处于健康状态的全过程。

（一）营养素

营养素是指可给人体提供能量、构成人体和组织修复，以及具有生理调节功能的物质。人体必需的营养素主要有糖类、蛋白质、脂肪、维生素、无机盐、膳食纤维和水等。

1. 糖类

糖类又称“碳水化合物”，是植物中的葡萄糖、果糖、淀粉和纤维素，以及动物体内的乳糖和糖原等的总称。糖类供给人体的热能占人体所需总热能的60%～70%。除纤维素以外，一切糖类物质都是热能的来源。

2. 蛋白质

蛋白质是人体细胞和组织的重要成分，也是维持生命和修补、更新人体组织的重要物质。蛋白质广泛存在于动物性食品，如牲畜的奶、畜肉、禽肉、蛋类和水产品（鱼、虾、蟹等），以及植物性食品，如大豆类和干果类食品中。

3. 脂肪

脂肪是细胞的主要组成部分，不仅可以储存热量、调节和维持正常体温、保护和支持内脏器官，还能促进脂溶性维生素的吸收。它广泛存在于动物制品（如猪油、牛油、奶油等）和植物制品（如豆油、花生油等）中。

4. 维生素

维生素是维持生物生长和代谢所必需的微量有机物。人体如果缺乏维生素，则不能正常生长，还会发生维生素缺乏症。

人体需要的维生素可分为两类：一类是脂溶性维生素，包括维生素 A、维生素 D、维生素 E 等，这类维生素可在体内储存，不需要每日摄入；另一类是水溶性维生素，包括 B 族维生素、维生素 C 等，这类维生素不能在体内储存，需要每日从食物中摄入。维生素广泛存在于新鲜蔬菜、水果，粗粮，蛋黄等食物中。

5. 无机盐

无机盐旧称“矿物质”，是人体必需的一类微量营养素，并且无法由人体自身产生和合成。无机盐广泛存在于豆腐、鸡蛋、虾皮、绿叶蔬菜、海带和紫菜等食物中。无机盐分为常量元素和微量元素。其中，常量元素有钙、磷、钾、钠、氯、镁、硫、铁、碘、锌等。无机盐具有以下几个作用。

（1）构成机体组织的重要成分。

（2）调节细胞膜的通透性，维持正常的渗透压和酸碱平衡。

（3）维持神经和肌肉的兴奋性。

（4）组成激素、维生素、蛋白质和多种酶类。

6. 膳食纤维

膳食纤维是指不能被人体小肠消化吸收，但在大肠内却能部分或全部发酵的可食用的植物性成分、碳水化合物及其类似物质的总和。膳食纤维分为可溶性膳食纤维和不可溶性膳食纤维两类。可溶性膳食纤维能降低血液中的胆固醇，调节血糖，降低心脑血管疾病的发生率；不可溶性膳食纤维可调节肠的功能，防止便秘。

7. 水

水是人体正常代谢所必需的物质。成年人体内的水占其体重的 60%～70%。当轻度缺水时，人会感到口渴；当重度缺水时，人会出现精神萎靡、尿量减少或者无尿的情况，如果不及时补充水分，则有可能引起人体多个脏器的功能衰竭。

人体中水的来源主要有以下三个：一是直接饮用水；二是摄取食物中的水；三是脂肪和蛋白质等物质代谢时产生的水。

（二）饮食与健康

科学饮食是身体健康的重要保证，但是很多学生却常常忽略这一点，从而影响了自己的身体健康，也影响了学习。科学饮食主要包括以下三个方面的内容。

1. 平衡膳食

学生应坚持以谷类为主的平衡膳食模式，每天的膳食应包括谷薯类，蔬菜、水果，鱼、虾、禽类、畜类、蛋类，奶及奶制品，豆及豆制品，并注重合理搭配，以保证营养均衡。此外，规律地进食也是平衡膳食的重要方面，不规律进食很容易导致肠胃炎、胃溃疡等肠胃疾病的产生。

2．适量饮食

由于每个学生的饮食习惯不同，所以每日的饮食量一般以个人主观感受为主。通常情况下，一日三餐吃到七分饱或八分饱是比较健康的，暴饮暴食或断食少食都是极不可取的。

3．卫生饮食

俗话说：“病从口入。”卫生饮食对身体健康非常重要，可以有效减少疾病的发生。在进食之前，除了要检查食品的洁净度、新鲜度和注意个人卫生，还要注意少吃腌制、油炸或高糖高脂类食品，少喝含糖的饮料。

二、运动前后的营养

（一）运动前的营养

运动前的饮食应以高热量、低脂肪的食物为主。为此，学生可食用一些既容易消化，又能提供糖类的食物，如米饭、面包等。高纤维的食物（如全麦面包、高纤维饼干等）不容易消化，易造成腹部不适，因此不适宜在运动前食用。

（二）运动后的营养

运动后的体能恢复不仅直接影响本次锻炼的效果，还会影响第二天的运动能力。因此，运动后应适当地休息，并补充营养，以尽快恢复体能。

1．水分的补充

剧烈的运动会导致机体水分大量流失。水分流失量达到体重的 1%时，容易引起机体疲劳和不适；水分流失量达到体重的 3%时，机体的不适感会加重，运动能力会下降 20%～30%。因此，学生在运动后应积极补充水分，缓解机体缺水情况。

2．电解质的补充

电解质是指具有离子导电性或在一定条件下（如高温熔融或溶于溶剂形成溶液）能够呈现离子导电性的物质。电解质是维持生命生存所必需的基本物质的组成成分，主要包括钠离子、氯离子、钾离子和钙离子等。

运动时，人体的电解质会随着汗水流失，因此，长时间运动后，学生应饮用淡盐水或运动饮料来补充水分和电解质。

3．糖类的补充

糖类是人体运动时的主要能量来源，其以葡萄糖的形式释放到血液中，为肌肉和身体其他器官提供能量。体内糖类不足容易引起机体疲劳和运动能力下降，因此，运动后及时补充糖类就显得格外重要。

学练提示

一般来说，运动后应摄入适量的流质食物或其他易消化的食物，以补充水分和糖类。这些食物包括：① 800～1 000 mL 运动饮料。② 500 mL 纯果汁。③ 300 g 水果（如苹果、香蕉、橘子等）。④ 6～10 片饼干。⑤ 两片面包和一杯牛奶。

运动后应避免饮酒和含咖啡因的饮料，因为这类饮品有利尿的作用，会进一步促进体内水分减少。此外，酒精会抑制体内糖原异生和肝糖原分解的反应，对运动后的体能恢复极为不利。

第二节　职业病的预防和运动疗法

一、颈椎病

（一）什么是颈椎病

颈椎病是一种常见病，是指颈椎椎间盘退行性变，及其继发性椎间关节退行性变引起颈部脊髓、神经、血管受到刺激或压迫，造成损害而产生的一系列相应症状和体征。其主要症状为颈肩部疼痛、上肢无力、手指发麻、下肢乏力、行走困难、头晕、恶心等。

（二）致病原因

颈椎病的致病原因有很多，除了外伤、受寒或颈椎关节老化外，还与不良的生活习惯、工作方式等有关，比如长时间低头看书或写作，长期使用电脑或手机（见图 2-1），长期开车，长期高枕等，这些生活习惯或工作方式都可能造成颈椎周围软组织的慢性劳损，从而引发颈椎病。

图 2-1　低头族

（三）预防与运动疗法

（1）在学习（劳动）过程中保持端正的姿势，并且每隔半个小时休息几分钟，活动颈部。

（2）有针对性地做颈部、肩部的伸展运动，锻炼肩部肌肉群，增加肩部肌肉力量和柔韧性。

二、腰肌劳损

（一）什么是腰肌劳损

腰肌劳损又称“腰肌筋膜炎”，主要是指腰骶部肌肉、筋膜以及韧带等软组织的慢性损伤炎症。其主要表现为腰背部隐痛反复发作，并在劳累后加重，休息后缓解。

（二）致病原因

腰部长期过度负重或姿势不良等形成的积累性劳损会导致肌肉、韧带等的慢性撕裂，进而出现炎症反应，以致腰痛持久难愈。例如，搬运工腰背部经常过度负重、过度疲劳，伏案工作者长期采用错误坐姿（见图 2-2）、弯腰持续工作时间太长。此外，腰部急性扭伤后，局部肌肉、韧带等组织受损，此时若未能及时诊治，损伤就不能及时恢复，从而导致慢性腰肌劳损。

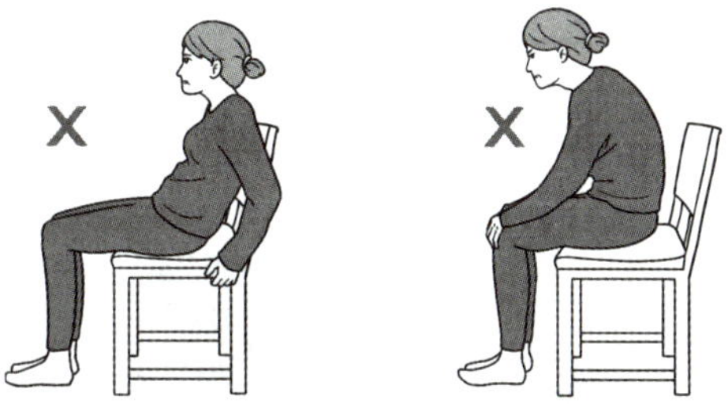

图 2-2　不良坐姿

（三）预防与运动疗法

（1）学习（工作）时要经常变换体位，避免久坐，并且要及时纠正不良姿势。

（2）在进行体育活动或搬抬重物前要做好准备活动，防止突然用力致使腰部扭伤。

（3）加强腰部肌群的力量和柔韧性练习。

（4）经常练习太极拳、五禽戏、健身操等。这些传统的健身方法对预防腰肌受损很有益处。

三、肩周炎

（一）什么是肩周炎

肩周炎又称“肩关节周围炎”，是指肩关节周围肌肉、韧带、肌腱、滑囊、关节囊等软组织损伤、退变而引起的关节囊和关节周围软组织的慢性非特异性炎症。其主要表现为肩部疼痛及肩关节活动受限。

（二）致病原因

肩周炎的病因主要有以下两点。

1．肩部原因

（1）肩关节周围软组织退行病变，对各种外力的承受能力减弱。

（2）肩关节长期过度活动、姿势不良等产生的慢性损伤。

（3）上肢外伤后肩部固定过久，肩关节周围组织继发萎缩、粘连。

（4）肩部急性挫伤、牵拉伤后治疗不当。

2．肩外因素

颈椎病，心脏、肺部、胆道疾病引发的肩部牵涉痛，因原发病长期不愈使肩部肌肉持续性痉挛、缺血而形成炎性病灶，最终形成肩周炎。

（三）预防与运动疗法

（1）肩部向前、向后各旋转20～30次。

（2）两手相握举至头顶，用力向上推，然后放下，做20～30次。

（3）自然站立，两脚与肩同宽，两臂轻轻前后摆，并逐渐增大摆动幅度，每天早晚各做50～100次。

（4）两脚与肩同宽，上体向前弯，双臂向下做捞物动作（见图2-3），每天早晚各做50～100次。

图2-3　捞物动作

四、视疲劳

（一）什么是视疲劳

视疲劳是指以久视后出现眼胀、头痛、头晕、眼眶胀痛等自觉症状为主要表现的眼病。

（二）致病原因

1．长时间近距离用眼

长时间注视书本或电子产品（如电视机、电脑、智能手机等）的屏幕时，眨眼次数会明显减少（由日常每分钟22次左右锐减至5次左右），进而导致眼睛干涩，从而容易出现视疲劳。

2. 环境光线不理想

光照不足或过强，光源分布不均匀或闪烁不定等，都会造成眼睛看东西比较费力，导致眼部肌肉持续紧张，从而出现视疲劳。

3. 屈光不正

屈光不正包括近视、远视和散光。屈光不正患者如果佩戴的眼镜度数不合适或者两眼度数相差太大，其双眼就需要更多的调节力才能看清事物，更易出现视疲劳。

（三）预防与运动疗法

1. 预防

（1）双眼距书本或电子屏幕的距离需要保持在 70 cm 以上。

（2）注视书本或电子产品的屏幕 1 h 后要休息 5 min，眺望远处，转动眼球，眨眨眼。

（3）看书时，房间光线不能太昏暗；看电脑或电视时，需要将屏幕的亮度调节至眼睛感到舒适的范围，从而避免光线过强造成的视神经伤害。

（4）可在眼睛感到疲劳时滴一些与眼泪成分相同的眼药水。

2. 运动疗法

（1）每天进行 2 h 的户外活动能缓解视疲劳。

（2）做眼保健操。

（3）极目远眺对调节眼功能有一定的作用。其具体做法如下：自然站立，两眼先平视远处，再慢慢将视线收回。如此反复数次，注意配合深呼吸。

五、扁平足

（一）什么是扁平足

扁平足是指人站立时足纵弓坍陷、足内侧缘接近地面，呈外翻足畸形的病症。其病因包括先天性发育畸形、遗传性扁平足和劳损性扁平足。其中，以劳损性扁平足较为常见。扁平足好发于青少年。足弓消失的生理障碍在于足弓弹性消失，行走或活动时无法吸收震荡，导致行走过久会出现足部酸痛症状。

（二）预防与运动疗法

防治扁平足的主要方法是做矫正体操。例如，练习足尖走、足跟走、足外侧走、踢毽子，练习坐位时足内翻、足趾屈伸、足趾钳物等。每日练习 1 次或 2 次，每次 20～30 min。

六、下肢静脉曲张

（一）什么是下肢静脉曲张

下肢静脉曲张是指下肢浅表静脉扩张、伸长、弯曲成团状的现象。下肢静脉曲张多见于从事持久体力劳动或站立工作的人员，主要表现为患肢酸胀、乏力、沉重等，严重者会伴有小腿溃疡或浅静脉炎等并发症。

（二）预防与运动疗法

（1）平时多做双腿摆动、蹬夹练习，多做腿部按摩。

（2）长时间站立时，不要总用两条腿一起支撑全身重量，可有所侧重，让两条腿轮换休息；还可踮起脚跟，上下活动，或做下蹲练习。

（3）经常进行游泳、慢跑、骑自行车、跳绳等运动。运动后，可抬高下肢促进下肢静脉的血液回流。

第三节　常见的运动生理反应与处理

运动会暂时打乱人体生理活动的有序性，使人体出现一些生理反应，这些反应被称为运动生理反应。正确认识与处理运动中的生理反应，能够避免运动的盲目性与随意性。常见的运动生理反应及处理方法如下。

一、过度疲劳

过度疲劳一般表现为锻炼者食欲减退、睡眠质量差、精神不振，有时还会表现为头痛、头晕、记忆力减退或心情烦躁不安。锻炼者的常规身体检查结果往往无明显异常，但其日常的学习与生活却会受到影响。

（一）原因

过度疲劳的原因多为锻炼者片面追求运动成绩与锻炼效果，违反安全与循序渐进的运动原则，持续进行高强度的体育锻炼；或是伤病后身体尚未完全康复就投入常规锻炼，缺乏全面的身体素质训练。

（二）处理

对待过度疲劳，应遵循早发现、早处理的原则，及时调整锻炼计划，降低运动强度，缩短运动时间，不做高难度动作。锻炼者还应增加睡眠时间，加强营养，辅以温水浴，进行恢复性按摩或采取相应的医疗措施等。

（三）预防

为了预防过度疲劳，锻炼者应制订合理的锻炼计划，遵循科学的锻炼方法。在参加体育锻炼的过程中，锻炼者还应加强自我监督，注意观察锻炼时出现的不良反应，如身体患有伤病要及时治疗，待身体恢复后再进行锻炼。

二、极点现象和第二次呼吸

（一）极点现象

在进行剧烈运动特别是中长跑时，人体的能量消耗大，下肢回流血量减少，氧债（机体在剧烈运动时所需要的氧量和机体实际摄取到的氧量之差）不断积累并达到了一定的程度，此时人体就会出现呼吸急促、胸闷难忍、下肢沉重、动作不协调甚至恶心的现象，这在运动生理学上被称为“极点现象”。

（二）第二次呼吸

极点现象出现后，锻炼者适当地减慢运动速度并深呼吸，坚持下去，上述生理反应会逐渐缓解并消失。随后，身体机能得到改善，氧供应增加，运动能力得到提高，肢体变得协调有力，生理过程出现新的平衡，这在运动生理学上被称为“第二次呼吸”。第二次呼吸出现以后，人体的循环机能将稳定在较高的水平上。

（三）处理和预防

极点现象是长跑运动中常见的生理现象，锻炼者出现这种现象时无须焦虑与恐惧，只要处理得当和坚持锻炼，极点现象是可以逐渐减轻的。

为了减轻极点现象，锻炼者应做到以下几点。

（1）准备活动要充分，以使自主神经提前兴奋。

（2）当极点现象出现后，要放慢跑步速度，降低运动强度，并调整呼吸。

（3）平时要注意加强锻炼，不断提高呼吸系统与血液循环系统的功能。

三、肌肉酸痛

肌肉酸痛主要表现为局部肌肉的酸痛或全身乏力。

运动引起的肌肉酸痛可分为急性肌肉酸痛与慢性肌肉酸痛（延迟性肌肉酸痛）两种。急性肌肉酸痛有别于肌肉拉伤，它是肌肉因暂时性缺血而出现的酸痛症状。其发生在运动过程中或运动结束后的一段时间内（1 h 左右）。急性肌肉酸痛通常会伴有肌肉僵硬的现象。慢性肌肉酸痛往往在运动结束的 12～48 h 内出现，在运动量较大或是较长时间未锻炼又重新开始锻炼等情况下出现。

（一）原因

肌肉酸痛是由人体运动量大引起局部肌纤维及结缔组织的细微损伤，以及部分肌纤维的痉挛所致。

由于这种肌纤维的细微损伤及痉挛是局部的，所以整块肌肉仍然能够实现运动功能，只是人体会感到酸痛。酸痛产生后，肌肉内部的细微损伤会被逐渐修复，肌肉组织变得更加强壮，此后同样的负荷将不易再导致肌纤维损伤。

（二）处理

（1）热敷。热敷有助于损伤组织的修复及痉挛的缓解。

（2）伸展练习。伸展练习有助于缓解痉挛。锻炼者对肌肉进行局部的静力牵引练习时，可保持伸展状态 2 min，然后休息 1 min，再重复进行。但要注意练习时不可用力过猛，以免造成肌纤维损伤。

（3）按摩。按摩有促使肌肉放松、促进血液循环的作用，有助于修复损伤与缓解痉挛。

（4）口服维生素 C。维生素 C 有促进结缔组织中胶原合成的作用，有助于受伤组织的修复，从而减轻肌肉酸痛。

（5）针灸、电疗。针灸、电疗等手段对缓解肌肉酸痛也有一定的作用（需在医生的指导下进行）。

（三）预防

（1）锻炼者要根据自身的体质、身体状况等科学地安排锻炼强度。肌肉负荷不要过重，也不宜增加过快。

（2）锻炼者应尽量避免长时间使用身体的一个部位，以免局部肌肉负荷过重。

（3）在做准备活动时，锻炼者应注意充分活动锻炼中负荷重的肌肉，以预防肌肉酸痛。

（4）在做整理活动时，除了要进行一般性的放松练习，还应着重进行肌肉的伸展牵引练习，这有助于预防局部肌纤维痉挛，从而避免肌肉酸痛的发生。

四、肌肉痉挛

肌肉痉挛俗称“抽筋”，是指肌肉发生不自主的强直收缩而变得僵硬。运动中容易发生的肌肉痉挛有小腿肌肉痉挛、大腿肌肉痉挛、足部肌肉痉挛和手部肌肉痉挛等，有时也会出现腹部肌肉痉挛。

肌肉痉挛时，局部肌肉会剧烈地收缩并变得坚硬，疼痛感强烈且一时不易缓解。

（一）原因

在剧烈运动时，肌肉快速、连续地收缩会导致肌肉收缩与放松的交替关系被破坏，这样就容易发生肌肉痉挛。另外，当肌肉受到寒冷的刺激或人的精神过于紧张时，也可引起肌肉痉挛。

（二）处理

一旦发生肌肉痉挛，锻炼者应立即对痉挛部位的肌肉进行牵引。例如，当小腿腓肠肌痉挛时，应伸直膝关节，并做足部的背伸动作（足尖上抬，足背向小腿前面靠拢）。牵引时切忌施力过猛，最好有同伴协助。同时，可配合局部按摩与点穴（承山穴、涌泉穴和委中穴等），以促进肌肉痉挛的缓解与消失。

（三）预防

（1）锻炼者在运动前要做好准备活动，对容易发生痉挛的部位应当事先进行适当的按摩。

（2）夏季进行长时间的运动时要注意补充盐分，冬季锻炼时要注意保暖。

（3）下水游泳前应先用冷水淋浴，游泳时不要在水中停留时间过长。

（4）疲劳与饥饿时不要进行剧烈的运动。

五、运动性腹痛

运动性腹痛是指发生在运动过程中或运动之后的腹部疼痛，多见于中长跑、竞走、公路自行车等运动项目中。

运动性腹痛的疼痛部位不固定，一般来说，胃痉挛常引起上腹部疼痛，肠痉挛、肠结核常引起中腹部疼痛；肝脾被膜张力性疼痛的疼痛部位为上腹部的左右两侧。

（一）原因

运动性腹痛的原因如下。

（1）锻炼者在饭后即刻参加运动，其胃部因食物充盈发生牵扯痛或胀痛。

（2）运动前饮水过多或腹部受凉，引起胃肠痉挛。

（3）准备活动不充分，血液不能及时回流，造成肝脾淤血肿胀，增加肝脾被膜张力而引起疼痛。

（4）运动时呼吸紊乱，膈肌运动异常，引起肝脾被膜张力性疼痛。

（二）处理

对于运动性腹痛，锻炼者一般可采用减速慢跑，加深呼吸，按压疼痛部位或弯腰慢跑一段距离等方法处理。若疼痛没有减轻或消失，甚至加重，则应立即停止运动，并口服“十滴水”（祛暑剂）或揉按内关、足三里和大肠俞等穴位，如仍不见效，应及时请医生诊治。

（三）预防

以下措施有助于预防运动性腹痛。

（1）合理安排运动时间，饭后 1 h 再进行体育锻炼。

（2）运动前要充分做好准备活动，运动时要循序渐进，并注意呼吸节奏。

（3）锻炼者因慢性疾病而出现运动性腹痛时，应及时就医，并在医生与体育教练的指导下进行锻炼。

六、运动性贫血

运动性贫血是指由于运动训练过程中生理负荷过大，导致血液中红细胞数或血红蛋白含量低于正常值范围的现象。

运动性贫血患者在剧烈运动之后常出现面色苍白、头晕目眩、心慌气促、四肢无力、精神萎靡等症状。

（一）原因

运动性贫血的原因主要有以下几点。

（1）运动时，脾脏释放的溶血卵磷脂会使红细胞的脆性增加，加之剧烈运动时血流加快，易引发红细胞破裂，从而导致运动性贫血。

（2）剧烈运动时，大量乳酸在体内积蓄，当乳酸的浓度超过一定量时，就会使血液的 PH（酸碱度）值下降，从而加速红细胞的破坏和血红蛋白的分解，导致血液中红细胞数量减少，血红蛋白含量下降，引起贫血。

（3）运动中大量排汗，使体内的铁元素随汗排出，而铁是人体造血的主要原料，若不及时补充，则可引起缺铁性贫血。

（4）运动过程中，肌肉组织对蛋白质的消耗增加，使肾脏缺氧，从而导致红细胞的滤出，引发运动性贫血。

（5）少数锻炼者由于偏食而影响正常的营养摄入，或者由于长期慢性腹泻影响营养的吸收，也可能出现运动性贫血。

（二）处理

（1）锻炼者如在运动中（后）出现头晕、无力、恶心等症状，应适当减少运动量，必要时暂停运动，适当休息。

（2）运动后应当及时补充水分、铁剂、蛋白质、维生素等。

（三）预防

（1）锻炼者在运动时应遵循适度、适量和循序渐进的原则。

（2）改正偏食的习惯，在日常饮食中，多吃富含铁、维生素、蛋白质等的食物，如瘦肉、鸡蛋、菠菜、水果等。

七、运动性昏厥

运动性昏厥是指在运动中或运动后出现的由脑部一时供血不足或血液中物质的变化引起突发性、短暂性意识丧失，肌张力消失并伴有跌倒的现象。

运动性昏厥的表现为锻炼者全身无力、面色苍白、手足发凉，失去知觉而昏倒；其脉搏慢而弱，呼吸缓慢，血压降低。

（一）原因

剧烈运动或长时间运动使大量血液积聚在下肢，回心血量减少，脑部供血不足，导致运动性昏厥。

（二）处理

一旦锻炼者昏厥，同伴应立即扶锻炼者平卧，使其足略高于头部，并进行向心方向按摩。如出现呕吐症状，应将其头部偏向一侧，以保持气道畅通。如呼吸停止，应立即进行人工呼吸。轻度昏厥者可由同伴搀扶慢走，并进行深呼吸。重度昏厥者经临场处理后送医院治疗。

（三）预防

要预防运动性昏厥，锻炼者应做到以下几点。

（1）平时应加强体育锻炼，以增强体质。

（2）久蹲后不要突然起立。

（3）疾跑后不要立即停下来。

（4）不要带病或在饥饿的状态下参加剧烈运动。

八、运动性低血糖症

低血糖症是指人体的血糖浓度低于标准范围的最小值时出现的一系列临床表现。在中长跑的训练与比赛中，锻炼者运动时间过长，强度较大，人体内的血糖会因大量消耗而减少，所以有时会引发低血糖症，这种低血糖症被称为“运动性低血糖症”。它一般发生在运动过程中或比赛结束后。

轻度低血糖者会面色苍白、出冷汗，感到无力、饥饿、极度疲乏、头晕、心慌、烦躁不安；重度低血糖者会出现神志模糊、言语不清、精神错乱等现象甚至惊厥和昏迷。此时，患者脉搏快而弱，呼吸短促，瞳孔扩大，血糖降至 2.8 mmol/L 以下。

（一）原因

运动性低血糖症主要是长时间的剧烈运动使体内血液中的葡萄糖大量减少，大脑皮层的葡萄糖代谢机能紊乱，以及胰岛素增加所引起。除长时间的剧烈运动外，运动前饥饿、情绪过于紧张或身患疾病都可能成为运动性低血糖症的诱因。

（二）处理

运动性低血糖症一旦发作，锻炼者可饮用糖水或吃甜食。如果症状严重，则应及时就医。

（三）预防

要预防运动性低血糖症，锻炼者应做到以下几点。

（1）锻炼前应进食，不要空腹锻炼。

（2）当自觉饥饿感明显或出现低血糖症状时，应停止锻炼或降低运动量，并及时摄入含糖食物。

（3）体弱和缺乏锻炼者不宜参加长时间、长距离和大运动量的锻炼。

九、运动性中暑

运动性中暑是指在高温环境下，机体运动时产生的热量超过机体能够散发的热量而造成人体内过热的状态。运动性中暑的易发人群为年轻的体育锻炼者。

轻度中暑者可出现面部潮红、头晕、头痛、胸闷、皮肤灼热、体温升高等症状；重度中暑者会出现恶心、呕吐、脉搏快而细弱、精神失常、虚脱抽搐、血压下降等现象，甚至昏迷。

（一）原因

运动性中暑由体温调节中枢功能障碍、汗腺功能衰竭、水和电解质丢失过多等原因造成。人在高温、高湿和通风不良的环境中进行体育锻炼时易引发运动性中暑。

（二）处理

一旦锻炼者中暑，同伴应迅速将锻炼者移至通风、阴凉处，解开衣领，冷敷额部，用温水擦身，并给其补充含盐的清凉饮料或“十滴水”，其数小时后即可恢复正常。重度中暑者经临时处理后，应迅速送往医院治疗。

（三）预防

运动性中暑的预防要点如下。

（1）在高温环境中锻炼时，应适当减小运动量，缩短运动时间，避免在烈日下长时间锻炼。

（2）夏天在室外锻炼时，宜穿浅色衣服，戴遮阳帽。

（3）在室内锻炼时，应保证室内通风，空气质量良好，在运动过程中饮用低糖、含盐饮料。

第四节　运动损伤的预防与处理

一、运动损伤的分类

运动损伤是指在体育运动中发生的身体损伤。运动损伤的分类方法较多，常见的有以下几种。

（1）按损伤组织的种类划分，运动损伤可分为肌肉肌腱损伤、滑囊损伤、关节囊与韧带损伤、骨折、关节脱位、内脏损伤、脑震荡和神经损伤等。

（2）按有无伤口划分，运动损伤可分为开放性损伤与闭合性损伤。伤部皮肤或黏膜破裂，有组织液渗出或血液自伤口流出的损伤称为开放性损伤，如擦伤与刺伤等。伤部皮肤或黏膜完整，损伤后的血液积聚在组织内的损伤称为闭合性损伤，如肌肉拉伤与关节韧带损伤等。

（3）按发病的缓急程度，运动损伤可分为急性损伤与慢性损伤。瞬间遭受直接或间接暴力而产生的损伤称为急性损伤，其特点是发病急，症状骤起，病程短。因局部长期负担过重，由反复、微细的损伤积累而成的损伤称为慢性损伤，其特点是发病缓慢，症状渐起，病程较长。此外，若处理不当或在伤未痊愈的情况下过早开始运动，急性损伤会转变为慢性损伤。

二、运动损伤的原因

造成运动损伤的原因是多方面的，它既与锻炼者的运动基础、体质水平有关，也与运动项目的特点、技术难度和运动环境等外部因素有关。具体而言，运动损伤的原因主要有以下几个方面：

（1）思想麻痹大意。这是造成运动损伤的主要因素。其中包括对预防损伤的认识不足，运动前没有检查器械，预防措施不到位，在运动中争强好胜、盲目、冒失，等等。

（2）准备活动不充分。运动前不做准备活动或准备活动不充分，会使运动器官与内脏器官因达不到运动状态而产生损伤。

（3）缺乏运动经验与自我保护能力。部分锻炼者在运动时常因恐惧或过度紧张而造成损伤。更多锻炼者是由于缺乏运动经验与自我保护能力而受伤。例如，人在摔倒时用肘部或直臂撑地，容易造成尺骨、桡骨或肘关节损伤。

（4）技术动作不规范。技术动作做得不规范易引起运动损伤。例如，在排球运动中，传球时若手形不正确易引起手指扭挫伤。

（5）纪律松懈或组织方法不当。例如，在场地狭窄、人员拥挤的地方任意冲撞容易造成运动损伤。

（6）运动环境不佳。运动器械不牢固或年久失修，运动场地高低不平、空气污浊、噪声过大、光线暗淡，气温过高或过低等，都可能成为运动损伤的原因。

（7）身体状况不佳。在睡眠不足、身患伤病、伤病初愈或过度疲劳、营养状况不良时，人体的生理功能与运动能力相对较弱。锻炼者在这种情况下参加剧烈的运动，常常会由肌肉的力量较弱、反应较迟钝和身体协调能力较差等因素引起运动损伤。

三、运动损伤的预防

要预防运动损伤，应做到以下几点。

（1）克服麻痹思想，增强预防运动损伤的意识。

（2）在开始剧烈运动前进行热身活动，运动后进行拉伸活动。

（3）合理安排运动量。运动时，应防止局部组织负荷过重。

（4）加强保护。在加强同伴间的相互保护的同时，还要加强与提高自我保护能力。例如，摔倒时应立即屈肘、低头、团身滚动；由高处跳下时用前脚掌着地，同时屈膝缓冲等。

四、常见运动损伤的处理

（一）出血

1. 出血类型

出血是运动损伤中较为常见的一种情况，可分为外出血与内出血两类。其中，外出血分为动脉出血、静脉出血和毛细血管出血三种，可以出血的颜色与出血的情形进行区分：动脉出血呈喷射状，血色鲜红；静脉出血表现为漫涌而出，血色暗红；毛细血管出血则表现为缓慢渗出。

成人的血液总量一般为 4 000～5 000 mL。若出血量达到全身总血量的 20%，人会出现面色苍白、头晕乏力、口渴等急性贫血的症状；若出血量超过全身总血量的 30%，则危及生命。因此，对于外出血的伤者，尤其是大动脉出血，必须立即止血；对于疑有内脏或颅内出血的伤者，应尽快送医院救治。

2. 止血方法

止血的方法主要有冷敷法、抬高患肢法和压迫法。冷敷法常用于急性闭合性软组织损伤。最简便的冷敷法是用冷水冲洗或用冷毛巾敷于伤处，有条件的可使用氯化烷喷射。抬高患肢法适用于四肢出血的止血。抬高患肢使伤处血压降低，血流量减少，可以达到减少出血的目的。压迫法包括指压法、绷带加压包扎法和止血带法。

（1）指压法。

指压法是指用手指的指腹压在出血动脉近心端相应的骨面上，以阻断血液的流动来达到止血的目的。这种止血方法常用于动脉出血伤者的急救，操作简便，止血迅速，是一种临时性止血的好方法。用指压法处理身体不同部位出血的方法如表 2-1 所示。

表 2-1　用指压法处理身体不同部位出血的方法

出血部位	处理方法
额部、颞部	一只手扶住伤者的头并将其固定，用另一只手的拇指在耳屏前上方一指宽处摸到颞浅动脉搏动后，将该动脉压迫在颞骨上，可止同侧额部、颞部出血
眼以下面部	在下颌角前约 1.5 cm 处摸到颌外动脉搏动后，用拇指将该动脉压迫在下颌骨上，可止同侧面部出血
肩部与上臂部	在锁骨上窝内 1/3 处摸到锁骨下动脉搏动后，用拇指把该血管压迫在第一肋骨上，可止同侧肩、腋部及上臂出血
前臂与手部	将伤臂稍外展、外旋，在肱二头肌内缘中点处摸到肱动脉搏动后，用拇指或食指、中指、无名指三指将该动脉压迫在肱骨上，可止同侧前臂与手部出血
大腿与小腿	使伤者仰卧，患腿稍外展、外旋，在腹股沟中点稍下方摸到股动脉搏动后，用双手拇指重叠（或用掌根）把该动脉压迫在耻骨上，可止同侧下肢出血
足部	在踝关节背侧，于胫骨远端摸到胫前动脉搏动后，把该动脉压迫在胫骨上；在内踝后方，将胫后动脉压迫在胫骨上，可止足部出血

（2）绷带加压包扎法。

绷带加压包扎法是指用数层无菌敷料覆盖伤口，再用绷带加压包扎以压住出血的血管，同时抬高患肢，从而达到止血的目的。该方法适用于小动脉、小静脉和毛细血管的止血。

（3）止血带法。

止血带法是指用胶管或绳子（宽布条、三角巾和毛巾均可）绑扎在伤口的近心端。若是肢体动脉大出血且为方便运送伤者，则应使用止血带。若是上肢出血，则应将止血带捆扎在上臂的上 1/3 处（切忌将其捆扎在上臂中段，以避免损伤桡神经）；若是下肢出血，则应将止血带捆扎在大腿中部。

值得注意的是，使用止血带前应先将患肢抬高，以使静脉血回流，并用软织敷料垫好局部后再捆扎止血带，以刚好摸不到止血带远端的肢体动脉为宜。捆扎止血带后，每隔 0.5～1 h 必须放松一次，每次放松 3～5 min，再扎上。放松止血带是为了防止组织长时间缺氧而坏死，放松止血带时可暂用指压法止血。

（二）软组织损伤

软组织损伤是指运动中发生的除骨骼以外的损伤。软组织损伤分为开放性软组织损伤与闭合性软组织损伤两类。开放性软组织损伤时皮肤和黏膜的完整性遭到破坏，包括擦伤与撕裂伤等。闭合性软组织损伤时皮肤和黏膜完整，包括挫伤与肌肉拉伤等。

1．擦伤

擦伤是运动中最常发生的一种损伤，多发生于对抗性体育项目中及摔倒等意外情况下。

（1）主要症状：皮肤因擦破而出血或有组织液渗出，有一定的创口。

（2）处理方法：对于小面积轻度擦伤且伤口干净者，只需涂抹一些碘伏即可；对于大面积重度擦伤，应先用生理盐水清洗伤口，再涂抹碘伏，覆盖无菌纱布，最后用无菌敷料包扎。

2．撕裂伤

撕裂伤是因钝物打击引起的皮肤和软组织撕裂的开放性损伤。剧烈运动或强烈撞击会造成肌肉撕裂，常见的有眉际皮肤撕裂等。

（1）主要症状：伤口周边多不整齐，常常伴有周围软组织的损伤。

（2）处理方法：对于轻度伤，用碘伏涂抹即可；若伤口较大，则必须止血并缝合伤口，必要时注射破伤风抗毒素，以防感染。

3．挫伤

挫伤是指由直接暴力、跌扑撞击、重物挤压等作用于人体软组织而引起的闭合性损伤。挫伤又分为单纯性挫伤与混合性挫伤。前者是指单纯的皮肤、皮下组织的挫伤，后者是指在皮肤、皮下组织挫伤的同时，还合并有其他组织器官的损伤。例如，腹部挫伤可能会伴有内脏器官的破裂。

（1）主要症状：单纯性挫伤表现为局部疼痛、肿胀、淤血、压痛和运动功能障碍。当内脏器官出现损伤时，伤者会出现头晕、脸色苍白、心慌气短、出虚汗、四肢发凉等症状，甚至休克。

（2）处理方法：对于单纯性挫伤，24 h 内应冷敷或加压包扎，并抬高患肢或外敷中药，24 h 后可进行热敷、按摩和理疗。产生混合性挫伤并出现休克的伤者，经急救处理后应尽快送医院检查与治疗。

4．肌肉拉伤

肌肉拉伤是指肌肉在运动过程中急剧收缩或过度牵拉产生的损伤。这是常见的运动损伤之一，引体向上与仰卧起坐练习较容易引发肌肉拉伤。

（1）主要症状：肌肉拉伤后，伤处会疼痛、肿胀，用手可摸到肌肉紧张形成的条状硬块，触痛明显，且活动受到限制。肌肉严重拉伤时，伤者可听到断裂声，伤处疼痛与肿胀明显，肌肉出现收缩畸形，皮下淤血显著，运动功能出现严重障碍。肌纤维部分断裂时，伤处可摸到凹陷；肌腹中间完全断裂时，会出现“双驼峰”畸形；肌肉一端完全断裂时，肌肉呈“球状”畸形。

（2）处理方法：对于轻度的肌肉拉伤，可即刻实施冷敷、局部加压包扎并抬高患肢，24 h 后可实施按摩或理疗。若肌肉部分完全断裂，则应在加压包扎后立即送往医院做修复手术。

（三）关节韧带损伤

关节韧带损伤是指关节因外力异常扭转而造成的韧带损伤，以及关节附近其他软组织结构的损伤。在体育运动中，关节韧带损伤以腰部关节、肩关节、髌骨和踝关节的损伤最为常见。例如，在跳水时，由双腿后摆幅度过大导致的腰部关节扭伤；在打球时，由投球、扣球和发球动作不当导致的肩关节扭伤；在跳高、跳远时，由踏跳不合理或摔倒受到撞击导致的髌骨损伤；由高处跳下时身体失去平衡，踝关节过度内翻或外翻导致的踝关节扭伤；等等。

1．主要症状

关节韧带损伤一般表现为关节疼痛或压痛，在急性期会出现肿胀、皮下淤血、关节功能障碍等情况。

2．处理方法

对于一般性关节韧带损伤，24 h 内可实施冷敷，必要时加压包扎；24 h 后应采取理疗、按摩和针灸治疗。待疼痛减轻后，伤者可进行功能性练习。对于急性腰部损伤，如果伤者出现剧烈疼痛，则不可对其轻易移动，应使伤者平卧在担架上，并送至医院诊治。伤者平日应卧硬板床（或在腰部下面垫一个枕头），以使肌肉韧带处于放松状态。

（四）关节脱位

关节脱位又称“脱臼”，是指在体育运动中由外力作用致使组成关节的两个骨端相互移开、对合关系全部丧失的病症。关节脱位可分为完全性脱位与半脱位（又称“错位”）两种，以肩、肘关节脱位较为常见。严重的关节脱位会伴有关节囊损伤。

1．主要症状

关节脱位发生时，伤者会即刻产生剧烈疼痛与明显压痛，关节周围显著肿胀并伴有关节畸形、关节功能障碍，有时还会产生肌肉痉挛，严重时伤者会出现休克症状。

2. 处理办法

用夹板或三角巾固定患肢并尽快将伤者送往医院治疗。如施救者没有整复技术与经验，切不可随意对伤处做复位动作，以免加重伤情。

（五）骨折

骨折是指骨与软骨的完整性与连续性在外力的作用下遭到破坏的一种损伤。常见的骨折有肱骨骨折、尺骨或桡骨骨折、手指骨折、小腿骨骨折和肋骨骨折等。例如，摔倒时用手臂直接撑地会引起尺骨或桡骨骨折。

1. 主要症状

骨折发生后，患处通常会出现肿胀、畸形且疼痛难忍，肢体失去正常的功能，肌肉产生痉挛。骨折情况严重时，伤者会伴有出血、神经损伤、发烧等症状，甚至出现休克。

2. 处理办法

暂勿随意移动骨折伤者，应先用夹板或其他代用品固定患肢，然后及时护送伤者到医院治疗。如伤者出现休克症状，应先对其实施人工呼吸；若伤者伴有伤口出血，应同时实行止血操作。

（六）脑震荡

脑震荡是指头部遭受外力打击或剧烈震动后引起的轻度脑部损伤。脑震荡是颅脑损伤的一种，可能与其他颅脑损伤（如颅内血肿）并存，应注意及时鉴别与诊断。

1. 主要症状

脑震荡伤者会出现短时间的意识丧失、呼吸表浅、脉搏缓慢、肌肉松弛，瞳孔稍放大但左右对称等现象。清醒后常伴有头晕、头痛、恶心或呕吐、失眠、耳鸣和记忆力减退等。

2. 处理方法

伤者平卧，不可坐起或立起，头部冷敷。对于昏迷者，可用手指掐点人中、内关穴或给嗅闻氨水；对于呼吸障碍者，可实施人工呼吸并立即送往医院治疗。伤者在恢复期要保持环境安静，卧床休息直至头痛、头晕症状消失，切忌过早地参加体育运动与脑力劳动。

第五节　急救知识

一、急救的意义和原则

急救是对意外或突然发生的伤病事故进行紧急的、临时性的处理，其目的是保护伤者的生命安全，避免或减轻伤者的痛苦，预防并发症，并为伤者转运和进一步治疗创造条件。

急救力求迅速、准确、有效，做到快抢、快救和快送医院处理。在急救的过程中，施救者切不可惊慌失措、顾此失彼，即使遇到危急情况，也要保持镇定，敏捷而有条不紊地开展抢救工作。然后应及时将经急救处理后的伤者送至医院，并向医生介绍伤者的伤情及抢救经过。

发生骨折、关节脱位、严重的软组织损伤或合并其他损伤时，伤者常因出血、疼痛等发生休克，这将对伤者的生命安全造成极大的威胁。因此，在现场急救时，施救者要注意预防伤者发生休克，若有伤者休克，必须优先处理。

二、现场急救方法

（一）休克与救护措施

1. 休克产生的原因及症状

休克是一种由有效循环血量锐减，组织血液灌注广泛、持续、显著地减少，导致全身微循环功能不良，生命重要器官（脑、心、肺、肾、肝）严重缺血、缺氧的综合征。在运动过程中，引起休克的原因主要有以下两个。

（1）剧烈疼痛。例如，骨折伤者感觉剧烈疼痛，剧烈疼痛通过神经反射使伤部周围血管扩张，导致有效血容量相对减少。

（2）大出血，如腹部挫伤、肝脾破裂出血等。大出血使有效循环血量减少。

伤者在休克早期常出现烦躁不安、呻吟、表情紧张、脉搏稍快、呼吸浅而急促等症状。这些症状常常会被忽略。至休克中期，伤者会出现精神萎靡、表情淡漠、面色苍白、口渴、畏寒、头晕、出冷汗、四肢发冷、脉搏无力、血压和体温下降等症状，严重者会出现昏迷。休克晚期，伤者会出现多器官功能衰竭。

2. 救护措施

（1）一般处理。让伤者安静平卧，松解衣领，注意保暖，给予亲切的安慰和鼓励，并适当给伤者饮用茶、姜汤、盐水等以减轻其口渴症状；若伤者头部受伤或呼吸困难，应将其头部稍微抬高，以避免颅内压增高，静脉回流受阻，以及由横膈上升造成的呼吸困难。

（2）对症处理。若伤者有大量出血，则应立即为其止血；若伤者已昏迷，则应使其平躺，密切观察伤者的生命体征并及时送医。

（二）心跳与呼吸停止的急救

扫一扫

心肺复苏术

溺水、严重损伤、休克、重病等会造成伤者呼吸或心搏骤停，如果不及时抢救，则伤者很快就会死亡。心肺复苏术是抢救这类伤者的重要手段，其目的是帮助伤者恢复呼吸与血液循环。心肺复苏术的主要操作步骤如下。

1. 判断意识

拍打伤者的双肩并大声呼唤“同学，你怎么了”，如图 2-4 所示。如果伤者没有任何反应，说明其病情危急。

2. 高声呼救

高声呼救“快来人呀，有人晕倒了，赶快拨打 120，会急救的一起来救护”，如图 2-5 所示。

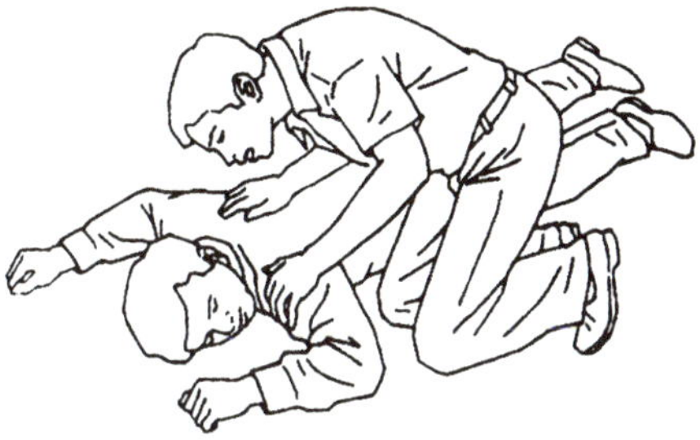

图 2-4　判断意识

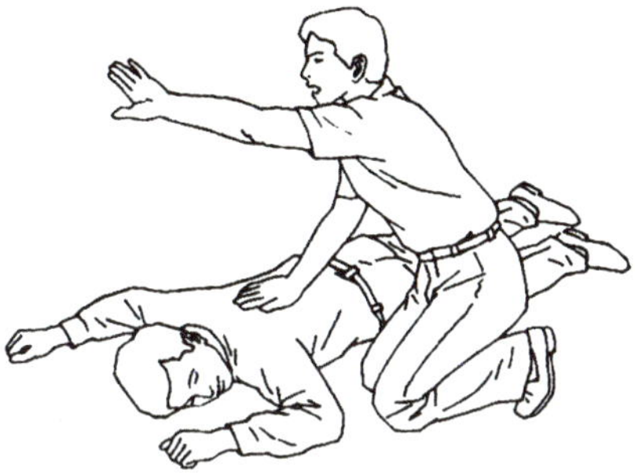

图 2-5　高声呼救

3．保持复苏体位（仰卧位）

如果伤者是以俯卧位倒在地上，要把他翻转成复苏体位，即使其仰卧在坚硬的平面上（转换体位时，要将伤者的头、颈、脊柱整体移动），如图 2-6 所示。

4．查看呼吸与颈动脉搏动

迅速清除伤者口腔异物（如口香糖、呕吐物等），将耳贴近伤者口鼻，听口鼻处有无呼吸声，并侧头注视伤者胸部约 6 s，观察其胸部有无起伏。同时，用食指与中指轻摸伤者的喉结处，然后向外侧滑至颈动脉（气管与颈部肌肉之间），查看伤者颈动脉是否搏动，如图 2-7 所示。

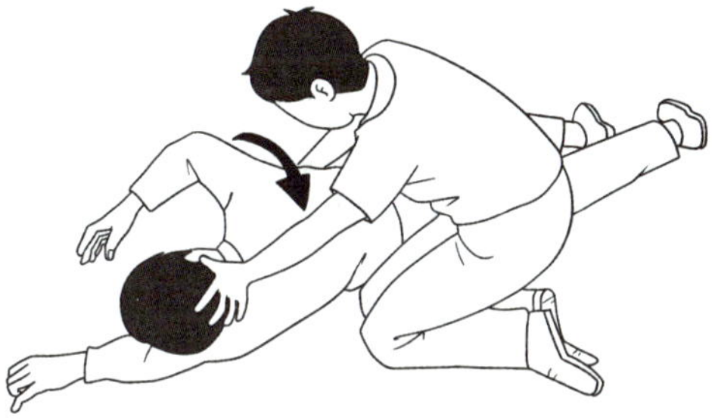

图 2-6　复苏体位

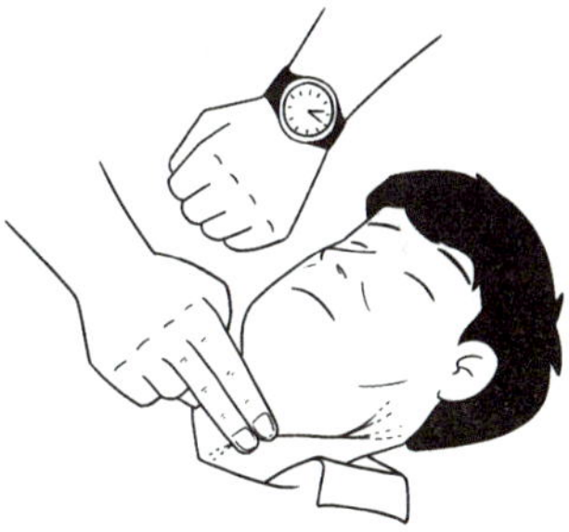

图 2-7　查看颈动脉是否搏动

5．胸外心脏按压与人工呼吸

若伤者有自主呼吸，则继续保持其气道通畅。若伤者无自主呼吸与脉搏，则应迅速进行胸外心脏按压、打开气道并做人工呼吸。

（1）胸外心脏按压。胸外心脏按压的目的主要是建立人工循环，恢复伤者的自主心跳。其具体方法如下：施救者跪于伤者一侧（一般为右侧），将两手上下重叠，并将手掌根部放在伤者剑突上方两横指处（见图 2-8），然后翘起手指，伸直双臂（肘关节不弯曲），双肩垂直于按压部位，借助自身体重与肩部力量向下压，将伤者胸骨下压约 5 cm 后，随即松手使胸骨复原（手掌不离开胸骨），如此反复有节律地（每分钟 100～120 次）进行按压，直至伤者恢复心跳。

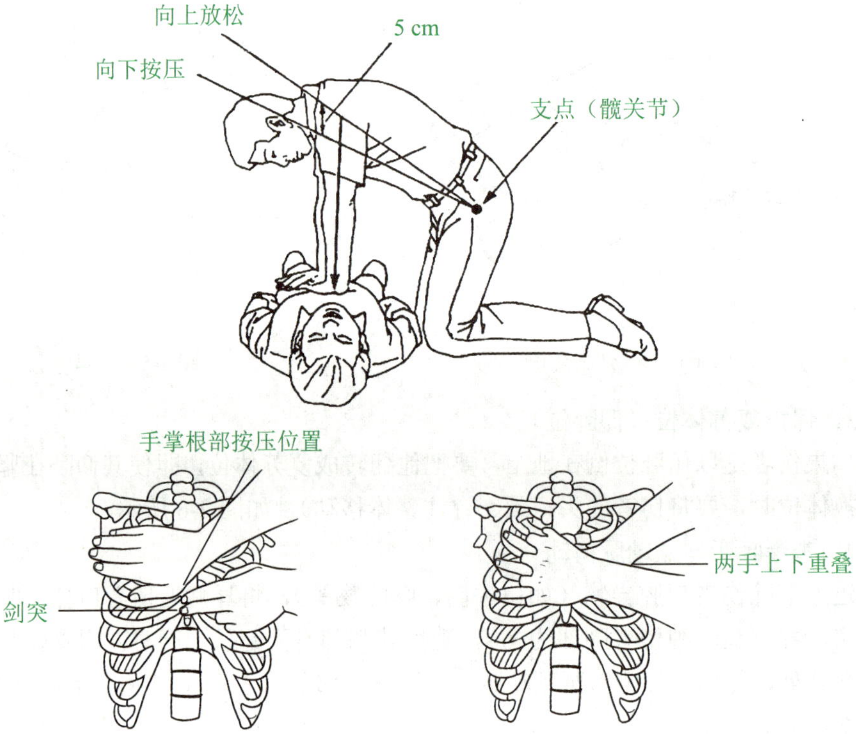

图 2-8　胸外心脏按压的方法及部位

（2）打开气道。实施胸外心脏按压后，伤者可能会出现呕吐的情况，这时需要用仰头举颌法打开伤者气道。其操作方法如下：使伤者下颌角与耳垂连线垂直于地面，如图 2-9 所示，然后用双手扶住伤者头部使其偏向一侧，以利于液体状异物顺势流出，也可以将食指或小指包上纱布或手帕，从伤者口腔中掏取异物。

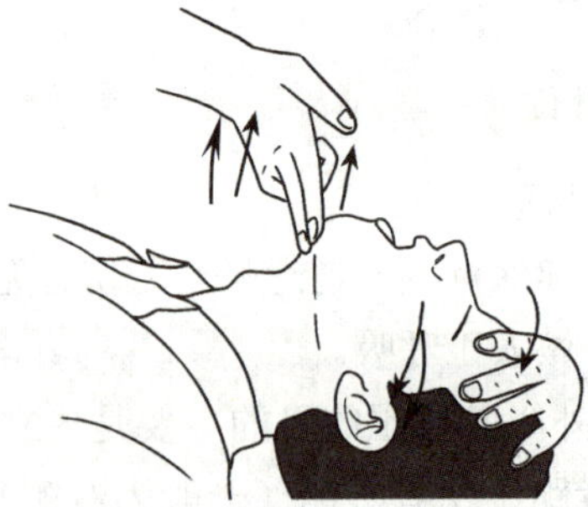

图 2-9　打开气道

（3）人工呼吸。打开伤者口腔，用嘴包住伤者的双唇匀速地吹两口气，吹气时应捏住伤者的鼻孔（以免鼻腔漏气），如图 2-10 所示，同时注意观察伤者胸部有无起伏。吹气后，放松伤者鼻子，施救者抬头并吸气，以备下一次吹气。施救者如此反复并有节律地（每分钟 14～16 次）进行吹气，直至伤者恢复自主呼吸为止。

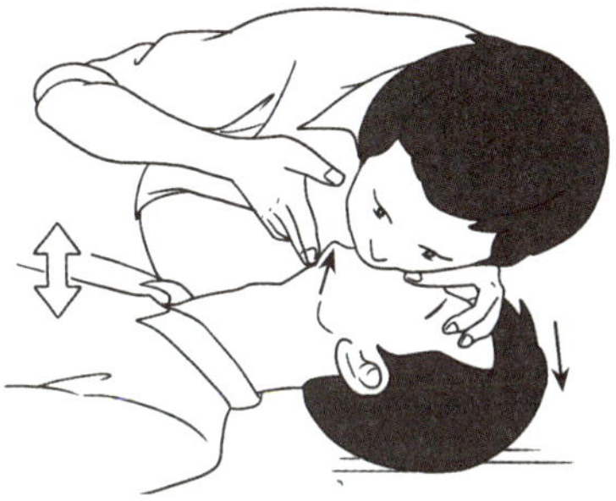

图 2-10　人工呼吸

（4）人工呼吸与胸外按压的协调。胸外按压与人工呼吸的比例以 30∶2 为宜，即连续胸外按压 30 次，做人工呼吸两次。在做完每轮吹气按压后，施救者要检查伤者是否恢复脉搏与自主呼吸，但要注意检查所用的时间不要超过 5 s。

（5）判断急救是否成功。施救者对伤者实施人工呼吸与胸外按压后，若能感觉到伤者的大动脉搏动，或者发现伤者已经恢复了自主呼吸、双瞳孔由大缩小、肤色（特别是唇与指甲的颜色）转红润，则表示急救成功。

另外，如果急救现场有自动体外除颤器（AED），则在伤者心搏骤停的 4 min 内，可利用自动体外除颤器对其进行除颤与心肺复苏。

（三）溺水救援

若自己溺水或遭遇他人溺水，要保持冷静，并实施恰当的救护措施。

1. 自我救护

自我救护是指在水中遇到意外险情时进行的自我保护措施。

（1）若在游进中自感体力不支，则应立即采取仰卧泳姿，向岸边或有固定支撑的目标靠近，同时发出求救信号。

（2）当游进中发生肌肉痉挛，可按以下方法实施自救：对于小腿肌肉痉挛，应及时仰卧在水面上，一只手握住肌肉痉挛肢体的脚趾，同时用力将其拉向身体，另一只手按下膝盖，帮助发生肌肉痉挛的腿伸直；对于手部肌肉痉挛，应反复握拳再张开，直到肌肉痉挛消除为止；对于腹部肌肉痉挛，应迅速弯曲双腿并将其靠近胸部，双手抱膝，随即松手并伸展身体，重复以上动作直到肌肉痉挛消除为止。

（3）如在水中被长藤植物缠住，可采取仰卧姿势进行解脱，再从原路游出。

（4）如被水中的漩涡吸住，可采取仰卧姿势从漩涡外沿全速游出。

2. 救护他人

（1）间接救护。间接救护是指利用救生圈、竹竿、木板、轮胎、泡沫块、绳子等救生器材，对较为清醒的溺水者实施的救护。

（2）直接救护。直接救护是指不借助任何救生器材，徒手对溺水者进行施救。施救者须经专业训练才可以实施直接救护。在接近或寻找溺水者时，施救者要使溺水者背向自己，以避免被溺水者抱住，然后将其拖带出水面，如图 2-11 所示。

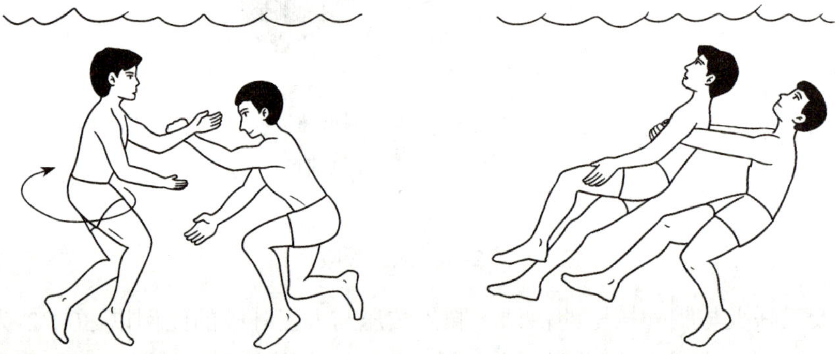

图 2-11　拖带溺水者

健康生活

科学健身

当前，我国已转入高质量发展的新阶段，全民健身理念逐步成为一种社会主流认识。群众的参与方式已从“要我健身”的被动锻炼转化为“我要健身”的主动行为。

健身已成为人们追求文明生活方式的一种时尚。然而，在全民健身的热潮中仍存在着一些认知偏差。例如，反手摸肚脐、锁骨放硬币等一系列挑战活动，引起不少人跟风模仿。这传递的是畸形审美下对身材管控的焦虑。另外，部分自媒体为了博取流量，消费人们的健身热情，传播一些非常规的健身锻炼方法，其安全性、规范性有待考证。这一系列不恰当运动所带来的损伤，非但不能起到健身效果，反而会损害人们的身体健康。

健身可贵，科学为先。如果运动强度过低，则起不到锻炼效果，属于无效健身。如果运动强度过大、时间过长，则过犹不及，会导致身体机能失调，增加运动损伤的风险。因此，人们应遵守循序渐进的原则，用科学与理性的态度，安全健身、有效健身、精准健身。

（1）安全健身。健身前，要做好相应的防护措施和热身活动；在健身过程中，要重点避免运动量超过身体负荷所带来的伤害；健身结束后，及时进行拉伸和放松，缓解运动带来的疲劳。

（2）有效健身。每周进行 3 次以上、每次 30 min 以上的中等强度运动，或者每周累计完成 75 min 高强度身体活动，才算是有效健身。此外，日常生活中应达到每天 6 000～10 000 步的身体活动量，以提高运动自觉性。

（3）精准健身。精准健身是指在医生或体育教练的指导下，结合自身的年龄、身体机能、健身需求等，有计划地、周期性地进行运动。

（资料来源：光明卫生网，有改动）

第三章　体育锻炼与体能

知识目标

- 理解体能的主要内容，了解发展体能的意义，熟悉评价体能的方法。
- 掌握发展心肺耐力的练习方法。
- 掌握提高肌肉力量、肌肉耐力和爆发力的练习方法。
- 掌握增强柔韧性的练习方法。
- 掌握改善身体成分的练习方法。

素质目标

- 积极投入体育锻炼，享受运动的乐趣。
- 能够科学组织体能训练，提高体能训练效果。

第一节　体能及其评价

一、体能概述

体能即身体能力，是在身体素质基础上发展起来的人体运动能力。其可分为两大类，即与健康有关的体能和与运动技能有关的体能。学生正处于身心成长的关键阶段，拥有良好的体能，特别是与健康有关的体能，不仅有助于学生的身体发育，还有助于学生培养良好的心理素质。

（一）与健康有关的体能

1. 心肺耐力

心肺耐力是指呼吸系统和心血管系统协同工作，将空气中的氧气运输到组织细胞，供运动时肌肉收缩使用的能力，体现为全身大肌肉群进行长时间运动的能力。拥有良好心肺耐力的人，能比别人更高效地完成日常活动，并且不容易感到疲累。

2. 肌肉力量

肌肉力量是指一块肌肉或肌肉群竭尽全力抵抗阻力的能力。几乎所有的身体活动均需要使用肌肉力量，肌肉强壮有助于预防关节的扭伤，缓解肌肉的疼痛和身体的疲劳。需要注意的是，不应单纯强调某些特定肌肉群的发展，否则会影响身体的结构和形态。

3．肌肉耐力

肌肉耐力是指一块肌肉或肌肉群在一段时间内重复收缩的能力，其与肌肉力量密切相关。拥有良好肌肉力量与肌肉耐力的人，可以更长时间保持身体的良好状态，进而保证工作效率，而肌肉力量和肌肉耐力较差的人则较容易产生肌肉疲劳或酸痛的现象。

4．柔韧性

柔韧性是指人体各关节的活动幅度，即关节的肌肉、肌腱和韧带等软组织的伸展能力。影响柔韧性的因素有骨骼、关节结构，以及关节周围的肌肉、脂肪、皮肤和结缔组织。柔韧性良好的人，其肢体的活动幅度较大，肌肉不易拉伤，关节也不易扭伤。

5．身体成分

身体成分是指人的总体重中脂肪成分的重量与非脂肪成分的重量的相对数量关系，可以用来衡量一个人是否肥胖。保持理想体重并维持均衡的身体成分对健康很有意义。

（二）与运动技能有关的体能

1．速度

速度是指身体或者身体某部分在短时间内快速运动的能力，包括对外界信号刺激的快速反应能力、快速完成动作的能力及快速移动的能力。速度是完成许多运动技术动作的基础。速度锻炼能够促进多项体能的发展，是增强灵敏性、协调性、爆发力等体能的有效手段。

2．爆发力

爆发力是指在最短的时间内，以最大的加速度克服一定阻力的能力。爆发力的大小取决于肌肉的收缩速度和最大力量。爆发力在很多体育项目中都发挥着非常重要的作用。例如，网球运动员发球是否有力、迅速，取决于其腰腹和上肢肌肉的爆发力；田径运动员跑得是否够快，跳得是否够高，主要取决于其下肢肌肉的爆发力。

3．灵敏性

灵敏性是指人体迅速改变体位、转换动作和随机应变的能力。它是体能在运动中的综合表现。许多身体活动都对灵敏性有着较高的要求，尤其是一些竞技性较强的运动项目（如篮球运动等）。这些运动项目要求运动员能够不断地对运动场上突然出现的情况，做出准确的判断，迅速地改变和控制自己的身体姿势，并在极短的时间内确定自己下一步的行动方案。

4．反应时

反应时是指人从接受刺激到开始做出反应所需要的时间。它是衡量神经系统和肌肉组织之间协调关系的一个常用指标。

5．平衡性

平衡性是指身体在运动或者静止状态时保持稳定的能力。平衡性是一项复杂的、综合性的运动体能，对学生的日常活动和开展体育运动都具有重要意义。例如，日常生活中的骑自行车等活动，以及体操、跳高、滑冰、滑雪、轮滑等运动项目都需要良好的平衡性。平衡性好的人可以避免一些运动损伤的发生。

6. 协调性

协调性是指机体在运动过程中，通过神经系统、运动系统、多组肌群共同参与和调节整合，流畅、准确、协调地完成动作的能力。协调性主要反映一个人的视觉、听觉、平衡觉同动作相结合的能力。一般来说，协调性好的人学习动作会比较快，而且动作协调、优美。反之，协调性差的人学习动作则比较慢，而且动作生硬、别扭。

二、科学评价体能

扫一扫

心肺耐力自测

（一）评价心肺耐力

心肺耐力是人进行耐力运动（如长跑、游泳等）的基础，测量心肺耐力的方法是对人体的最大摄氧量（又称“最大耗氧量”）进行评价。由于直接测量最大摄氧量（VO_{2max}）需要昂贵的实验设备且费时，所以，研究人员设计了许多简便易行的测试方法。

1. 12 min 跑

12 min 跑是测试心肺耐力的方法之一。运动生理学的研究表明，心肺耐力 代表了全身的耐力水平。通常在一定时间内，心肺耐力高的人比心肺耐力低的人能跑更长的距离。

12 min 跑的测试方法如下：测试开始前，被测者做准备活动。开始计时后，被测者应以最快的速度向前奔跑。测试者记录其 12 min 之内的跑动距离，然后与参考标准（见表 3-1）相比对，确定被测试者的心肺耐力等级。

例如，一名 17 岁的男生在 12 min 内跑了 2.35 km，其对应的心肺耐力等级为“一般”。在测试过程中，若被测试者感到呼吸困难，则应减慢速度，及时调整呼吸。

表 3-1　以 12 min 跑评价心肺耐力的参考标准

（单位：km）

心肺耐力等级		13～19 岁年龄段测试者跑动距离	20～29 岁年龄段测试者跑动距离
男	很差	<2.08	<1.95
	较差	2.08～2.18	1.95～2.10
	一般	2.19～2.49	2.11～2.39
	较好	2.50～2.75	2.40～2.62
	良好	2.76～2.97	2.63～2.82
	优秀	≥2.98	≥2.83
女	很差	<1.60	<1.54
	较差	1.60～1.89	1.54～1.78
	一般	1.90～2.06	1.79～1.95
	较好	2.07～2.29	1.96～2.14
	良好	2.30～2.41	2.15～2.32
	优秀	≥2.42	≥2.33

2．台阶测试

台阶测试是测试心肺耐力的一种常见方法。其优点是在室内就可以进行，不需要昂贵的器械，并且在很短的时间内就可以完成，适合不同身体条件的人。运动生理学的研究表明，心肺耐力高的人比心肺耐力低的人在台阶测试后 3 min 恢复期内心率更低。

男生台阶测试所用的台阶高度为 30 cm，女生台阶测试所用的台阶高度为 25 cm。根据被测者身高的不同，台阶高度还可做适当的调整。台阶测试可按以下步骤进行。

（1）被测者每分钟上下台阶 30 次，可以让同伴用节拍器或声音进行提示。每次上下台阶后，保持上体端正，双腿伸直，不能屈膝。

（2）3 min 后，被测者应立即坐下。测试者测量其运动后 1～1.5 min、2～2.5 min、3～3.5 min 等 3 个恢复期的心率。

台阶测试评定指数的计算公式如下。

评定指数=台阶运动持续时间（s）×100/（2×恢复期 3 次心率之和）

以台阶测试评价心肺耐力的参考标准如表 3-2 所示。

例如，一名 17 岁男生的评定指数为 52.5，则他的心肺耐力等级为“较差”。

表 3-2　以台阶测试评价心肺耐力的参考标准

心肺耐力等级	18～25 岁年龄段男性评定指数	18～25 岁年龄段女性评定指数
差	45.0～48.5	44.6～48.5
较差	48.6～53.5	48.6～53.2
一般	53.6～62.4	53.3～62.4
较强	62.5～70.8	62.5～70.2
强	≥70.9	≥70.3

（二）评价肌肉力量

评价肌肉力量可采用一次重复最大重量测试。需要注意的是，由于这种测试容易导致肌肉损伤，所以被测者在测试前必须经过一至两周的力量锻炼，并且在技术和力量条件都具备的情况下才能进行测试。一次重复最大重量测试旨在测试特定的肌肉群的力量。具体的测试方法如下：被测者先针对特定的肌肉群做 5～10 min 准备活动，之后选择毫不费力就能举起的重量进行锻炼，并逐渐增加重量，直到被测者只能举起一次的量级，然后记录最后一次举起的重量。

一般来说，测试上体肌肉群力量的方法包括负重屈肘、肩上举和仰卧推举等，如图 3-1 至图 3-3 所示。测试臀腿肌肉群力量的方法主要是坐姿蹬腿，如图 3-4 所示。

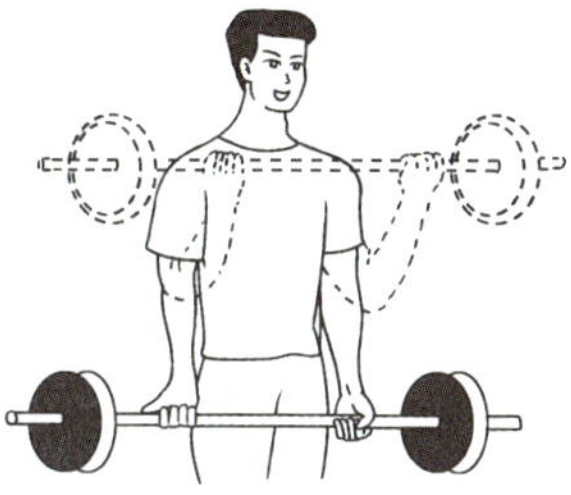

图 3-1　负重屈肘

图 3-2　肩上举

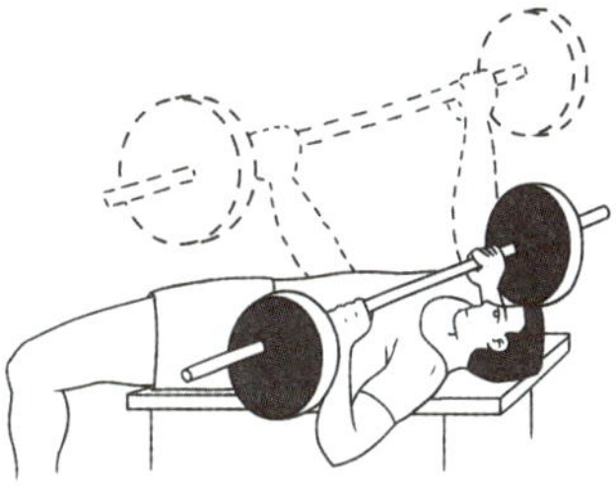

图 3-3　仰卧推举

图 3-4　坐姿蹬腿

一次重复最大重量测试成绩的计算公式如下。

肌肉力量分数=一次重复最大重量（kg）/体重（kg）×100

例如，一名体重为 68 kg 的男生，他的仰卧推举重量为 80 kg，那么他的肌肉力量分数=80÷ 68×100≈117.6 分，对照表 3-3，这名男生的肌肉力量等级为“较好”。

表 3-3　以一次重复最大重量测试评价肌肉力量的参考标准

（单位：分）

测试方式		肌肉力量分数对应的肌肉力量等级					
		很差	较差	一般	较好	好	优秀
男	仰卧推举	<50	50～99	100～110	111～130	131～149	>149
	负重屈肘	<30	30～40	41～54	55～60	61～79	>79
	肩上举	<40	40～50	51～67	68～80	81～110	>110
	坐姿蹬腿	<160	160～199	200～209	210～229	230～239	>239
女	仰卧推举	<40	40～69	70～74	75～80	81～99	>99
	负重屈肘	<15	15～34	35～39	40～55	56～59	>59
	肩肌力	<20	20～46	47～54	55～59	60～79	>79
	腿肌力	<100	100～130	131～144	145～174	175～189	>189

（三）评价肌肉耐力

评价肌肉耐力的方法有很多，最简单的是俯卧撑和卷腹。俯卧撑主要测试肩部、臂部和胸部肌肉的耐力，卷腹主要测试腹部肌肉的耐力。

1. 俯卧撑

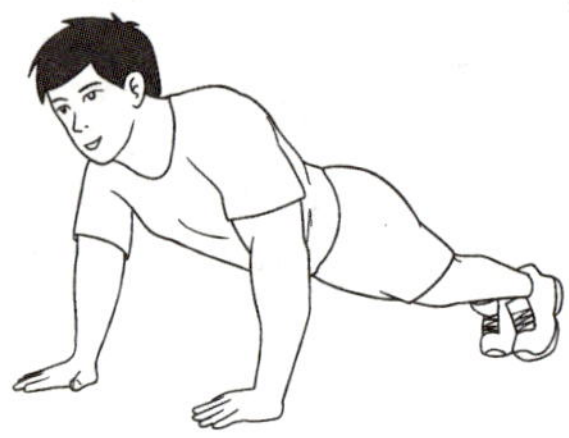

图 3-5　俯卧撑预备姿势

俯卧撑通常用于测试男性肌肉耐力。其具体方法如下：被测者首先用两手撑地，手指向前，手臂垂直于地面，身体呈俯卧姿势；然后调整两手间距，使两手间距与肩同宽，同时两腿向后伸直，用脚尖撑地；接着，屈臂使身体平直下降，尽量保持肩与肘在同一平面上，躯干、臀部和下肢处于一条直线上；当胸部离地 2.5～5 cm 时，撑起，恢复到预备姿势，如图 3-5 所示。测试者记录其 1 min 内完成俯卧撑的次数，然后对照表 3-4 确定其肌肉耐力等级。

表 3-4　以俯卧撑测试评价肌肉耐力的参考标准（男）

（单位：次）

年龄组	1 min 内完成俯卧撑的次数对应的肌肉耐力等级				
	差	一般	较好	好	优秀
18～20 岁	4～11	12～19	20～29	30～39	≥40
21～25 岁	3～9	10～16	17～25	26～33	≥34
26～30 岁	2～8	9～15	16～22	23～29	≥30

2. 卷腹

卷腹的特点在于其能够排除腿部肌肉的作用，同时可以避免背部承受过大的压力。做卷腹时，上体与垫子的角度不超过 40°，肩部抬起的高度为 14～25 cm，如图 3-6 所示。

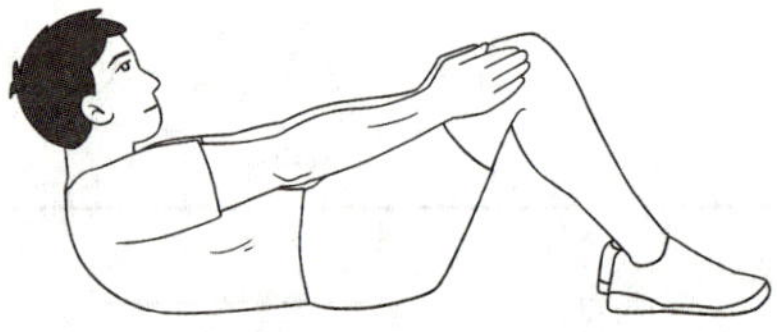

图 3-6　卷腹

卷腹测试的方法如下：仰卧于垫子上，两腿稍分开，屈膝，两臂伸直，用指尖去触摸膝盖，再返回原来的位置。记录最终完成的次数，然后对照表 3-5 确定肌肉耐力等级。当两次卷腹的间隔时间超过 10 s 时，应停止记录。

表 3-5　以卷腹测试评价肌肉耐力的参考标准

（单位：次）

组别	完成卷腹的次数对应的肌肉耐力等级				
	差	一般	较好	好	优秀
男	≤29	30～44	45～59	60～74	≥75
女	≤24	25～39	40～49	50～59	≥60

（四）评价柔韧性

柔韧性测试的方法有坐位体前屈和肩部柔韧性测试等。本书将会在附录中对坐位体前屈测试进行详细介绍，所以这里只介绍肩部柔韧性测试。

肩部柔韧性测试主要测试肩关节的活动范围，具体的测试方法如下：身体直立，举起左手，前臂向体后伸展，同时用右手从体后去触及左手，尽可能地使两手手指重叠，如图 3-7 所示。之后交换双手动作，再做一次。记录两手手指重叠的长度，然后对照表 3-6 确定肩部柔韧性等级。

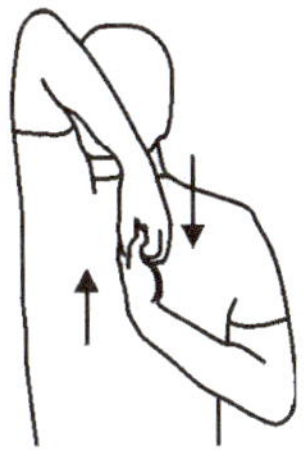

图 3-7　肩部柔韧性测试

表 3-6　肩部柔韧性的评价标准

（单位：cm）

柔韧性等级	左手在上时两手手指重叠的长度	右手在上时两手手指重叠的长度
差	<0	<0
一般	0～2.5	0～2.5
较好	2.6～5	2.6～5
好	5.1～7.5	5.1～7.5
优秀	7.6～10	7.6～10

（五）评价身体成分

身体成分的评价方法较为丰富，包括水下称重法、生物电阻抗分析（BIA）法、体重指数（BMI）法和皮褶厚度测量法等。目前较为简便又常用的评价方法是体重指数（BMI）法。学生体重指数的正常范围分别为 17.9～23.9（男生）、17.2～23.9（女生）。当学生的体重指数超过 24 时就属于超重，超过 28 时就属于肥胖。

体重指数（BMI）的计算公式如下。

$$体重指数（BMI）=体重（kg）/身高（m）^2$$

除了上述方法之外，还可以运用《国家学生体质健康标准（2014 年修订）》来评价体能水平。

三、制订体能锻炼计划

（一）制订体能锻炼计划的基本原则

在制订体能锻炼计划时，需要遵循安全性原则、渐进性原则和 FIT 原则等。

1. 安全性原则

安全性原则要求锻炼者将安全放在第一位，在制订和实施体能锻炼计划的过程中，时刻注意保护自己的安全。在有条件的情况下，可以请运动医学专家根据个体体质和健康情况开具运动处方，然后根据运动处方有目的、有计划地进行锻炼。

2. 渐进性原则

渐进性原则包括以下三个方面的内容。

（1）体育锻炼不能急于求成，要有目的、有计划、循序渐进地进行。

（2）运动负荷必须在锻炼者可以承受的范围内，即锻炼者在锻炼后既能保持身体适度疲劳，又要有胜任的愉快感。在此基础之上再逐渐加大运动负荷，以取得新的锻炼效果。

（3）体育锻炼应遵循人体活动能力的变化规律。人体活动能力一般要经过上升阶段（逐步适应）、稳定阶段（调动生理机能）和下降阶段（产生疲劳）。因此，锻炼者应在每次锻炼开始前做好准备活动，使身体“预热”，在锻炼结束后应做好整理活动，使身体从运动中的紧张状态过度至放松状态。

3. FIT 原则

FIT 是 frequency（次数）、intensity（强度）和 time（时间）三个英文单词的首字母缩写。锻炼者要想在体能锻炼中取得良好的效果，就必须科学地控制每周锻炼的次数、强度和时间。

一般来说，锻炼者每周应该进行 3～5 次的体育锻炼。锻炼强度要适宜，要符合锻炼者的身体状况和健康水平。在进行力量锻炼时，锻炼者可以采用控制负荷的重量、组数和每组个数的方式来控制锻炼强度。强度过高或过低都难以达到预期的锻炼效果。每次锻炼持续的时间应与锻炼目的相匹配。例如，为了提高心肺耐力，锻炼者应持续进行 20～30 min 的有氧运动。

（二）制订体能锻炼计划的方法

（1）在制订体能锻炼计划前，应对锻炼者的体质、健康状况、体能水平、运动水平等进行测试与评价，同时充分考虑其性别、作息习惯、兴趣爱好、锻炼目的、职业特点等。

（2）根据上述评价结果及锻炼者个人相关信息，确定具体的锻炼方法。

（3）确定锻炼次数、强度和时间，设计体能锻炼计划。

（4）锻炼者按照计划积极进行锻炼。

（5）对锻炼结果进行评价。

（6）依据评价结果适当修改锻炼计划，并最终确定锻炼计划。

第二节　发展心肺耐力

一、基本原理

心脏、血管和肺是转运和分配氧及营养物质的重要器官，心肺耐力与这些器官和组织的功能有着密切的联系。特别是在运动时，机体所需的氧和能源物质会增多，心肺的负担会相应加大，心肺耐力也就会随之提高。因此，经常进行有氧锻炼的人，其心脏每次能泵出更多的血液，这些血液能够携带更多的由肺部吸入的氧，并将其输送到身体的各个部分，以满足全身新陈代谢的需要。

二、锻炼方法

有氧运动可以有效地发展心肺耐力。但是，由于不同人的体质、健康状况和运动经验不同，所以学生在选取锻炼方法和运动项目（见表 3-7）时，要充分考虑自己的实际情况，这样才能达到一定的锻炼效果。

表 3-7　发展心肺耐力的运动项目

体质健康状况和运动经验	可选运动项目的特点	运动项目
体质较弱 较少参加体育锻炼 运动技能水平较差	运动强度易于控制 能量消耗较低 不太需要运动技能	长跑（慢跑）、走跑交替、快走、远足、跳绳
体质一般 有时参加体育锻炼	运动强度能够被控制在较稳定的范围 需要一定的运动技能 项目动作常不断重复	游泳、自行车、滑冰、轮滑、越野滑雪、健美操、体育舞蹈
体质优良 经常参加体育锻炼 能承受剧烈运动	运动强度有明显波动 需要一定的运动技能 能持续一定的时间 对抗性强	乒乓球、羽毛球、网球、篮球、足球等

在进行有氧运动时，只有达到适当的强度，才能够达到锻炼的效果。一般来说，学生可以运用靶心率来控制运动强度。靶心率是指锻炼时应采用的强度所对应的心率范围。人在进行有氧运动时的心率如果处于靶心率区间内，则说明运动强度适宜。靶心率可以用最大心率百分比来确定，其计算公式如下。

靶心率=最大心率（次/min）×强度百分比（65%～90%）

最大心率（次/min）=220−年龄

例如，小军的年龄为 17 岁，那么他的最大心率为 220−17=203（次/min），他的靶心率下限为 203×65%≈132（次/min），靶心率上限为 203×90%≈183（次/min），则小军的靶心率区间为 132～183 次/min。

如果人在锻炼时的心率达不到靶心率下限，那么说明锻炼对身体的刺激不足，将无法达到锻炼效果；如果人在锻炼时的心率超过靶心率上限，那么说明锻炼的强度太大，这样便不是在发展心肺耐力，而是在发展机体的无氧代谢能力。

在锻炼的过程中，每个人需要依据自己的实际情况来确定和运用靶心率，以调控锻炼强度。如果刚开始进行锻炼或体能基础较差，应以靶心率下限为标准进行锻炼，一段时间后再适当地增加锻炼强度。此外，进行有氧运动贵在坚持，每次锻炼时间应在 15 min 以上，最好能每周锻炼 3 次或 4 次。

学练提示

在进行有氧锻炼前，学生可以测一测自己安静时的心率是多少，并计算出自己的靶心率上限和下限。在运动的过程中，学生可以进行 3 次心率测试，看自己的心率是否处于靶心率范围内，并以此来判断自己的锻炼是否有效。在锻炼结束后，学生可以进行一些拉伸锻炼等放松活动，使自己的心率逐渐回落至安静时的心率。

第三节　提高肌肉力量、肌肉耐力和爆发力

一、基本原理

人体共有 600 多块肌肉，它们在神经系统的支配下，通过收缩和放松来完成身体的各项活动。肌肉与人的生活密切相关，根据肌肉收缩特点的不同，肌肉的素质包括肌肉力量、肌肉耐力和爆发力三种。

提高肌肉力量的锻炼方法有很多种，其共同点是都需要对抗一定的阻力。不同的力量锻炼所产生的效果也不尽相同。一般来说，锻炼效果主要是由力量锻炼的强度和重复次数决定的，而力量锻炼的强度通常用所负荷的重量或最大力量百分比来表示，如表 3-8 所示。

表 3-8　不同锻炼强度和组数的力量锻炼对肌肉的影响

强度（最大力量百分比）	组数	锻炼效果
85%～100%	3 或 4	主要提高肌肉的绝对力量
75%～90%	3 或 4	主要提高肌肉的体积和绝对力量
65%～80%	3 或 4	主要提高肌肉的爆发力（快推慢放）
50%～70%	4 或 5	主要提高肌肉的耐力

二、锻炼方法

（一）提高肌肉力量和肌肉耐力的锻炼方法

1. 仰卧起坐

图 3-8　仰卧起坐

仰卧起坐（见图 3-8）是体能锻炼的重要方式，其主要作用是增强腹部肌肉的力量。仰卧起坐既可以增加腹部肌肉的弹性，又可以起到保护背部和改善体态的作用。其技术要点如下。

在做仰卧起坐前，为避免肌肉拉伤，需要先做热身运动。做完热身运动之后，平躺在垫子上，双腿屈膝，小腿与地面之间成 45° 角，脚底平稳地踩住地面。然后，双手虚放在双耳的侧面，起身时，双肘向膝盖移动，颈部和肩部放松，头挺直，下巴与胸部分离，腹部肌肉用力，双肩缓缓抬离地面，并配合呼气。保持身体弯曲 2～3 s，最后缓缓回到起始位置，并配合吸气。

对于刚开始用仰卧起坐来锻炼腹部肌肉的学生来说，应以每次做仰卧起坐的次数不超过 10 个为原则，并且每次做完之后，应站起来或者平躺下，让腹部肌肉放松 10 min 以上。

学练提示

误区：只要每天坚持做 100 个仰卧起坐，腹部脂肪就会减少

腹部肥胖的原因主要有以下两个：一是小腹局部脂肪堆积；二是腹腔内脏器官因腹壁肌肉薄弱无力而前突、下垂。仰卧起坐对锻炼腹部肌肉是有效的，但它不能把腹部多余的脂肪完全消耗掉。此外，只想局部减肥是不现实的，因为当你消耗脂肪时，这些脂肪来源于全身而不是局部。因此，要想消耗掉腹部多余的脂肪，获得理想的体形，必须进行经常性的全面锻炼。

2. 双杠臂屈伸

双杠臂屈伸（见图 3-9）以锻炼胸肌、肱三头肌和三角肌（前束）为主，兼练背阔肌、斜方肌等。双杠臂屈伸是在双杠上利用胸肌、肱三头肌等肌肉的力量将自身推上去。

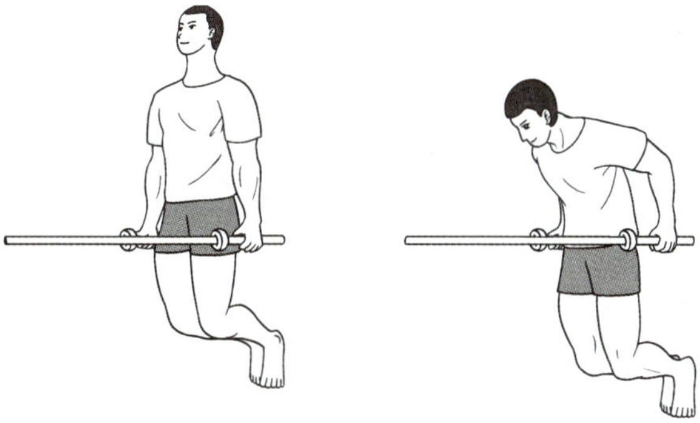

图 3-9　双杠臂屈伸

双杠臂屈伸是一个双关节运动的动作，不同的动作要求会对胸肌和肱三头肌产生不同的锻炼效果。双手握距较窄时对肱三头肌刺激大，双手握距较宽时对胸肌刺激大；着重练肱三头肌时，上体宜后仰，身体呈反弓形，使手臂在体后完成动作；着重练胸肌时，上体宜前倾。

在锻炼时，需要注意以下几点：① 下放的速度要慢，身体不要降得太低，否则会使肩关节压力过大。② 身体不可随意晃动，要保持平衡。③ 不要在身体的前后摆动中完成动作。

3. 单杠引体向上

单杠引体向上（见图 3-10）是指依靠自身力量克服自身体重向上做功的垂吊锻炼，是一种力量耐力项目，能较好地锻炼臂力和腰腹力量，提高背部的肌肉力量和肌肉耐力。

单杠引体向上分为静力引体向上和借力引体向上。静力引体向上的动作要领如下：① 两手用宽握距（略宽于肩）正握（掌心向前）单杠，两脚离地，两臂自然下垂伸直，用背阔肌的收缩力量将身体向上拉起。② 当下巴超过单杠时，稍做停顿，静止 1 s，使背

图 3-10　单杠引体向上

阔肌彻底收缩。③ 逐渐放松背阔肌，身体徐徐下降，直到恢复完全下垂，重复再做。在做静力引体向上的过程中，可以弯曲膝关节，将两小腿向后交叉，使身体略微后倾，这样能更好地锻炼背部肌肉。

借力引体向上的起始姿势与静力引体向上相似，其动作要领如下：① 两手正握杠，将身体悬垂于空中，前后摆动身体。② 借助摆动身体将至杠正下方时急停的力，双手向上拉杠，使下巴高于杠面。③ 下杠时，双臂缓慢伸直，身体慢慢还原到起始姿势，然后顺势弯曲双膝，再借力完成下一个动作。

需要注意的是，身体上拉时吸气，还原时呼气，不可长时间憋气。

（二）提高爆发力的锻炼方法

1．蛙跳

蛙跳（见图 3-11）是提高大腿肌肉和髋关节力量的锻炼方法，主要锻炼的是股直肌的爆发力，可以很好地增强腿部力量。虽然蛙跳适用的人群范围较广，但青少年应谨慎使用该方法锻炼身体，以免影响骨骼发育。

蛙跳的动作要领如下：① 两脚分开呈半蹲姿势，上体稍前倾，两臂摆在体后，呈预备姿势。② 两腿用力蹬伸，充分伸直髋、膝、踝三个关节，同时两臂迅速向前摆，身体向前上方跳起。③ 全脚掌落地，屈膝缓冲。

图 3-11　蛙跳

2．深蹲

深蹲（见图 3-12）是锻炼大腿肌肉的主要动作，可以增加腿部和臀部的力量，能够提高肌肉的爆发力。

深蹲的动作要领如下：① 双脚分开与肩同宽，脚尖可以稍微朝外但要在 12°以内。② 上身挺直，保持背部的自然弯曲，微收下颌，目视前方，注意骨盆不要前倾或后倾。

③ 下蹲时，将臀部向后下方移动，下蹲至大腿与地面平行或稍低，注意保持膝关节稳定，不要内扣。

深蹲的注意事项如下：① 不要出现跪的姿势，即要抑制髌骨（俗称“膝盖骨”）前移。② 身体重心在脚正中心，避免用前脚掌承受压力。③ 起身时，应伸膝伸髋，臀部和肩部同时上升。

图 3-12 深蹲

学练提示

肌肉力量、肌肉耐力和爆发力训练时的注意事项如下。

（1）合理选择训练方法。肌肉力量的锻炼效果与选择的训练方法直接相关。

（2）避免过度训练。训练后短时间内的肌肉酸痛属于正常现象，有利于肌肉纤维的蛋白合成。但是，运动过程中的肌肉严重疼痛则表明运动强度过大，运动后次日的肌肉酸痛或疲劳也说明运动强度过大，这两种情况都需要避免。

（3）充分进行准备活动和放松活动。训练前必须进行充分的准备活动，以使即将运动的肌肉、韧带、关节和心血管系统预热，从而避免突然运动导致适应障碍和并发症。训练后要进行拉伸放松活动。

（4）注意心血管反应。运动时，心血管将有不同程度的应激反应。患有高血压、冠心病或其他心血管疾病的患者应注意运动时的心血管反应，避免训练过度导致身体出现意外。

第四节 增强柔韧性

一、基本原理

提高柔韧性可采用拉长肌肉、肌腱及韧带等软组织的方法，这些方法多为渐进式方法。渐进式方法可以放松肌肉，缓慢地拉长筋腱，因此不易引起损伤。

二、锻炼方法

（一）增强手指、手腕柔韧性的锻炼方法

增强手指、手腕柔韧性的锻炼方法如下。

（1）握拳，然后伸展，反复锻炼。

（2）两手十指相触，用力内压，使手臂与手背成 90°角。

（3）两手十指交叉，直臂向头上翻腕，掌心朝上。

（4）手腕先伸屈，再绕环。

（5）用左手掌心压右手四指，连续推压，然后交换双手，再做一次。

（6）面对墙站立，连续做手指推撑。

（7）左、右手交替抓取下落的乒乓球。

（8）靠墙倒立。

（二）增强肩关节柔韧性的锻炼方法

增强肩关节柔韧性的锻炼方法如下。

（1）面向肋木，双手扶肋木，做体前屈动作，注意压肩。

（2）两人面对面站立，双手按扶对方肩部，一起做体前屈动作，注意直臂压肩。

（3）面对墙站立，脚尖与墙面相距约一脚距离，双手上举，手掌、手臂、胸部依次触墙，用力压肩。熟练后逐渐加大脚尖与墙面的距离。

（4）两人背对背站立，双手上举，在头顶互握；两人同时做弓箭步，向前拉肩。

（5）背向肋木站立，双手反握肋木，边下蹲边拉肩。

（6）锻炼各种握法（正握、反握、正反握等握法）的单杠悬垂摆动。

（三）增强腰腹部柔韧性的锻炼方法

增强腰腹部柔韧性的锻炼方法如下。

（1）弓步转腰压腿。

（2）两脚前后开立，向左后方转，向右后方转，来回转腰。

（3）俯身手握脚踝，尽量使头部、胸部、腹部与腿部相贴。

（4）站在一定高度的台阶上做体前屈动作，尽量用手触及地面。

（四）增强胸部柔韧性的锻炼方法

增强胸部柔韧性的锻炼方法如下。

（1）做俯卧背屈伸动作，注意保持腿部不动，积极抬上体、挺胸。

（2）面对墙站立，手掌、手臂贴于墙面，尽量伸臂，挺胸下压，让胸部尽量贴近墙面。

（3）双手握吊环，身体后仰，使胸挺出。要求充分伸臂、顶背，拉肩部和胸部。

（五）增强下肢柔韧性的锻炼方法

增强下肢柔韧性的锻炼方法如下。

（1）压腿。面对肋木站立，将一只脚放在肋木上，另一条腿站立，脚尖朝前，然后勾脚正压，如图 3-13 所示。

（2）踢腿。侧对肋木站立，手扶肋木，做原地正踢（注意勾脚）、侧踢、后踢，然后做行进间正踢、侧踢、后踢。

（3）弓步压腿。

（4）跪坐压脚面。

（5）锻炼用脚内侧、脚外侧、脚跟、脚尖行走。

（6）负重深蹲。下蹲时，要求双膝的前部应与脚趾在一条直线上。

（7）两人面对面坐，双脚互顶，双手相拉，一人前俯，一人后仰。

图 3-13　压腿

扫一扫

柔韧性练习之压腿

学练提示

柔韧性锻炼的注意事项

1. 要循序渐进，持之以恒

首次进行柔韧性锻炼时易见效，但第二天再锻炼时，可能会有痛感，以致锻炼效果不明显，甚至比第一次锻炼前的效果更差。这是由肌肉被拉长后回缩力增强所致，因此应继续将其慢慢拉开，以消除痛感。经过一段时期的锻炼，肌肉已适应该长度的伸展，此时应进一步拉长肌肉，牵拉肌腱，增强回缩力。因为柔韧性锻炼本身就是一个由不适应到适应、逐步提高的过程，肌肉、韧带等软组织的伸展性并不是一朝一夕就能提高的，所以应逐步提高锻炼要求，做到循序渐进，不能急于求成。

2. 应与力量素质发展相适应

力量锻炼能提高肌肉的收缩能力，柔韧性锻炼能发提高肌肉的伸展能力，因此，力量结合柔韧性的锻炼对提高肌肉质量十分有效，既能同时增强力量和柔韧性，又能保证关节的灵活性。

3. 要注意外界温度与锻炼时间

外界温度过高或过低，都会影响肌肉的状态，进而影响肌肉的伸展能力。一般来说，当外界温度在 18℃时，最有利于增强柔韧性。一天之内的任何时间都可以进行柔韧性锻炼，只是效果不同。早晨柔韧性较差，所以早晨可做一些强度不大的“拉韧带”的锻炼。

10:00—18:00 人体的柔韧性较好，所以在此时间段可进行一些强度较大的柔韧性锻炼。

4．柔韧性锻炼之后应结合放松锻炼

每个伸展锻炼之后，都应做相反方向的锻炼，这样既可以增强人体的供血供能机能，也有助于伸展肌群的放松和恢复。例如，压腿之后做几次屈膝锻炼，体前屈锻炼之后做几次挺腹、挺胯动作，下完腰后做几次体前屈或团身抱膝动作等。

第五节　改善身体成分

一、基本原理

人体是由脂肪及非脂肪组织（肌肉、骨骼、水和其他脏器等）组成的，其总重量就是人的体重。其中，脂肪成分的重量又称“体脂重”，非脂肪成分的重量又称“瘦体重”“去脂体重”。

当一个人的体重过重时，最大的可能就是因为体内的脂肪成分过多。要想减少体内的脂肪成分，可以减少热量摄入，同时通过体育活动来增加体内热量消耗。当摄入的热量低于消耗的热量时，就会达到减肥的目的。

二、锻炼方法

改善身体成分、控制体重是一个长期的过程。如果体重过重，可以通过体育锻炼和控制饮食两种途径相结合的方法使体重下降。体育锻炼是降低体重，消除多余脂肪，改善身体成分的重要手段，锻炼的关键是坚持进行中低强度、持续时间较长的体育活动。其采用的锻炼方法和运动项目与发展心肺耐力基本一致，但在锻炼强度和时间上有所区别，即运动时要保持较低的锻炼强度，并且不断增加运动时间。运动持续的时间越长，就越能充分利用身体的脂肪分解功能。同时，通过科学饮食来减少热量摄入。简单来说，就是既要做到“迈开腿”，又要做到“管住嘴”。

在进行体育锻炼和控制饮食的过程中，做到以下几点（见表 3-9），不仅可以控制体重，还可以改善生活习惯。

表 3-9　体育锻炼和控制饮食的具体做法

方法	具体做法
自我监督法	记录自己每周的体重和每天所摄取食物的种类和数量，每周进行一次总结，避免不必要的饮食
放松法	通过体育活动或者听音乐等休闲娱乐方式调节情绪，避免由于情绪波动而导致的过量或停止摄入食物
目标奖励法	设定一个目标体重，在完成预定的体重控制目标时，可以奖励自己，但不能用食物来奖励

学练提示

体育锻炼的常见误区

误区一：体育锻炼一旦停止，发达起来的肌肉就会化为脂肪，因此还不如不锻炼

肌肉主要由蛋白质构成，所以肌肉不会变成脂肪。同样，脂肪也绝不可能变成肌肉。许多人在停止锻炼后发胖，是因为他们的肌肉因缺乏锻炼而逐渐萎缩。同时，由于他们多饮多食，但活动量却减少了，能量消耗也随之减少，多余的能量转化为脂肪存于体内，所以身体就发胖了。

误区二：觉得某项运动有效，就天天做，多多益善

一周锻炼三次可能很有效果，但一周锻炼六次所取得的效果绝不是锻炼三次的两倍，甚至还会适得其反。体育保健学家认为，过度激烈的运动往往容易破坏人体内外运动的平衡功能，加速体内某些器官的“磨损”，导致一些生理功能的失调，甚至导致生命进程缩短。因此，并非锻炼有益就多多益善，学生应根据自己的实际情况合理地进行锻炼与休息。

健康生活

南科大智能体能达人赛，探索三大创新

2023 年，南方科技大学（深圳校区）智能体能达人赛开幕式在校内的室外智能训练场举行。

本次比赛开创了线上、线下相结合的校园智能健身比赛先河，旨在通过智能科技赋能运动健康，提高大学生体能水平，为广大学生提供展示自身体育实力的舞台。

一、科技支撑创新

本次比赛使用的器材是室外智能健身房中的智能竞赛车（上、下肢），这一器材结合了 5G 应用、物联网、云计算、大数据等高新技术，使智能健身器材变身为标准的竞赛器材。

南方科技大学（深圳校区）体育中心体质提升教研室教师介绍：“在个人赛部分，智能竞赛车能够根据比赛项目、参赛选手性别的不同，智能化地设定比赛难度。它还能实时输出比赛成绩，并能精确到千分之一秒，一切都是可视化的，让比赛更加公平。”

二、比赛模式创新

传统的体育比赛需要在特定的时间和地点集合参赛，而本届智能体能达人赛则完全跳出了“场馆思维”。由于所有比赛设备都配备有遮阳伞和自发电（动能转化

电能）等辅助设施，结合无间断的互联网服务，能够满足所有学生随时参与比赛的需求，更加灵活。

由于本次比赛采取线上、线下的“双线”模式，能够随时生成竞赛成绩榜单，从而激发学生参与体育活动的兴趣。“我的上肢力量比较弱，既然参赛就要参加自己擅长的项目，所以我参加的是注重下肢力量的骑行比赛。智能化的健身设施使用起来感觉很好、很方便。”该校一名大二的学生说道。

三、奖励机制创新

本届比赛分为个人赛和达人赛。个人赛拼的是速度与耐力。而达人赛拼的则是累计里程数，目的在于鼓励运动能力欠佳或者体质偏弱的学生能够积极参与。

校方希望以创新的奖励机制，引导学生长期坚持体育锻炼，帮助学生培养良好的健身习惯，从而使其获得更好的体能和健康的体魄。

据悉，南方科技大学（深圳校区）自2022年10月启用室外智能健身房以来，已经吸引了5 000多名学生经常健身，累计使用次数高达3万多次。

（资料来源：国家体育总局，有改动）

第四章　职业体能训练

知识目标

- ❑ 了解职业体能训练的基本任务和意义，熟悉职业体能训练的内容。
- ❑ 掌握坐姿类职业体能的训练方法。
- ❑ 掌握站姿类职业体能的训练方法。
- ❑ 掌握综合操作类职业体能的训练方法。

素质目标

- ❑ 能够合理利用时间，因地制宜地开展体能训练。
- ❑ 积极增强身体素质，具备适应社会工作所必需的体能。

第一节　职业体能训练概述

一、开展职业体能训练的基本任务和意义

（一）开展职业体能训练的基本任务

职业体能训练是指根据不同类型的职业对身体素质的需求而开展的专门性体育训练。开展职业体能训练的基本任务是帮助学生增强职业劳动所需要的身体素质和体育能力，使学生树立“健康第一”的理念，提高学生的职业性体育技能；培养学生终身职业体育意识，使学生掌握并善于选择休闲体育项目，学会自我保健。

（二）开展职业体能训练的意义

开展职业体能训练不仅可以帮助学生提高与职业活动相关的基本活动能力和身体素质储备，还可以在此基础上保障学生身体活动水平的稳定性，提高其对职业劳动条件的适应能力，从而提高学生的健康水平。

二、职业体能训练的内容

不同职业的工作方式不尽相同，对体能的要求也不一样。在开展职业体能训练时，需要针对不同职业的具体特点选择合适的体育项目，具体内容如表 4-1 所示。

表 4-1　按工作时的身体姿势进行分类的职业体能训练内容

职业类型	职业示例	工作特征	体能训练的主要手段
坐姿类	文秘、金融从业人员、计算机信息专业人员、财务会计工作人员等	需要长时间坐着，以脑力劳动为主	（1）定位运动：颈部旋转运动、手臂旋转运动、双臂背后拉伸运动、下压肩部运动、扩胸运动、体转运动等； （2）活动性锻炼：俯卧撑、对墙倒立、仰卧举腿、健身跑等
站姿类	交警、厨师、机械制造人员、建筑类工作人员等	以站立或行走为主要的身体姿势	（1）定位运动：伸展运动、体前屈运动、捶击双臂运动、拍打双腿运动等； （2）活动性锻炼：长跑、仰卧起坐、登山、后退行走等
综合操作类	机械操作工作人员、物流人员、装修类工作人员等	没有固定的身体姿势，动作变化频繁	（1）定位运动：上肢肌肉力量锻炼、下肢肌肉力量锻炼、平衡能力锻炼等； （2）活动性锻炼：野外拓展、定向越野等

第二节　坐姿类职业体能训练

一、坐姿类职业介绍

坐姿类职业是指工作时以坐姿为主要姿势的职业。从事坐姿类职业的工作人员大多以脑力劳动为主，以伏案久坐为主要的工作状态。有关调查表明，该类工作人员每天坐着办公的时间长达 6～7 h。

二、坐姿类职业对身体的影响

人在伏案工作时，通常会头部前倾，背部弓起并稍向前倾，胸廓得不到充分扩张。长期保持这种姿势，一方面会使颈部肌肉、背部肌肉压力过大，出现酸、胀、痛等不适，进而引发颈椎病、肩周炎、坐骨神经痛等疾病；另一方面会使胸廓变形造成驼背，影响肺的通气功能。同时，久坐会导致人体心脏部位以下的静脉回心血流受阻，不仅容易引发痔疮，还容易引发心肌梗死、高血压、冠心病等心血管疾病。

此外，对从事坐姿类职业的工作人员来说，计算机成为最常用的办公工具。长时间使用键盘和鼠标，手指容易因反复弯曲、伸展而疲劳，手腕容易因腕管内神经长时间受到压迫而出现腕管综合征（俗称“鼠标手”）。同时，长时间对着显示器工作，不仅会造成眼睛干涩，还会导致视力下降。

三、坐姿类职业体能训练方法

（一）静态牵拉椅子操

扫一扫

静态牵拉椅子操：第一节至第二节

预备姿势：坐于椅子上，上身保持端正，两腿并拢，两手平放于腿上。

1. 第一节：头颈静拉

分解动作如下。

第 1×8 拍：1—4 拍，下颌前伸至最大幅度，固定姿势；5—8 拍，还原，放松。

第 2×8 拍：1—4 拍，下颌上抬至最大幅度，固定姿势；5—8 拍，还原，放松。

第 3×8 拍：1—4 拍，头颈左转至最大幅度，固定姿势；5—8 拍，还原，放松。

第 4×8 拍：同第 3×8 拍，但动作方向相反。

2. 第二节：耸肩

分解动作如下。

第 1×8 拍：1—4 拍，双手叉腰，双肩前耸至最大幅度，固定姿势；5—8 拍，还原，放松。

第 2×8 拍：同第 1×8 拍，但动作方向相反。

第 3×8 拍：1—4 拍，右肩保持不动，左肩上耸至最大幅度，固定姿势；5—8 拍，还原，放松。

第 4×8 拍：同第 3×8 拍，但动作方向相反。

3. 第三节：坐姿卷展腹

扫一扫

静态牵拉椅子操：第三节至第四节

分解动作如下。

第 1×8 拍：1—4 拍，坐于椅子前沿，两臂于胸前交叉，双手扶异侧上臂，双肘抬起，保持上身挺直，身体前倾至感觉腹部收紧，固定姿势；5—8 拍，还原，放松。

第 2×8 拍：1—4 拍，坐于椅子前沿，两臂前平举，保持上身挺直，身体向后靠近椅背，固定姿势；5—8 拍，还原，放松。

第 3×8 拍：同第 1×8 拍。

第 4×8 拍：同第 2×8 拍。

4. 第四节：坐姿转腹

分解动作如下。

第 1×8 拍：1—4 拍，上身左转至最大幅度，同时左手握住靠背左侧，右手握住左手腕，固定姿势；5—8 拍，还原，放松。

第 2×8 拍：1—4 拍，上身右转至最大幅度，同时右手握住靠背右侧，左手握住右手腕，固定姿势；5—8 拍，还原，放松。

第 3×8 拍：同第 1×8 拍。

第 4×8 拍：同第 2×8 拍。

5. 第五节：坐姿臂上举

分解动作如下。

第 1×8 拍：1—4 拍，两手握拳，两臂屈肘侧平举，固定姿势；5—8 拍，两手握拳，两臂上举并贴近耳朵，固定姿势。

第 2×8 拍：1—4 拍，两手十指交叉，翻腕，抬头看手，固定姿势；5—8 拍，翻腕，掌心向下，同时两臂屈肘侧平举，两小指抵至后颈，固定姿势。

扫一扫

静态牵拉椅子操：第五节至第六节

第 3×8 拍：同第 1×8 拍。

第 4×8 拍：同第 2×8 拍。

6. 第六节：坐姿臂屈伸

分解动作如下。

第 1×8 拍：1—4 拍，两手放在椅子前沿，两腿前伸，臀部前移离开椅子，两臂伸直支撑身体，固定姿势；5—8 拍，臀部下移，两臂屈肘支撑身体，固定姿势。

第 2×8 拍：1—2 拍，臀部上移，两臂伸直支撑身体；3—4 拍，臀部下移，两臂屈肘支撑身体。5—6 拍同 1—2 拍；7—8 拍同 3—4 拍。

第 3×8 拍：同第 1×8 拍。

第 4×8 拍：同第 2×8 拍。

7. 第七节：提踵深蹲

分解动作如下。

第 1×8 拍：1—4 拍，站立姿势，两脚跟向上提起，同时两臂侧平举，掌心向下，固定姿势；5—8 拍，还原，放松。

第 2×8 拍：1—4 拍，屈腿深蹲，上身挺直，同时两臂前平举，掌心向下，固定姿势；5—8 拍，还原，放松。

扫一扫

静态牵拉椅子操：第七节至第八节

第 3×8 拍：同第 1×8 拍。

第 4×8 拍：同第 2×8 拍。

8. 第八节：斜式俯卧撑

分解动作如下。

第 1×8 拍：1—4 拍，两手扶椅背，身体倾斜站立，屈臂，身体下移，使肩、肘保持在同一平面，固定姿势；5—8 拍，两臂伸直，腰、背、下肢挺直，固定姿势。

第 2×8 拍：1—4 拍，保持俯撑姿势，右脚跟向上提起，以前脚掌支撑身体，同时左腿屈膝向上提起，固定姿势；5—8 拍，左脚落回右脚内侧，同时两臂伸直，腰、背、下肢挺直，固定姿势。

第 3×8 拍：同第 1×8 拍。

第 4×8 拍：同第 2×8 拍，但动作方向相反。

（二）动态牵拉椅子操

预备姿势：坐于椅子上，上身保持端正，两腿并拢，两手平放于腿上。

1. 第一节：头部屈、转、绕

分解动作如下。

第 1×8 拍：1—2 拍，头颈前屈，同时两臂环抱头颈部，两手于颈后十指交叉；3—4 拍，两手扶肩，同时头部后仰；5—8 拍，两手扶肩，同时头部经后、左、前、右绕环一周后还原。

第 2×8 拍：1—2 拍，左臂侧平举，掌心向下，同时头部左转，右手经头后摸左耳；3—4 拍，还原，放松；5—6 拍，右臂侧平举，掌心向下，同时头部右转，左手经头后摸右耳；7—8 拍，还原，放松。

第 3×8 拍：同第 1×8 拍，但 5—8 拍的动作方向相反。

第 4×8 拍：同第 2×8 拍，但动作方向相反。

扫一扫

动态牵拉椅子操：第一节至第二节

2. 第二节：肩部绕、提、沉

分解动作如下。

第 1×8 拍：1—4 拍，两手叉腰，两肩从后向前绕环一周；5—8 拍，两手叉腰，两肩从前向后绕环一周。

第 2×8 拍：1 拍，两肩上提；2 拍，还原；3 拍同 1 拍；4 拍，还原；5 拍，左肩上提；6 拍，右肩上提，同时左肩还原；7 拍，左肩上提，同时右肩还原；8 拍，左肩还原。

第 3×8 拍：1—4 拍，右肩上提，上体左侧屈，低头看肘；5—8 拍，还原，放松。

第 4×8 拍：同第 3×8 拍，但动作方向相反。

3. 第三节：腕部推、勾、翻

分解动作如下。

第 1×8 拍：1—2 拍，两臂侧平举，推掌，五指并拢，指尖朝上；3—4 拍，两臂上举，合掌；5—6 拍，两臂侧平举，勾手，五指并拢，指尖朝下；7—8 拍同 3—4 拍。

第 2×8 拍：1—2 拍，两臂向前交叉平举，两手十指交叉；3—4 拍，两手向内翻腕至胸前上举；5—6 拍，两手向外翻腕至胸前平举，两臂伸直；7—8 拍，两手向内翻腕至胸前平举，两臂伸直。

第 3×8 拍：同第 1×8 拍。

第 4×8 拍：同第 2×8 拍。

扫一扫

动态牵拉椅子操：第三节至第四节

4. 第四节：胸部转、扩、展

分解动作如下。

第 1×8 拍：1—4 拍，两手十指交叉，手心向外，两臂向左下方振臂 4 次；5—8 拍，两臂向右下方振臂 4 次。

第 2×8 拍：1—4 拍，两臂屈肘侧平举，两手握拳，拳心向下，扩胸 4 次；5—8 拍，两臂伸展侧平举，拳心向上，扩胸 3 次后两手平放于腿上。

第 3×8 拍：1—4 拍，抬头挺胸，同时两臂斜上举 45°，手心向上，向后振臂 4 次；5—8 拍，还原，放松。

第 4×8 拍：同第 3×8 拍。

5. 第五节：腰部拉、立、转

扫一扫

动态牵拉椅子操：第五节至第六节

分解动作如下。

第 1×8 拍：1—2 拍，上体前屈贴于大腿，同时两手抓握椅子腿；3—4 拍，还原；5—6 拍，两腿前伸，两手摸脚尖；7—8 拍，还原。

第 2×8 拍：1—2 拍，两手分别拉椅背两侧，上体前倾；3—4 拍，两手撑于椅面后沿，挺胸立腰；5—6 拍同 1—2 拍；7—8 拍同 3—4 拍。

第 3×8 拍：1—4 拍，臀部抬离椅面，同时身体左转 90°，右手叉腰，左手扶椅面，左腿变成左弓步，下压 3 次；5—8 拍，还原。

第 4×8 拍：同第 3×8 拍，但动作方向相反。

6. 第六节：腹部团、挺、撑

分解动作如下。

第 1×8 拍：1—2 拍，屈膝，收腹，两手抱膝团身；3—4 拍，两腿向前伸直，两手撑于椅面后沿；5—6 拍，挺髋，身体伸直呈仰撑姿势；7—8 拍，还原。

第 2×8 拍：同第 1×8 拍。

第 3×8 拍：1—4 拍，两腿分开，向左转腰探肩，上体前屈，头部位于左膝上方，低头含胸；5—8 拍，还原。

第 4×8 拍：同第 3×8 拍，但动作方向相反。

7. 第七节：腿部抬、屈、伸

分解动作如下。

扫一扫

动态牵拉椅子操：第七节至第八节

第 1×8 拍：1—2 拍，两手扶椅面后沿，两脚后跟向上提起，脚尖点地；3—4 拍，还原；5—6 拍同 1—2 拍；7—8 拍同 3—4 拍。

第 2×8 拍：1 拍，两腿微屈膝上抬；2 拍，左腿屈膝高抬；3 拍，右腿屈膝高抬；4 拍、6 拍同 2 拍，5 拍、7 拍同 3 拍；8 拍还原。

第 3×8 拍：1—4 拍，右脚踝搭在左膝上，右手扶右脚踝，右脚踝绕环 3 次；5—8 拍，还原。

第 4×8 拍：同第 3×8 拍，但动作方向相反。

8. 第八节：全身压、摆、按

分解动作如下。

第 1×8 拍：1—4 拍，站在椅子后面，面对椅背，上体前屈，两臂屈肘交叉于椅面上；5—8 拍还原。

第 2×8 拍：1—4 拍，两手扶椅面，上体前屈，做俯卧撑两次；5—8 拍还原。

第 3×8 拍：1—2 拍，两手扶椅背，上体前屈，左腿向后抬；3—4 拍还原；5—6 拍，两手扶椅背，上体前屈，右腿向后抬；7—8 拍，还原。

第 4×8 拍：1—4 拍，抬头挺胸，两臂经体侧上举至头顶，掌心相对；5—8 拍，屈肘，按掌下压，还原成立正姿势。

第三节　站姿类职业体能训练

一、站姿类职业介绍

站姿类职业是指工作时以站姿为主要姿势的职业。例如，教师、餐厅服务员、售货员、厨师等通常需要在工作期间长时间站立。站立姿势可以分为立正式站立和任意式站立。立正式站立是一种强度极高的静力性站姿；而任意式站立因身体的某些部位在一定程度上可以活动，所以相对于立正式站立而言，静力负荷的强度较低。

二、站姿类职业对身体的影响

人在自然站立时，头部、躯干、上肢的重量经过腰椎向下传导，需要腰部肌肉发力才能维持腰椎的正常生理前凸。久站不仅会加重腰部肌肉的负荷，使腰椎承受较大的压力，造成腰部和背部疼痛，还会使下肢血液循环不畅，导致下肢肿胀甚至静脉曲张。

三、站姿类职业体能训练方法

（一）力量练习

1. 上半身力量练习：分腿俯卧撑

分解动作如下：身体俯卧，双臂伸直撑于地面，双手间距比肩略宽，双腿向后伸直，脚尖撑地，双脚间距不大于双手间距。身体下落时吸气，身体绷成一条直线，不能塌腰。身体向上撑起时呼气，上臂向内夹紧，胸部肌肉收紧。

扫一扫

上半身力量练习

2. 下半身力量练习：提膝击掌

分解动作如下：以提右膝为例，跨步站立，左脚在前，右脚在后，身体重心落于左脚；两臂伸直上举并贴于耳侧，两手前后重叠，掌心向前；上体保持端正，借助腹部力量向上提起右膝，同时两臂伸直下落，以手心击右膝；随后右腿向后蹬地，同时两臂伸直上举。

扫一扫

下半身力量练习

（二）耐力练习

1. 上半身耐力练习：俯卧静力撑

分解动作如下：身体俯卧，双臂伸直撑于地面，双手间距大于肩宽。保持姿势的时间越长，锻炼效果越好。

扫一扫

上半身耐力练习

2. 上半身耐力练习：仰卧静力卷腹

分解动作如下：坐于地面，双臂环抱于胸前，双腿并拢伸直；借助腹部力量抬起双腿，使身体呈“V”字形。保持姿势的时间越长，锻炼效果越好。

扫一扫

下半身耐力练习

3. 下半身耐力练习：跪姿抬腿画圈

分解动作如下：以左腿画圈为例，身体俯卧呈跪姿，双臂撑起上半身，背部挺直，除左腿外全身固定。左腿绷直抬起画圈，主要借助髋部力量。

4. 下半身耐力练习：原地静蹲提踵练习

分解动作如下：身体由站立变为静蹲姿势，上体保持端正且与大腿成 90°角，大腿与小腿形成 45°角，小腿提踵绷紧，双臂前平举，掌心向下。保持姿势的时间越长，锻炼效果越好。

（三）柔韧练习

扫一扫

上半身柔韧练习

1. 上半身柔韧练习：眼镜蛇式伸展

分解动作如下：身体俯卧，双臂撑起上半身，双肩向后展开，保持身体放松；保持姿势时，将胸腔向前、向上推送，以加强脊柱的伸展；肚脐应尽量贴地，以加强背部的伸展。保持姿势的时间越长，锻炼效果越好。

2. 上半身柔韧练习：猫式伸展

分解动作如下：身体呈俯卧跪姿，双臂伸直贴于地面，头部和胸部形成一条直线，与地面平行，腹部悬空，臀部尽量向后、向下移动，以拉伸背部。保持姿势的时间越长，锻炼效果越好。

3. 下半身柔韧练习：腿部侧拉伸

分解动作如下：以右腿拉伸为例，左脚掌着地，右腿单膝跪于地面，右手支撑地面，左手握住右脚踝并向上提拉，上半身左转，目视斜上方。左腿拉伸动作与右腿拉伸动作相同，但方向相反。

扫一扫

下半身柔韧练习

4. 下半身柔韧练习：小腿竖叉动态拉伸

分解动作如下：以右腿拉伸为例，右腿单膝跪于地面，右脚尖点地；左脚向前跨一大步，左腿伸直；两手支撑地面，两臂伸直；提起右膝使右腿伸直，然后落膝跪地，如此反复进行练习。左腿拉伸动作与右腿拉伸动作相同，但方向相反。

（四）放松练习

1. 上半身放松练习：下压练习及拍打

分解动作如下：① 上半身下压练习。面向具有一定高度的辅助物体站立，双腿开立，双手抓握辅助物体，上半身前俯，下压肩部和背部。注意手臂和腿部要伸直。② 拍打放松。在上半身下压练习结束后，身体还原至站立姿势，双脚并拢，双手由上至下拍打身体，放松肌肉。

2．下半身放松练习：摆腿练习

分解动作如下：以右腿摆动为例，面向具有一定高度的辅助物体站立，双手抓握辅助物体，左腿支撑地面，右腿伸直并在体前左右摆动。左腿摆动动作与右腿摆动动作相同，但方向相反。

3．下半身放松练习：前后踢腿练习

分解动作如下：以前后踢右腿为例，面向具有一定高度的辅助物体站立，双手抓握辅助物体，左腿支撑地面，右腿屈膝前摆至胸前，然后向后蹬腿并尽量上提，如此反复进行练习。前后踢左腿的动作与前后踢右腿的动作相同，但方向相反。

第四节　综合操作类职业体能训练

一、综合操作类职业介绍

综合操作类职业是指工作时无固定姿势的职业。综合操作类职业工种繁多，一般可分为以体力为主的职业和以灵巧性为主的职业。前者包括机械操作人员、物流人员、建筑工人、工程设备安装人员等；后者包括各类修理工、电工等。

二、综合操作类职业对身体的影响

从事综合操作类职业的工作人员由于长期采用倾斜、弯曲的立位或进行负重行走作业容易使其脊柱弯曲（以驼背最为常见），同时也容易出现脊柱侧凸等问题。另外，很多从事综合操作类职业的工作人员工作时常处于半蹲、半跪状态，膝关节承受较重负荷，并且肌肉长时间处于紧张状态，容易导致附着在髌骨上缘的一些肌肉或韧带发生损伤。这些损伤可能会引起膝关节酸痛，而且当膝关节受寒时酸痛往往会加剧。

三、综合操作类职业体能训练方法

（一）力量素质练习

扫一扫

增强肩背肌群力量：练习 1 至练习 3

1．增强肩背、上肢肌群力量

练习 1：夹肘哑铃开合平举。

分解动作如下：两腿并拢，自然站立；两手握哑铃置于身体两侧；两前臂上举，肘关节屈至 90°，然后分别向身体两侧打开，再还原。如此反复进行练习，练习时间为 1 min。

练习 2：身体前倾下拉。

分解动作如下：右腿在前，形成右弓步，身体自然前倾；两臂伸直上举，手心向前，然后向下屈肘，停顿 1 s 左右再重复动作。练习时间为 1 min。

练习 3：俯撑迈腿转肩。

分解动作如下：以迈左腿转左肩为例，以俯卧撑的准备姿势开始；向前迈左腿至左手外侧，左臂伸直向上、向后、向下画圆，目视左手；左手落回左脚内侧，左腿向后回到起始位置。练习时间为 1 min。

练习 4：哑铃交替弯举。

分解动作如下：两腿分立至与肩同宽，腰背挺直；两手握哑铃置于身体两侧，手心向前；左臂做胸前屈，然后下落；右臂做胸前屈，然后下落。两臂交替进行，一组 20 个，做 3 组。

练习 5：双手哑铃锤式弯举。

分解动作如下：两腿分立至与肩同宽，腰背挺直；两手持哑铃置于髋部前侧，两手间距与肩同宽，手心相对；双臂做胸前屈，然后下落。一组 20 个，做 3 组。

扫一扫

增强上肢肌群力量：练习 4 至练习 7

练习 6：肩部排举。

分解动作如下：两腿分立至与肩同宽，腰背挺直；双手将体前的重物缓缓提至下颌，前臂保持水平，然后两臂缓缓落下。一组 20 个，做 3 组。

练习 7：坐姿（蹲姿）哑铃单边支撑弯举。

分解动作如下：以右臂为例，坐于椅子上，两腿间距稍比肩宽，腰背挺直，身体稍向前倾；左手放于左膝上，右手放于右腿内侧；右手握哑铃，屈肘上举至胸前，然后下落。一组 20 个，做 3 组。

练习 8：三头肌弯举。

分解动作如下：两腿分立至与肩同宽，腰背挺直；双手握哑铃上举至头顶，双臂伸直；屈肘，双手向后、向下画弧，上臂保持不动；前臂还原至头顶。一组 20 个，做 3 组。

练习 9：夹肘俯卧撑。

分解动作如下：双手撑地，十指向前，双手间距与肩同宽；两腿向后伸直，脚尖撑地；屈肘使身体下降，至胸部离地 2.5～5 cm 时再撑起。注意双肘及上臂尽量紧贴体侧。一组 20 个，做 3 组。

练习 10：夹肘前穿俯卧撑。

分解动作如下：双手撑地，十指向前，双手间距与肩同宽；两腿向后伸直，脚尖撑地；臀部向后、向上移动，使身体呈三角形；屈肘，前臂紧贴地面，上体向下、向前移动，手臂发力撑起身体，还原成预备姿势。一组 20 个，做 3 组。

扫一扫

增强上肢肌群力量：练习 8 至练习 10

2. 增强腹、背肌群力量

增强腹、背肌群力量的练习方法包括以下几点。① 徒手或利用器械做仰卧起坐。② 利用各种器械做收腹举腿。③ 提拉重物。④ 传接球练习，即两人背靠背分腿站立，其中一人手拿实心球，与对方同时向一个方向转体，将球传给对方。⑤ 屈伸练习，如肩负杠铃分腿站立做屈伸练习。⑥ 俯卧挺身练习，即俯卧于垫上，两手相握放于背后，上体向上抬起，使肚脐以上部位离开垫面。⑦ 负重转体，如肩负杠铃分腿站立，身体向左、向右扭转。

3. 增强下肢肌群力量

扫一扫

增强下肢肌群力量：练习 1 至练习 3

练习 1：站姿侧蹬跑。

分解动作如下：双脚开立至比肩稍宽，脚尖向前，微微下蹲；上体挺直或稍向前倾，两臂屈肘，以肩为轴前后协调摆动；支撑腿用力向侧方蹬出，摆动腿小腿向大腿靠拢，大小腿呈折叠姿势。与此同时身体重心侧移，原摆动腿脚尖落地缓冲，原支撑腿小腿向大腿靠拢，大小腿呈折叠姿势。如此反复进行练习，练习时间为 1 min。

练习 2：分腿团身跳。

分解动作如下：双脚开立至与肩同宽，脚尖向前，微微下蹲，上体挺直或稍向前倾；双腿屈膝向上跳，大腿靠近胸部，同时双臂伸直下落；落地时，前脚掌先着地，然后过渡到全脚掌着地，顺势屈膝收腹，以缓冲下落的力量，同时双臂屈肘置于胸前。练习时间为 1 min。

练习 3：俯撑吸腿。

分解动作如下：身体呈俯撑姿势，左腿屈膝，大腿尽量贴近腹部，脚尖绷直；左腿还原，换右腿屈膝，两腿交替练习。练习时间为 1 min。

4. 增强全身肌群力量

练习哑铃操可以增强全身肌群力量，具体步骤如下。

预备姿势：身体自然直立，两脚并拢，两手握哑铃置于身体两侧。

第一节：哑铃弓步上举。

分解动作如下。

扫一扫

哑铃操：第一节至第二节

第 1×8 拍：1—2 拍，左腿向前迈一步，形成左弓步，同时两臂前平举，手心相对；3—4 拍，左臂侧平举，手心向前，右臂胸前平屈，手心向后，目视左手；5—6 拍，收回左腿，两脚并拢，同时两臂上举至头顶，两臂伸直，手心相对，抬头向上看；7—8 拍，手臂下落，还原成立正姿势。

第 2×8 拍：同第 1×8 拍，但动作方向相反。

第 3×8 拍：同第 1×8 拍。

第 4×8 拍：同第 2×8 拍。

第二节：哑铃提拉上举。

分解动作如下。

第 1×8 拍：1—2 拍，左脚向左迈一步，与肩同宽，同时两上臂侧提至与地面平行，肘关节屈至 90°，手心向后；3—4 拍，肘关节保持不动上举前臂，然后双臂伸直上举，手心向前；5—6 拍，肘关节保持不动，前臂下落，手心向后；7—8 拍，还原成立正姿势。

第 2×8 拍：同第 1×8 拍，但腿部动作方向相反。

第 3×8 拍：同第 1×8 拍。

第 4×8 拍：同第 2×8 拍。

第三节：哑铃排拉侧举。

分解动作如下。

第 1×8 拍：1—4 拍，向左并步两次，同时双臂胸前平屈两次，手心向下；5—6 拍，左脚向后迈一步变成右弓步，同时两臂侧平举，手心向下；7—8 拍，收手收脚，还原成立正姿势。

扫一扫

哑铃操：

第三节至第四节

第 2×8 拍：同第 1×8 拍，但腿部动作方向相反。

第 3×8 拍：同第 1×8 拍。

第 4×8 拍：同第 2×8 拍。

第四节：哑铃屈臂绕环。

分解动作如下。

第 1×8 拍：1 拍，左脚向前迈一步，同时屈肘上举前臂，手心相对；2 拍，左脚收回，同时两手放下；3—4 拍同 1—2 拍；5—8 拍，右臂向前、向上、向后、向下画圆，然后回到立正姿势。

第 2×8 拍：同第 1×8 拍，但动作方向相反。

第 3×8 拍：同第 1×8 拍。

第 4×8 拍：同第 2×8 拍。

第五节：哑铃平转。

分解动作如下。

第 1×8 拍：1—2 拍，左脚向左迈一大步，同时弯腰俯身，两臂自然下垂，手心相对；3—4 拍，上体直立，两臂侧平举，手心向下；5—6 拍，上体左转 90°，双臂胸前平举，手心相对；7—8 拍，收手收脚，还原成立正姿势。

扫一扫

哑铃操：

第五节至第六节

第 2×8 拍：同第 1×8 拍，但动作方向相反。

第 3×8 拍：同第 1×8 拍。

第 4×8 拍：同第 2×8 拍。

第六节：哑铃拉弓上举。

分解动作如下。

第 1×8 拍：1—2 拍，左腿向左迈一大步，形成左弓步，同时左臂胸前平屈，手心向后，右臂侧平举，手心向前；3—4 拍，收左腿，两腿并拢屈膝，变成半蹲姿势，同时左手收于腰间，右臂胸前屈，手心向左；5—6 拍，两腿伸直，同时右臂伸直上举，然后做胸前屈；7—8 拍，双手放下，还原成立正姿势。

第 2×8 拍：同第 1×8 拍，但动作方向相反。

第 3×8 拍：同第 1×8 拍。

第 4×8 拍：同第 2×8 拍。

第七节：哑铃马步冲拳。

分解动作如下。

第 1×8 拍：1—2 拍，左腿向左迈一大步，形成马步，同时两臂胸前平举，手心向下；3—4 拍，收左腿，两腿并拢，同时两手收于腰间，手心向上；5—8 拍，左脚侧点地两次，同时左手向右前方冲拳两次，还原成立正姿势。

第 2×8 拍：同第 1×8 拍，但动作方向相反。

第 3×8 拍：同第 1×8 拍。

第 4×8 拍：同第 2×8 拍。

第八节：哑铃屈臂上冲拳。

分解动作如下。

第 1×8 拍：1—2 拍，两脚分别向前迈步，同时两臂前平举，手心相对；3—4 拍，向前迈左脚，右脚并拢，同时两臂屈肘胸前屈；5—6 拍，两脚跟提起，同时两臂伸直上举；7—8 拍，两脚跟落下，同时双臂屈肘胸前屈，然后前臂下落，还原成立正姿势。

第 2×8 拍：同第 1×8 拍，但动作方向相反。

第 3×8 拍：同第 1×8 拍。

第 4×8 拍：同第 2×8 拍。

扫一扫

哑铃操：
第七节至第八节

（二）速度素质练习

1. 反应速度练习

反应速度练习包括：① 听口令起跑，如跳起落下后马上起跑。② 听口令变速跑，如在慢跑时听到口令，然后快速跑 10～15 m。③ 听口令变向跑，如在快速跑时听到口令，然后马上变向跑 10 m。④ 听口令快速转身跑。⑤ 听到口令后迅速做出相应的动作。

2. 动作速度练习

动作速度练习包括：① 按由快到慢、再由慢到快的节奏进行原地跑步练习和高抬腿跑练习。② 高步频跑楼梯台阶。③ 快速立卧撑。④ 高步频跨越障碍物。⑤ 十字交叉跳。⑥ 交替单摇、双摇跳绳，两脚交替跳绳。

3. 移动速度练习

移动速度练习包括：① 各种距离（如 30 m、50 m、60 m、100 m 或 200 m）的快速跑。② 10～15 m 往返跑，要求快速转身。③ 越过障碍的速度练习，要求以最快的速度越过设置的若干障碍物。④ 前后跑，如向前跑 8 m、向后跑 8 m。⑤ 四角跑，如沿边长约 6 m 的正方形跑。⑥ 接力跑。

（三）耐力素质练习

耐力素质练习包括：① 跑走交替。② 越野跑。③ 定时跑。④ 规定距离与速度跑。⑤ 平板支撑。⑥ 连续半蹲跑。⑦ 连续跑台阶。⑧ 原地间歇高抬腿跑。⑨ 长距离三级跳。⑩ 连续跳绳。⑪ 连续跳起投篮。⑫ 连续跨栏。⑬ 变速跑。⑭ 两人追逐跑。

（四）灵敏素质练习

1. 在原地或走动中的练习

在原地或走动中的练习包括：① 带有附加动作的抛球练习。② 带有附加动作的体操棒练习。③ 带有附加动作的前进、后退练习。

2. 在跑动中的练习

在跑动中的练习包括：① 在跑动中突然变向跑。② 在一定范围内躲闪跑。③ 各种方向的冲刺跑、急停。④ 10 m 往返跑。⑤ 带有附加动作的前进、后退练习。⑥ 跳绳跑。⑦ 触球跑。⑧ 跑过摇动的长绳。

3. 在跳动中的练习

在跳动中的练习包括：① 左、右跳转。② 十字交叉跳。③ 跳起后向各个方向转身。④ 蛙跳。⑤ 跳绳或跳皮筋。

4. 在滚动中的练习

在滚动中的练习包括：① 分腿坐滚动。② 肘、膝撑地向侧方滚动。

（五）柔韧素质练习

柔韧素质练习包括：① 柔韧体操。② 各种拉伸韧带的练习，如压肩、拉肩、向前压腿、快速向后踢腿等。③ 身体各部位关节的转动、屈伸练习，如快速前后绕肩、原地左右快速转体、腹背屈伸、腰部大绕环等。④ 利用器械做增大身体各关节活动范围的练习。

健康生活

为幸福生活添健康底色

国务院印发的《全民健身计划（2021—2025 年）》（以下简称《计划》）明确指出，全民健身是实现全民健康的重要途径和手段，是全体人民增强体魄、幸福生活的基础保障，关乎健康文明的生活方式，关乎国家和民族的未来。

去哪儿健身？这是百姓关心的问题，也是推动全民健身向更高水平发展的首要问题。对此，《计划》明确提出，“新建或改扩建 2 000 个以上体育公园、全民健身中心、公共体育场馆等健身场地设施，补齐 5 000 个以上乡镇（街道）全民健身场地器材，配建一批群众滑冰场，数字化升级改造 1 000 个以上公共体育场馆”，为百姓的幸福生活添健康底色。

为此，各地都在积极通过多渠道增加健身场地供给。在北京西城区，五彩缤纷的健康步道修进鳞次栉比的楼宇之间，周边居民和企业员工走出楼门就能舒活筋骨。在浙江省宁波市，高架桥下原来不起眼的闲置空间被改造利用，化身为城市中备受群众青睐的运动健身“金角银边”。

相关专业人士也提出了自己的建议。例如，首都体育学院教授李相如认为，相较于扩大增量，盘活存量更为关键，这是解决健身场地难题的突破口。可以对公共体育场馆的开放天数、平均流量进行评估监督，尝试引入第三方运营管理。国家体育总局群体司公共服务处处长认为，借助现代信息技术，打造线上与线下相结合的运动健身场景，既能够满足群众的多元化运动需求，又能够推动场馆创新运营理念，提升服务水平。

对此，浙江省嘉兴市的运动爱好者颇有感触：在当地“运动家”智慧体育社区，刷脸就能进入百姓健身房、笼式足球场等运动场所，还可以在线上查询运动设施、报名参加赛事。“只要运动场所选址佳、配置高、价格低、体验好，大家的参与热情就高。”嘉兴市体育局局长王蕾说。在嘉兴市体育局的一块数字大屏上，“运动家”智慧体育社区的实时运动人数、运动时长、年龄统计等信息一目了然。王蕾说：“用数字化赋能闭环管理，极大地提高了工作效率，有利于进一步为群众提供更为精准的健身管理服务。”

（资料来源：人民周刊网，有改动）

第五章　我的大学体育

知识目标

- 掌握大学体育的组织形式。
- 了解体育俱乐部教学改革探索的情况。
- 了解线上线下融合的体育教学新模式。

素质目标

- 培养积极参加体育锻炼的习惯。
- 积极进取，具备一定的课外体育锻炼活动的组织与管理能力。

第一节　大学体育的组织形式

大学体育的组织形式主要包括体育教学、课外体育活动、课余体育训练和课余体育竞赛等。

一、体育教学

体育教学是学校实施体育教育的主要形式，其既是学校体育工作的中心环节，又是实现学校体育目标的基本途径。体育教学分为理论课教学和实践课教学两部分。

（一）理论课教学

理论课教学是指教师根据体育理论教材，按照教学计划和课时进度，系统地向学生传授体育科学知识的过程。其目的是加强学生对体育的理性认识和对体育文化内涵的深刻理解，使学生形成终身进行体育锻炼的意识。

（二）实践课教学

实践课教学是指以身体练习为基本方法，以教师为主导，以学生为主体的体育教学过程，是学校实现体育教育目标的基本手段。教师在教学过程中要注意充分调动学生的主观能动性，确定合适的运动负荷，以有效地锻炼学生的体格，增强学生的体能。

二、课外体育活动

课外体育活动是学校体育的重要组成部分，也是体育教学的延伸与补充。其目的是让学生将课上所学的知识与技能应用于课外实践。课外体育活动主要包括早操与课间活动。

（一）早操

早操既是学生作息制度的组成部分，又是学校维持正常教学秩序的重要环节。做早操是指学生每天早上起床后到室外做操或进行一般性的身体活动。

早操时长一般控制在 15～20 min，因为学生上午要上课，所以早操的活动量不宜太大。早操的内容可以是广播体操，也可以是健身跑或其他身体素质练习。早操的组织形式应为集体活动与个人活动相结合。

学生坚持做早操不仅可以锻炼个人意志，促进身心健康，而且可以消除早晨起床后大脑的抑制状态，激活机体的生理机能，促使自己以充沛的精力和饱满的热情开始一天的学习和生活。

（二）课间活动

课间活动是指学生利用课间休息的时间做一些轻松的身体活动。课间活动是一种较好的休息方式，可以为学生注入活力，从而提高其学习效率。

三、课余体育训练

课余体育训练是在普及社会体育运动的基础上，对部分热爱体育运动、身体素质良好、有专项运动特长的学生进行系统的体育训练的过程。

课余体育训练有两个目的：一是提高学生的运动水平，为不同层次的体育比赛选拔人才；二是为学校培养体育骨干，以便指导与推动社会体育运动的开展。

课余体育训练必须根据学生的年龄特点、运动基础、生理特点和心理特点，制订专门的训练计划，必须遵循体育训练的原则，采用科学的训练方法进行训练，以确保学生在增强体质的基础上进行力所能及的课余体育训练，切实提高其运动水平和运动成绩。

四、课余体育竞赛

课余体育竞赛是学生在课余参加的校内和校外体育运动竞赛的统称。课余体育竞赛具有竞争性与趣味性的特点，是推动学校体育运动开展的有效形式，具有振奋人心、鼓舞热情、宣传体育精神和增强学生体质的作用。课余体育竞赛不仅能够体现体育教学、课外体育活动和课余体育训练的效果，还能加强学生之间的交流，增强学生的团队意识与集体荣誉感。

第二节　体育俱乐部教学改革探索

一、大学体育俱乐部概述

体育俱乐部是提供运动训练、比赛、健身、娱乐及其他配套服务产品的体育经营实体或体育组织。根据其服务对象和运行机制的不同，体育俱乐部可分为三种类型：一是具有职业化特点的职业体育俱乐部，如各地的足球俱乐部；二是具有商业化特点的商业体育俱乐部，如各种营利性的健身、娱乐、休闲俱乐部；三是具有社会化特点的业余体育俱乐部。

大学体育俱乐部主要有以下两种形式：一是由学校体育教研室组建的体育教学俱乐部，二是由学生社团、体育教师个人或体育爱好者自发成立的课外体育锻炼俱乐部。

体育教学俱乐部是指基于具有共同体育爱好的学生的生理、心理、社会适应和自我完善等需要，以素质教育、健康教育和完成教学任务为目标，从大课程观出发，在任课单元内专门实施的体育项目教学、训练、竞赛与能力培养等活动。它与课外体育活动、课余体育训练和课余体育竞赛有机地融为一体，并被纳入“体育大课程”，成为一种综合性的体育教学活动。

课外体育锻炼俱乐部是指基于具有共同体育爱好的学生的生理、心理、社会适应和自我完善的需要，以丰富业余生活、提高技战术水平、振奋团队精神和实现自我等为目标，在课余时间实施专门项目的体育锻炼、运动竞赛与能力培养等活动。

我国较早开设体育教学俱乐部的大学有浙江大学、深圳大学等。目前，我国高校建立的体育俱乐部以单项俱乐部居多，受到了学生的广泛欢迎。学生参与体育俱乐部的动机不同，主要包括健康动机（如增强体质、改善身体成分、缓解学习压力等）、交往动机（如扩大交际范围、加深友谊等）和成就动机（如提高运动技术水平、提高体育文化素养等）。

二、大学体育俱乐部的组织与管理

（一）体育教学俱乐部的组织与管理

1. 体育教学俱乐部的设置

体育教学俱乐部的设置原则是顺应社会发展趋势，以人才培养目标为依据，根据学校现有的体育场地和设施、师资结构、学生需求等进行设置。目前较为常见的体育教学俱乐部有篮球、排球、足球、网球、乒乓球、羽毛球、健美操、体育舞蹈、健身运动、跆拳道、野外生存等体育项目的体育教学俱乐部。

2. 体育教学俱乐部的选课工作

学校应利用宣传栏、广播、互联网等多种信息平台和渠道发布选课信息，让广大学生在选课以前能够基本了解体育教学俱乐部的项目设置、组织形式、活动内容和任课教师的基本情况。这样，学生就能根据自己的兴趣爱好自由选择想参加的体育教学俱乐部。有条件的学校还可开发体育教学俱乐部选课系统，让学生通过网络就能进行选课。

3．体育教学俱乐部的教学形式

体育教学俱乐部的教学形式可以概括为教师依据学期教学计划和学生的实际情况制订以“教学模块”为单元的教学计划，灵活实施教学。在教学过程中，教师可采用集中辅导与个别辅导相结合的方式及“以赛带练”“以赛促练”的方式，不断提高和巩固学生对运动项目的兴趣，促进学生运动技术与运动技能水平的提高。

4．体育教学俱乐部的学习效果评价

首先，体育教学俱乐部的学习效果评价应采取过程评价和结果评价相结合的方法。在进行评价时，应注重学生平时参与体育教学俱乐部活动的具体表现，注重学生个体的差异性，注重学生在运动竞赛中所取得的成绩、名次及其进步情况。其次，体育教学俱乐部的学习效果评价应采取定量评价与定性评价相结合的方式，客观、公正地评价每一位学生的体育学习情况。

（二）课外体育锻炼俱乐部的组织与管理

1．课外体育锻炼俱乐部的组织

课外体育锻炼俱乐部的组织形式主要有以下几种。

（1）由学生社团组织。学生社团为丰富学生的业余文化生活，根据学生的爱好与要求组织各类社团，其中包括课外体育锻炼俱乐部。

（2）由体育教师个人组织。体育教师根据学生需求和自身的专业特长，组织成立课外体育锻炼俱乐部。此类俱乐部一般涵盖社会上比较流行的运动项目，常见的有跆拳道俱乐部、轮滑俱乐部等。

（3）由体育爱好者自由结合。学生根据自身爱好自由结合，组建单项体育俱乐部，常见的有足球俱乐部、篮球俱乐部、网球俱乐部、羽毛球俱乐部等。

2．课外体育锻炼俱乐部的活动指导

（1）学生社团聘请具有一定专业技术水平的校外人员进行活动指导。

（2）部分体育教师根据自己的专业特长，利用课余时间指导相关俱乐部的活动。

（3）校外具有一定技术水平的人员自愿参与活动指导工作。

第三节　线上线下融合的体育教学新模式

一、线上线下融合的课程设置

大学体育课程设置通常采取课内、课外一体化，线上、线下相结合的形式。

大学一年级一般开设体育公共必修课和公共选修课，以学生体育竞赛、早晚体育活动作为身体锻炼的补充手段，以体质测试作为学生身体健康状况的监测手段。大学二年级一般在大学一年级的课程基础上增设网络选修课程，为学生开辟学习体育知识的新渠道。大学三、四年级的学生会逐步走出校门参与定岗实践，在校时间明显缩短，因此，学校通常会取消早晚的体育活动，只保留网络课程。学生可以根据自己的时间安排，自主选择选修课程。

在“互联网+”的社会发展新形态下，不少学校还会利用网络平台，开发慕课、微课等网络教学课程作为课堂教学的补充，从而为学生提供全方位的体育教学。

二、线上线下融合的教学与锻炼模式

线上线下融合的教学与锻炼模式包括以下几个方面。

一是教材创新。教材在以文字、图片的形式传授知识的基础上，针对每个章节的内容，配备音频、视频等教学资源。学生只需使用移动终端设备扫描二维码，便可获得新的学习体验。学生手捧教材、眼看视频、耳听声音，更有利于理解和掌握相关知识，也能极大地提高学习兴趣。

二是搭建网络教学及服务平台。平台中应包含体育健康知识、运动项目学习、身体素质锻炼等模块。教师根据自身所授课程筛选优质的网络资源，或根据教学所需录制授课视频，然后通过网络教学及服务平台分享给学生。网络学习模式能够促进学生充分利用碎片化时间巩固所学知识，进一步提升其运动技能、活动实践能力和核心素养。

三是利用大数据的存储、计算、分析技术开展学科建设。学校可以根据每年一次的学生体质测试情况，按年级、性别建立数据库，分析学生的身体素质、运动情况等。然后以分析结果为导向，合理设计教学内容、身体素质锻炼重点及相应的考核内容，从而使教学活动和训练活动更具有针对性。

四是利用移动终端设备进行课外指导。教师可以利用微信群、QQ 群或直播平台，与学生分享精彩的比赛片段、健身视频等优质教学资源，以及布置作业或在线答疑。学生也可利用这些渠道反馈自身的学习情况、训练情况或进行提问。

五是将物联网技术应用于体育锻炼。教师可为健身器材配置二维码。通过扫描健身器材上的二维码，学生可观看健身器材的使用说明和用法，以便掌握科学的健身方法。教师还可利用物联网技术，结合校园一卡通构建“智慧健身”综合管理平台，根据学生的运动频率、运动量、项目选择及运动场人流量等信息，对健身器材、运动场馆、健身指导等进行统筹安排。

六是利用运动软件促进教师与学生的沟通交流，这样有利于教师根据学生的健身习惯、娱乐习惯、比赛情况、社交特点等因材施教，从而满足学生的个性化锻炼需求。

健体育魂

弘扬中华体育精神

中华体育精神是中华民族在体育活动中形成的宝贵精神财富，是社会主义核心价值观在体育领域的具体体现，是中国精神的重要组成部分。中华体育精神既有各国体育精神的共同特征，更有基于我国国情的中国特色。中华民族几千年传统文化形成的民族自信心、自尊心、自豪感，以及富国强民的价值追求为体育精神赋予了爱国主义、集体主义等鲜明的文化特征，构成了中华体育精神的丰富内涵。

为国争光、无私奉献的爱国主义精神是中华体育精神的核心要义。体育作为一种文化，与爱国主义有着天然的联系。中华体育精神是爱国主义最具活力的载体和最鲜明的表现。在竞技体育中，我国体育运动员向来胸怀“祖国高于一切”的崇高信念，甘于用生命去捍卫祖国的尊严和荣誉，把奋力争先、为祖国赢得荣誉视为无上荣光。每枚金牌的背后都有着许多自强不息、无私奉献、可歌可泣的故事。运动员们把从事具体的运动项目与报效祖国的宏伟大志紧紧地联系在一起，在乒乓球里积聚能量、在泳池里劈波斩浪、在跑道上迎风绽放，咬紧牙关，默默奉献，不断实现着自己的人生价值。

科学求实、遵纪守法的实干精神是中华体育精神的标志。体育运动向来重实干，用行动说话。从20世纪50年代至今，我国培育了一批批国际乒坛的顶级运动员，靠的就是科学求实的精神。1960年，中国登山队登上珠穆朗玛峰峰顶，实现了人类历史上第一次从北坡登上世界第一高峰，靠的也是科学求实的精神。中国运动员是遵守体育规则和国际标准的典范，在2021年东京奥运会赛场上，中国体育健儿积极弘扬中华体育精神，尊重规则、尊重裁判、尊重对手，不仅取得了优异的成绩，还展现了中国青年一代使命在肩、奋斗有我的精神风貌，拿到了道德的金牌、风格的金牌、干净的金牌。

团结协作、顽强拼搏的奋斗精神是中华体育精神的鲜明传统。中华民族的奋斗精神造就了中国体育不怕挫折、勇于拼搏、敢于胜利的优良传统。中国人的奋斗既是个人的奋斗，更是集体的奋斗，既注重体育运动员的独特价值，更追求团队成员间的相互团结与密切合作。在各大赛事上，我们不仅能看到体育老将们在赛场上拼尽全力，也能看到年轻小将们大放光彩。胜利最终属于执着信念、不言放弃、勇于超越的顽强拼搏者。正是因为能够团结协作、自强不息，敢于顽强拼搏、超越自我，我们才得了一个又一个胜利，在各项赛事上取大放异彩，弘扬了奥林匹克精神，弘扬了中华体育精神。

（资料来源：经济日报，有改动）

第六章　体质健康测试

知识目标

- 了解《国家学生体质健康标准》。
- 熟悉《国家学生体质健康标准》的测试项目。

素质目标

- 积极参加体质健康测试，充分了解自身体质健康水平。
- 有目标地进行体育锻炼，增强自身体质。

第一节　《国家学生体质健康标准》的说明、评价指标与分值

为贯彻落实“健康第一”的指导思想，切实加强学校体育工作，促使学生积极参加体育锻炼，养成良好的锻炼习惯，提高其体质健康水平，教育部于 2014 年 7 月颁布了《国家学生体质健康标准（2014 年修订）》（以下简称《标准》）。

一、《标准》说明

《标准》是国家学校教育工作的基础性指导文件和教育质量基本标准，是评价学生综合素质、评估学校工作和衡量各地教育发展的重要依据，适用于全日制普通小学、初中、普通高中、中等职业学校、普通高等学校的学生。

（1）《标准》从身体形态、身体机能和身体素质等方面综合评定学生的体质健康水平。其中，身体形态类中的身高、体重，身体机能类中的肺活量，以及身体素质类中的 50 m 跑、坐位体前屈为各年级学生共性指标。

（2）《标准》要求各学校每学年开展覆盖本校各年级学生的《标准》测试工作，并根据学生学年总分评定登记。

（3）《标准》中的学年总分由标准分与附加分构成，满分为 120 分。标准分由各单项指标得分与权重乘积之和组成，满分为 100 分。附加分根据实测成绩确定，即对成绩超过 100 分的加分指标进行加分，满分为 20 分。其中，大学的加分指标为男生 1 min 引体向上和 1 000 m 跑，女生 1 min 仰卧起坐和 800 m 跑，各指标加分幅度均为 10 分。

（4）《标准》中的学生体质健康分为以下等级：90.0 分及以上为优秀，80.0～89.9 分为良好，60.0～79.9 分为及格，59.9 分及以下为不及格。

二、学生体质健康评价指标与分值

《标准》对学生体质健康的评价指标与权重做了详细说明，如表 6-1 所示。

表 6-1　学生体质健康标准评价指标与权重

评价指标（测试项目）	权重/%
体重指数（BMI）	15
肺活量	15
50 m 跑	20
坐位体前屈	10
立定跳远	10
1 min 引体向上（男）/1 min 仰卧起坐（女）	10
1 000 m 跑（男）/800 m 跑（女）	20

注：体重指数（BMI）=体重/身高^2（单位：kg/m^2）。

表 6-2 至表 6-9 是具体的评分标准及加分标准。

表 6-2　男生/女生体重指数（BMI）单项评分表

（单位：kg/m^2）

等级	单项得分	男生	女生
正常	100	17.9～23.9	17.2～23.9
低体重	80	≤17.8	≤17.1
超重		24.0～27.9	24.0～27.9
肥胖	60	≥28.0	≥28.0

表 6-3　男生/女生肺活量单项评分表

（单位：mL）

等级	单项得分	男生		女生	
		大一、大二	大三、大四	大一、大二	大三、大四
优秀	100	5 040	5 140	3 400	3 450
	95	4 920	5 020	3 350	3 400
	90	4 800	4 900	3 300	3 350
良好	85	4 550	4 650	3 150	3 200
	80	4 300	4 400	3 000	3 050

表 6-3（续）

等级	单项得分	男生		女生	
		大一、大二	大三、大四	大一、大二	大三、大四
及格	78	4 180	4 280	2 900	2 950
	76	4 060	4 160	2 800	2 850
	74	3 940	4 040	2 700	2 750
	72	3 820	3 920	2 600	2 650
	70	3 700	3 800	2 500	2 550
	68	3 580	3 680	2 400	2 450
	66	3 460	3 560	2 300	2 350
	64	3 340	3 440	2 200	2 250
	62	3 220	3 320	2 100	2 150
	60	3 100	3 200	2 000	2 050
不及格	50	2 940	3 030	1 960	2 010
	40	2 780	2 860	1 920	1 970
	30	2 620	2 690	1 880	1 930
	20	2 460	2 520	1 840	1 890
	10	2 300	2 350	1 800	1 850

表 6-4　男生/女生 50 m 跑单项评分表

（单位：s）

等级	单项得分	男生		女生	
		大一、大二	大三、大四	大一、大二	大三、大四
优秀	100	6.7	6.6	7.5	7.4
	95	6.8	6.7	7.6	7.5
	90	6.9	6.8	7.7	7.6
良好	85	7.0	6.9	8.0	7.9
	80	7.1	7.0	8.3	8.2
及格	78	7.3	7.2	8.5	8.4
	76	7.5	7.4	8.7	8.6
	74	7.7	7.6	8.9	8.8
	72	7.9	7.8	9.1	9.0
	70	8.1	8.0	9.3	9.2

表 6-4（续）

等级	单项得分	男生		女生	
		大一、大二	大三、大四	大一、大二	大三、大四
及格	68	8.3	8.2	9.5	9.4
	66	8.5	8.4	9.7	9.6
	64	8.7	8.6	9.9	9.8
	62	8.9	8.8	10.1	10.0
	60	9.1	9.0	10.3	10.2
不及格	50	9.3	9.2	10.5	10.4
	40	9.5	9.4	10.7	10.6
	30	9.7	9.6	10.9	10.8
	20	9.9	9.8	11.1	11.0
	10	10.1	10.0	11.3	11.2

表 6-5　男生/女生坐位体前屈单项评分表

（单位：cm）

等级	单项得分	男生		女生	
		大一、大二	大三、大四	大一、大二	大三、大四
优秀	100	24.9	25.1	25.8	26.3
	95	23.1	23.3	24.0	24.4
	90	21.3	21.5	22.2	22.4
良好	85	19.5	19.9	20.6	21.0
	80	17.7	18.2	19.0	19.5
及格	78	16.3	16.8	17.7	18.2
	76	14.9	15.4	16.4	16.9
	74	13.5	14.0	15.1	15.6
	72	12.1	12.6	13.8	14.3
	70	10.7	11.2	12.5	13.0
	68	9.3	9.8	11.2	11.7
	66	7.9	8.4	9.9	10.4
	64	6.5	7.0	8.6	9.1
	62	5.1	5.6	7.3	7.8
	60	3.7	4.2	6.0	6.5

表 6-5（续）

等级	单项得分	男生		女生	
		大一、大二	大三、大四	大一、大二	大三、大四
不及格	50	2.7	3.2	5.2	5.7
	40	1.7	2.2	4.4	4.9
	30	0.7	1.2	3.6	4.1
	20	−0.3	0.2	2.8	3.3
	10	−1.3	−0.8	2.0	2.5

表 6-6　男生/女生立定跳远单项评分表

（单位：cm）

等级	单项得分	男生		女生	
		大一、大二	大三、大四	大一、大二	大三、大四
优秀	100	273	275	207	208
	95	268	270	201	202
	90	263	265	195	196
良好	85	256	258	188	189
	80	248	250	181	182
及格	78	244	246	178	179
	76	240	242	175	176
	74	236	238	172	173
	72	232	234	169	170
	70	228	230	166	167
	68	224	226	163	164
	66	220	222	160	161
	64	216	218	157	158
	62	212	214	154	155
	60	208	210	151	152
不及格	50	203	205	146	147
	40	198	200	141	142
	30	193	195	136	137
	20	188	190	131	132
	10	183	185	126	127

表 6-7　男生 1 min 引体向上/女生 1 min 仰卧起坐单项评分表

（单位：次）

等级	单项得分	男生		女生	
		大一、大二	大三、大四	大一、大二	大三、大四
优秀	100	19	20	56	57
	95	18	19	54	55
	90	17	18	52	53
良好	85	16	17	49	50
	80	15	16	46	47
及格	78			44	45
	76	14	15	42	43
	74			40	41
	72	13	14	38	39
	70			36	37
	68	12	13	34	35
	66			32	33
	64	11	12	30	31
	62			28	29
	60	10	11	26	27
不及格	50	9	10	24	25
	40	8	9	22	23
	30	7	8	20	21
	20	6	7	18	19
	10	5	6	16	17

表 6-8　男生/女生耐力跑单项评分表

等级	单项得分	男生（1 000 m）		女生（800 m）	
		大一、大二	大三、大四	大一、大二	大三、大四
优秀	100	3′17″	3′15″	3′18″	3′16″
	95	3′22″	3′20″	3′24″	3′22″
	90	3′27″	3′25″	3′30″	3′28″
良好	85	3′34″	3′32″	3′37″	3′35″
	80	3′42″	3′40″	3′44″	3′42″

表 6-8（续）

等级	单项得分	男生（1 000 m）		女生（800 m）	
		大一、大二	大三、大四	大一、大二	大三、大四
及格	78	3′47″	3′45″	3′49″	3′47″
	76	3′52″	3′50″	3′54″	3′52″
	74	3′57″	3′55″	3′59″	3′57″
	72	4′02″	4′00″	4′04″	4′02″
	70	4′07″	4′05″	4′09″	4′07″
	68	4′12″	4′10″	4′14″	4′12″
	66	4′17″	4′15″	4′19″	4′17″
	64	4′22″	4′20″	4′24″	4′22″
	62	4′27″	4′25″	4′29″	4′27″
	60	4′32″	4′30″	4′34″	4′32″
不及格	50	4′52″	4′50″	4′44″	4′42″
	40	5′12″	5′10″	4′54″	4′52″
	30	5′32″	5′30″	5′04″	5′02″
	20	5′52″	5′50″	5′14″	5′12″
	10	6′12″	6′10″	5′24″	5′22″

表 6-9　大学生加分指标评分表

加分	男生 1 min 引体向上/次		女生 1 min 仰卧起坐/次		男生 1 000 m 跑/秒		女生 800 m 跑/秒	
	大一、大二	大三、大四	大一、大二	大三、大四	大一、大二	大三、大四	大一、大二	大三、大四
10	10	10	13	13	−35	−35	−50	−50
9	9	9	12	12	−32	−32	−45	−45
8	8	8	11	11	−29	−29	−40	−40
7	7	7	10	10	−26	−26	−35	−35
6	6	6	9	9	−23	−23	−30	−30
5	5	5	8	8	−20	−20	−25	−25
4	4	4	7	7	−16	−16	−20	−20
3	3	3	6	6	−12	−12	−15	−15
2	2	2	4	4	−8	−8	−10	−10
1	1	1	2	2	−4	−4	−5	−5

注：1 min 引体向上、1 min 仰卧起坐均为高优指标，学生成绩超过单项评分 100 分后，以超过的次数所对应的分数进行加分；1 000 m 跑、800 m 跑均为低优指标，学生成绩低于单项评分 100 分后，以减少的秒数所对应的分数进行加分。

第二节　《国家学生体质健康标准》的项目

为了便于学生进一步了解和实施《标准》，下面简要介绍一下《标准》中主要测试项目的测试意义、所需测试器材及测试方法。

一、体重指数

体重指数是将身高和体重综合起来确定被测者营养状况的指标，可用来反映被测者的身体匀称度，如正常、超重、肥胖等。如果被测者的体重指数小于或大于同年龄段人群的体重指数的最大值或最小值，说明其身体匀称度欠佳，需要通过调整饮食结构或积极参加体育运动来增加肌肉或减少体内多余的脂肪。

扫一扫

大学生体质健康测试项目

（一）测试器材

测试器材为身高体重测量仪。

（二）测试方法

被测者赤足，以立正姿势站在测量仪的托盘上，上肢自然下垂，足跟并拢，足尖分开约成 60°角，足跟、骶骨部及背部同时与立柱相接触，躯干自然挺直，头部直立，耳屏上缘与眼眶下缘齐平，如图 6-1 所示。

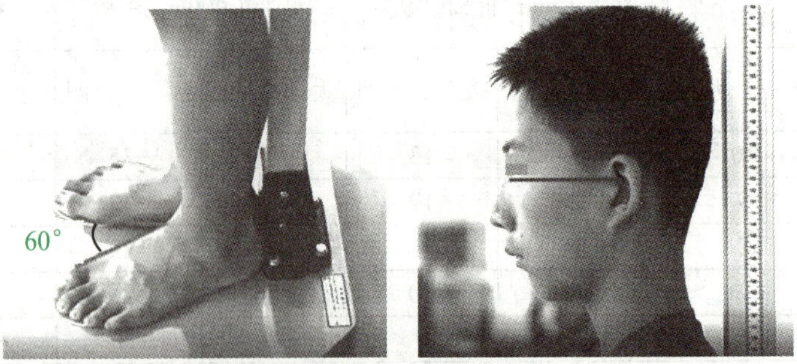

图 6-1　身高体重测试

测试者站在被测者右侧，将压板轻轻沿立柱下滑，轻压于被测者头顶，然后读取身高和体重测量结果，并将其记录下来。值得注意的是，在读取身高测量结果时，测试者的双眼应与压板保持在同一水平面上。

身高的测量单位为 cm，测量结果精确到小数点后 1 位，测量误差不得超过 0.5 cm。体重的测量单位为 kg，测量结果精确到小数点后 1 位，测量误差不得超过 0.1 kg。

二、肺活量

肺活量是指在不限定时长的情况下，被测者一次尽力吸气后，再尽最大力气呼出的气体总量。它是反映人体呼吸系统功能、人体生长发育水平的重要指标之一。

（一）测试器材

测试器材为肺活量测试仪和干燥的一次性吹嘴。

（二）测试方法

被测者面对仪器站立，手持吹嘴，试吹一至两次，以检查测试仪有无反应或吹嘴是否漏气。正式开始测试时，被测者应先深吸一口气，然后对准吹嘴尽力深呼气，直到不能呼气为止，如图 6-2 所示。此时，测试仪的液晶屏上显示的数字即为被测者的肺活量值。

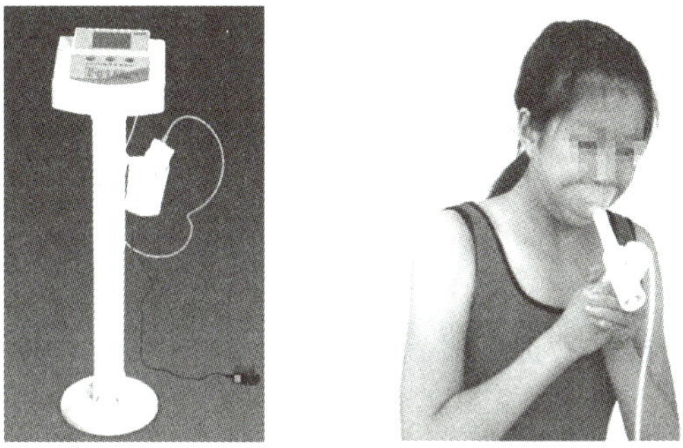

图 6-2 肺活量测试

在测试过程中，被测者以中等速度和力度呼气的效果最好，但不得二次吸气、呼气。每位被测者可测试 3 次，每次间隔 15 s。测试者可选取 3 次成绩中最好的一次作为被测者的测试结果，然后查表评分。

三、1 000 m 跑（男）、800 m 跑（女）与 50 m 跑

1 000 m 跑（男）与 800 m 跑（女）是对速度、耐力、协调性、灵敏度和柔韧性等要求较高的体能类测试项目。50 m 跑是一个能体现快速奔跑能力和反应能力的测试项目。

（一）测试场地与器材

测试场地为 400 m、300 m 或 200 m 跑道，测试器材包括发令旗、秒表。

（二）测试方法

被测者至少两人一组参加测试。两人以站立式预备，当听到“跑”的口令后起跑。发令员在发出口令的同时摆动发令旗，此时，计时员开始计时。当被测者的身体到达终点线

的垂直面时，计时员停止计时，如图 6-3 所示。

图 6-3　跑步测试

1 000 m 跑（男）与 800 m 跑（女）的测量单位为 min 和 s，测试结果不计小数；50 m 跑的测量单位为 s，测试结果精确到小数点后 1 位。

四、立定跳远

立定跳远是测试爆发力的项目。爆发力的大小不仅取决于力量，而且取决于力量和速度的配合。

（一）测试器材与场地

测试场地为沙坑，测试器材为丈量尺。

（二）测试方法

被测者双脚自然分开，站立在起跳线后，脚尖不得踩线；跳跃时，双脚同时起跳，不得有垫步或连跳动作，如图 6-4 所示。

图 6-4　立定跳远测试

立定跳远的测试结果是指起跳线后缘至被测者最近着地点后缘的垂直距离。测试时，每位被测者可测试 3 次。测试者可选取 3 次成绩中最好的一次作为被测者的测试结果，然后查表评分。

五、引体向上（男）

引体向上主要测试上肢肌肉力量的发展水平，是衡量男性体质的重要指标和测试项目之一。

（一）测试器材

测试器材为高单杠或高横杠、秒表。杠的粗细以被测者手能握住为准。

（二）测试方法

被测者面向单杠，自然站立；然后向后摆动双臂，跳起，正握杠，双手间距与肩同宽，身体呈直臂悬垂姿势。待身体停止晃动后，被测者双臂同时用力，向上引体（身体不能有任何附加动作）；当被测者的下颌超过横杠上缘时，身体还原至直臂悬垂姿势，如图 6-5 所示。

图 6-5　引体向上测试

与此同时，测试者记录被测者在 1 min 内完成的引体向上的次数，然后查表评分。值得注意的是，当被测者两次引体向上的间隔时间超过 10 s，测试者应停止记录。

六、仰卧起坐（女）

仰卧起坐是一种比较安全的测试腹肌力量和耐力的项目。由于髋部肌肉在仰卧起坐的过程中发挥了一定的作用，仰卧起坐既能够反映腹肌的耐力，也能够反映髋部肌肉的耐力。

（一）测试器材

测试器材为体操垫、秒表。

（二）测试方法

被测者仰卧于体操垫上，屈膝，使大腿与小腿成 90°左右的角，并找同伴帮忙压住自己的踝关节，以便固定下肢，两手手指交叉放于脑后；腰部发力将上体卷起，然后缓慢回落使身体复位，如图 6-6 所示。

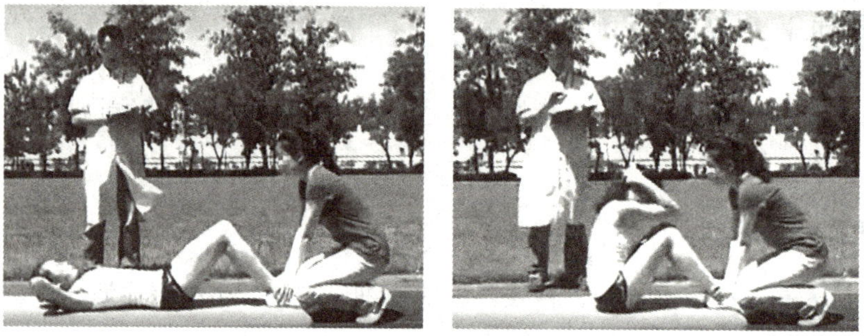

图 6-6　仰卧起坐测试

被测者起坐时，其两肘触及或超过双膝为完成 1 次动作；仰卧时，其两肩胛必须触垫。测试者记录被测者在 1 min 内完成的仰卧起坐的次数，然后查表评分。

七、坐位体前屈

坐位体前屈主要测试躯干、腰、髋等关节在静止状态下可能达到的活动幅度，主要反映这些部位的关节、韧带和肌肉的伸展性和弹性，以及身体柔韧素质的发展水平。

（一）测试器材

测试仪器为坐位体前屈测试仪。

（二）测试方法

被测者坐在平地上，两腿伸直，双脚相距 10～15 cm，并平蹬测试仪的纵板；然后上体前倾，两臂伸直向前，双手并拢，并用双手的中指尖轻轻推动标尺上的游标，直到不能将其向前推动为止，如图 6-7 所示。

图 6-7　坐位体前屈测试

坐位体前屈的测试结果精确到小数点后 1 位。测试时，每位被测者可测试两次。测试者可选取两次成绩中最好的一次作为被测者的测试结果，然后查表评分。

强体筑梦

体测挂钩毕业证

据报道，云南大学从 2021 年秋季开始，把学生的体质测试成绩与毕业证直接挂钩。该校体育新规要求，本科所有年级均开设体育必修课，四年总计 200 学时。每学期体育课成绩分成运动技能成绩、体质测试成绩和平时成绩三大部分，如果毕业时，学生的体育成绩不及格，就拿不到毕业证。

“体测挂钩毕业证”不是云南大学的首创之举。2014 年教育部印发的《高等学校体育工作基本标准》中明确规定，“建立健全《国家学生体质健康标准》管理制度，学生测试成绩列入学生档案，作为对学生评优、评先的重要依据。毕业时，学生测试成绩达不到 50 分者按结业处理（因病或残疾学生，凭医院证明向学校提出申请并经审核通过后可准予毕业）”。不过这些年来，这一规定未能全面落实到位。一些高校担心，如果严格按规定执行，会导致相当一部分学生无法毕业，因此，在实际工作中往往睁一只眼闭一只眼，或是以体育考试代替体质测试。

2021 年 9 月，教育部发布了第八届全国学生体质和健康调查结果，结果显示：与 2014 年相比，2019 年全国 19～22 岁大学生身体素质多项指标呈下滑趋势，男女生握力、立定跳远、50 m 跑、男生引体向上及坐位体前屈等指标都存在不同程度的下降，代表耐力素质的男生 1 000 m 和女生 800 m 成绩分别下降了 12.37 s、9.56 s。

遏制大学生身体素质指标持续下滑趋势、增强大学生体质势在必行，除了要加强宣传引导，更需要通过制度“加压”。面对大学生群体体质差的现状，如果仍搁置“体测挂钩毕业证”的规定，看似是对大学生的“爱”，实则是一种“害”。久而久之，高校越来越不敢“较真”学生的体测成绩，大学生也越来越不重视自身体质健康，从而形成一种恶性循环。

云南大学的做法值得推广。“体测挂钩毕业证”并非洪水猛兽，只要高校开足、开齐体育课，利用好体育课堂主阵地，再加上学生的主动配合、积极锻炼，学生的体质一定能得到有效改善，学生也能实现拿到毕业证的小目标。更重要的是，通过这种善意的强制措施，能够促进大学生养成锻炼习惯，从而受益终身。

（资料来源：中国新闻网，有改动）

第七章　田径运动

知识目标

- 了解田径运动的概况。
- 掌握跑类运动的基本技术、场地和比赛规则。
- 掌握跳跃类运动的基本技术、场地和比赛规则。
- 掌握投掷类运动的基本技术、场地和比赛规则。

素质目标

- 领会田径运动员的坚持不懈、勇往直前的精神。
- 培养团结协作、公平竞争、拼搏奋进的品质。

田径运动是在人类长期的生产劳动中产生与发展起来的，包括竞走、赛跑、跳跃、投掷和田径全能运动五部分。

田径运动分为田赛、径赛和田径全能运动。田赛是田径运动中跳跃和投掷项目的统称。跳跃项目包括跳高、跳远、三级跳远、撑竿跳高；投掷项目包括掷标枪、掷铁饼、掷链球、推铅球。径赛是田径运动中竞走和赛跑项目的统称。竞走项目包括场地和公路等；赛跑项目包括短距离、中距离、长距离、超长距离、跨栏、接力、障碍和越野等。田径全能运动是由赛跑、跳跃、投掷部分项目组成的综合性比赛项目。田径全能运动可分为三项全能、四项全能、五项全能、七项全能和十项全能。

田径运动是各项运动的基础。学生经常参加田径运动，不仅能够增强自身的体质（包括速度、力量、耐力和灵敏度等），还有利于培养独立、坚忍的意志品质。

第一节　跑类运动

跑类运动是指单脚支撑与腾空相互交替、蹬与摆相互配合的周期性运动。跑类运动是最常见的田径运动项目类别，其所含项目名称及具体内容如表 7-1 所示。

表 7-1　跑类运动项目

项目名称	项目内容
短跑	100 m，200 m，400 m
中长跑	800 m，1 500 m，3 000 m，5 000 m，10 000 m

表 7-1（续）

项目名称	项目内容
接力跑	4×100 m，4×400 m
跨栏跑	110 m 栏（男子）、100 m 栏（女子）、400 m 栏
障碍跑	3 000 m
马拉松	42.195 km

一、短跑

短跑的过程可分为起跑、起跑后加速跑、途中跑和终点跑四个阶段。

（一）起跑

扫一扫

短跑技术和起跑要点

短跑必须采用蹲踞式起跑方式，并使用起跑器。蹲踞式起跑包括各就位、预备和鸣枪三个阶段。

（1）各就位。听到“各就位”口令后，走到起跑线前，屈体下蹲，两脚依次踏在起跑器的抵脚板上，较有力的腿在前，后膝跪地；两手四指并拢，与拇指呈“八”字形张开，虎口向前，支撑于起跑线后沿处；两手间距比肩稍宽，两臂伸直，颈部放松，目视前下方 40～50 cm 处，如图 7-1（a）所示。

（2）预备。听到“预备”口令后，臀部平稳抬起，与肩同高或略高于肩，肩部略超出起跑线，重心置于两臂和前腿上，两脚紧贴起跑器的抵脚板，如图 7-1（b）所示。

（3）鸣枪。听到发令枪声后，两手迅速推离地面，两臂屈肘用力做前后摆动，两脚用力蹬离起跑器，后腿迅速屈膝向前上方摆出，前腿快速有力地蹬伸，使髋关节、膝关节和踝关节得以伸展，以较大幅度的前倾姿势将身体向前推进，如图 7-1（c）所示。

（a）　（b）　（c）

图 7-1　起跑

学练提示

在某些径赛项目中，起跑线设在弯道上。为了便于弯道起跑后有一段直线距离进行加速跑，起跑器应安装在跑道的右侧沿，并且使起跑器的中心线正对弯道的切点方向。运动员的左手撑在起跑线后沿 5～10 cm 处，使身体正对弯道的切点方向。

（二）起跑后加速跑

起跑后加速跑是从后腿蹬离起跑器到途中跑之间的一段，距离一般为 25～30 m。

动作要领如下：① 两臂用力加速摆动，摆幅加大；摆动腿用力上抬，向前摆动；支撑腿用力向后下方蹬伸，上体保持较大幅度前倾。② 步长逐渐加大，步频加快，上体逐渐抬起并过渡到途中跑姿势。

（三）途中跑

途中跑是短跑全程中距离最长、速度最快的一段。

动作要领如下：① 上体保持端正或稍前倾，两臂屈肘，以肩为轴前后协调摆动。② 摆动腿的大腿高抬，积极前摆，并带动同侧髋部稍稍向前。③ 当身体重心前移至超过垂直位置后，支撑腿快速有力地蹬伸，以推动身体向前，当支撑腿蹬离地面时，身体呈腾空状态。④ 支撑腿的小腿随蹬地后的惯性向大腿靠拢，大小腿呈折叠姿势，原支撑腿转为摆动腿，用力前摆。与此同时，原摆动腿的大腿积极下压，小腿自然前伸，以前脚掌向后扒地，原摆动腿转为支撑腿。如图 7-2 所示。

图 7-2　途中跑

学练提示

途中跑经过弯道时，应采用弯道跑技术。技术要点如下。

（1）经过弯道时，身体应有意识地向圆心倾斜，并加大右侧腿、臂的摆动力量和幅度。

（2）右腿膝关节稍向内扣，以脚掌内侧蹬地；左腿膝关节稍向外展，以脚掌外侧蹬地。

（3）右臂前摆时稍偏向左前方，后摆时肘关节稍偏向右后方；左臂摆动幅度稍大些。

（四）终点跑

终点跑是短跑的最后一段，一般始于终点线前 15～20 m。

动作要领如下：① 上体前倾，两臂用力加速摆动，大腿抬高，向前迈步的频率加快。② 距终点线约 1 步时，上体应急速前倾，用胸部或肩部触压终点线，跑过终点。

二、中长跑

中长跑的技术动作与短跑相仿，下面介绍中长跑的技术要点。

（一）起跑

中长跑采用站立式起跑方式，分为各就位与鸣枪两个阶段。

（1）各就位。两腿前后开立，有力脚在前，全脚掌着地，脚尖紧靠起跑线后沿，后脚脚尖着地；上体前倾，两膝弯曲，有力脚异侧臂置于体前，同侧臂放于体侧；身体重心落于前脚，目视前下方 3～5 m 处，保持稳定姿势，如图 7-3（a）所示。

（2）鸣枪。听到发令枪声后，双脚用力蹬离地面，后腿迅速前摆，前腿伸直，两臂用力加速摆动，使身体快速向前冲出，如图 7-3（b）所示。

（a）　　（b）

图 7-3　站立式起跑

（二）起跑后加速跑

中长跑的起跑后加速跑的技术动作与短跑相仿，不同的是，中长跑的上体前倾幅度和蹬摆力度稍小。中长跑的起跑后加速跑的距离需要根据竞赛项目、参加人数、个人运动水平和战术要求等情况而定。

（三）途中跑

与短跑技术相比，中长跑的途中跑动作幅度略小，脚着地时富有弹性，一般由脚跟着地过渡到脚尖着地，跑步过程中保持匀速而有节奏的步伐。

（四）终点跑

中长跑的终点跑距离需要运动员根据自己的体力情况、战术要求和临场情况而定，一般为到达终点前的 100～200 m。

（五）中长跑的呼吸

中长跑的体力消耗大，运动员对氧气的需求量也较大，因此呼吸时要有一定的频率与深度，并与跑步的节奏相配合，通常为 2～3 步一呼，2～3 步一吸。

随着疲劳的出现，运动员呼吸的频率会有所加快，此时应注意深呼吸，以充分呼出二氧化碳，并吸进大量的新鲜氧气。

三、接力跑

接力跑是由短跑过程和传接棒环节组成的集体项目。

（一）起跑

（1）持棒人起跑。第一棒运动员起跑时，需一手持棒，并采用蹲踞式起跑方式。常用的持棒方法是用右手的中指、无名指和小指握住棒的末端，拇指和食指分开撑地，如图 7-4 所示。

（2）接棒人起跑。接棒人采用站立式起跑方式。接棒人站在预跑区内或接力区后端，头转向侧后方，注视传棒人和标志线，当传棒人到达标志线时，迅速起跑。

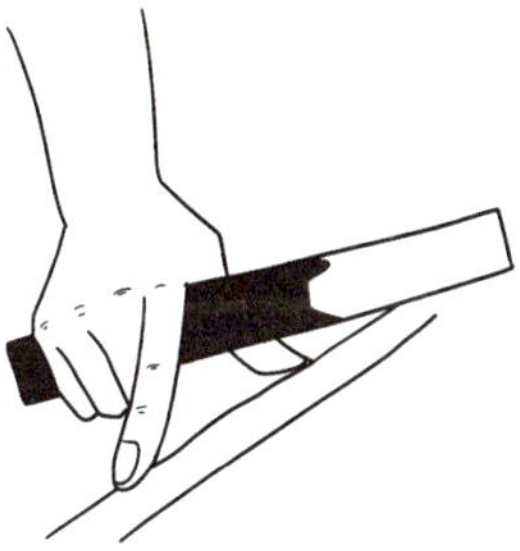

图 7-4　接力跑起跑持棒方法

学练提示

（1）标志线：接力跑各棒次的标志线是接棒人起跑的参照标记。标志线与接棒人起跑处之间的距离需要根据传棒人、接棒人的跑速和传接棒技术来确定。

（2）接力跑必须在 20 m 的接力区内完成传接棒。若发生掉棒，则必须由掉棒人捡起交给接棒人。

（二）传接棒的方法

传接棒的方法一般有上挑式和下压式两种。

（1）上挑式。接棒人手臂自然向后伸出，掌心向后，四指并拢，虎口张开朝下。传棒人将棒由下向上挑，送入接棒人手中，如图 7-5 所示。

（2）下压式。接棒人的手臂后伸，掌心向上，四指并拢，虎口张开朝后。传棒人将棒的前端由上向下压，放入接棒人手中，如图 7-6 所示。

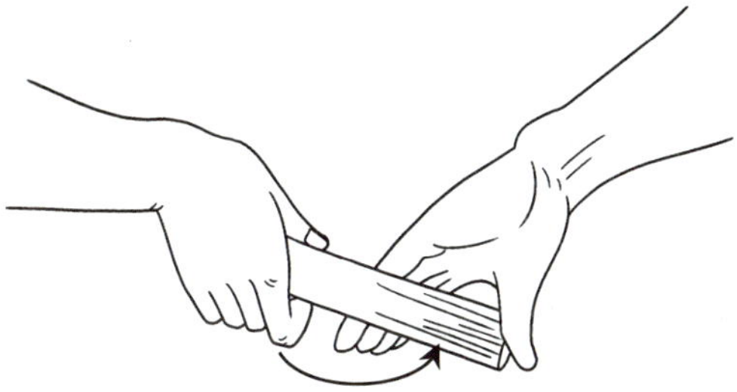

图 7-5　上挑式

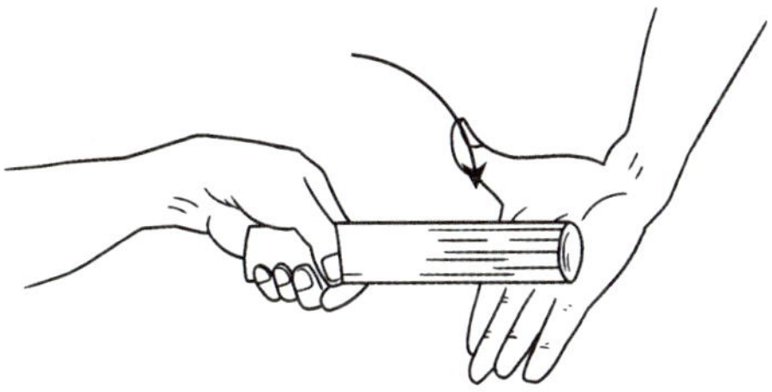

图 7-6　下压式

（三）传接棒的位置

接棒人起跑后，与传棒人先后跑进接力区，传棒人在距接棒人约 1.5 m 时，发出传接棒信号，将棒迅速传给接棒人。

四、场地与比赛规则

（一）场地

国际标准径赛的场地为 400 m 半圆式田径场，其跑道由两段相等并平行的直道与两段半圆弯道组成，半圆弯道的外沿直径为 36.5 m。径赛各项目起点如图 7-7 所示。

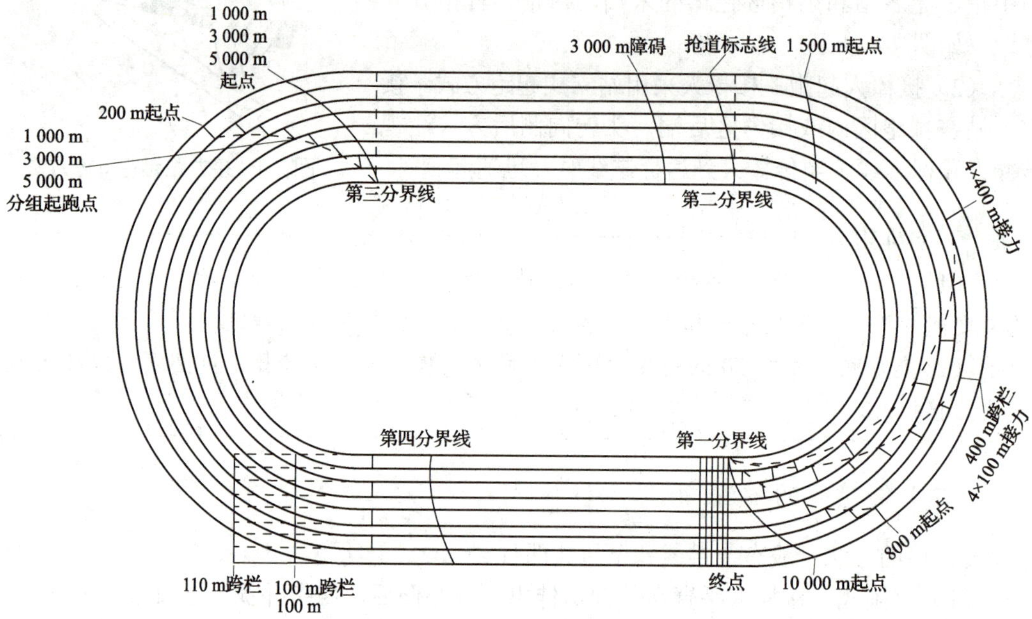

图 7-7　径赛的场地示意图

（二）比赛规则

1．名次判定

运动员的名次取决于其身体躯干（不包括头、颈、臂、腿、手或足）抵达终点线垂直面时的顺序，以先到达者名次列前。

2．起跑犯规

运动员若在发令枪声响起前有任何起跑动作，或在“各就位”口令发出后，以声音或动作扰乱他人，均属于起跑犯规。一旦抢跑，运动员将被取消该项目的比赛资格。

3．分道跑

（1）在分道跑和部分分道跑径赛项目中，如果运动员因越出跑道而获得实际利益或冲撞、阻碍其他运动员，将被取消比赛资格。

（2）在 800 m 跑比赛中，运动员通过抢道标志线以后才能离开自己的跑道，进入里道。在 4×400 m 接力跑比赛中，跑第一棒的运动员是分道跑的，跑第二棒的运动员接棒后，再跑一个弯道后可以开始抢道。

学练提示

短跑项目均为分道跑径赛项目，即运动员在比赛的过程中不能离开自己的跑道。在中长跑项目中，800 m 跑和 4×400 m 接力跑为部分分道跑径赛项目，其他中长跑项目为不分道跑径赛项目。

第二节　跳跃类运动

跳跃类运动是指运动员运用自身的能力或借助一定的器材（如撑竿），双脚用力离开原地向上或向前跳，使人体越过尽可能高的高度或尽可能远的距离的体育运动项目。跳跃类运动包括跳高与跳远。

一、跳高

跳高的技术种类较多，目前较为常用的是背越式跳高。背越式跳高分为助跑、起跳、过杆和落地四个阶段。

（一）助跑

背越式跳高的助跑分为直线助跑与弧线助跑两个阶段，助跑路线如图 7-8 所示。

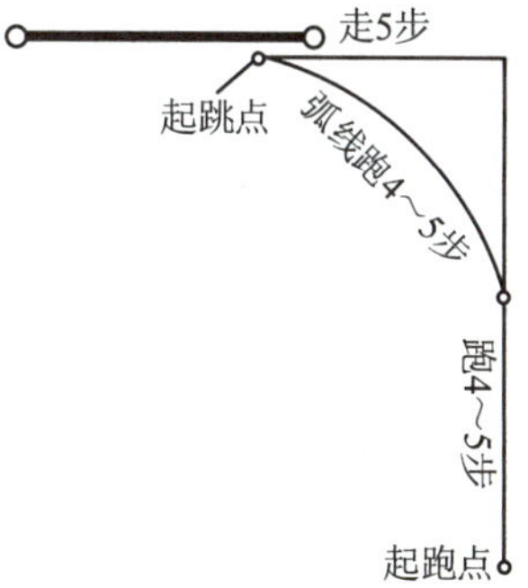

图 7-8　跳高助跑路线图

学练提示

起跳点距近侧跳高架立柱约 1 m，距横杆垂直向下的投影 50～80 cm。

动作要领如下：① 直线助跑一般 4～5 步加速跑，助跑时，两腿后蹬和前摆的幅度较大，身体重心较高，动作轻松、自然、有弹性。② 弧线助跑也为 4～5 步，助跑时，身体略向圆心倾斜，脚落地时，由脚跟过渡到前脚掌，摆臂动作与弯道途中跑时的摆臂动作相似。助跑的最后两步应加快节奏。

（二）起跳

动作要领如下：① 起跳腿（背越式跳高以远离横杆的腿为起跳腿）向身体对侧迈出，踏上起跳点，以脚跟外侧着地，并迅速过渡到全脚掌，屈膝缓冲，身体向起跳腿一侧倾斜，如图 7-9（a）至图 7-9（d）所示。② 摆动腿的大腿积极向前上方摆至水平位置，小腿自然下垂，上体转为端正，如图 7-9（e）所示。③ 摆动腿屈膝内扣，向异侧肩上方摆动，并带动髋部向内转动，起跳腿迅速蹬伸，伸展髋关节、膝关节和踝关节，完成起跳动作，如图 7-9（f）至图 7-9（g）所示。

（三）过杆和落地

动作要领如下：① 保持起跳腿蹬伸，躯干充分伸展；上体转动成背对横杆，起跳腿自然下垂，如图 7-9（h）至图 7-9（j）所示。② 当头与肩越过横杆后，迅速沉肩，两臂置于体侧，髋关节向上挺起，形成“背弓”，两膝自然弯曲，小腿自然下垂，如图 7-9（k）至图 7-9（n）所示。③ 当髋关节过杆后，大腿向上摆动，小腿上踢，使整个身体过杆，如图 7-9（o）至图 7-9（r）所示。④ 两肩继续下沉，含胸收腹，自然下落，肩部先着垫。

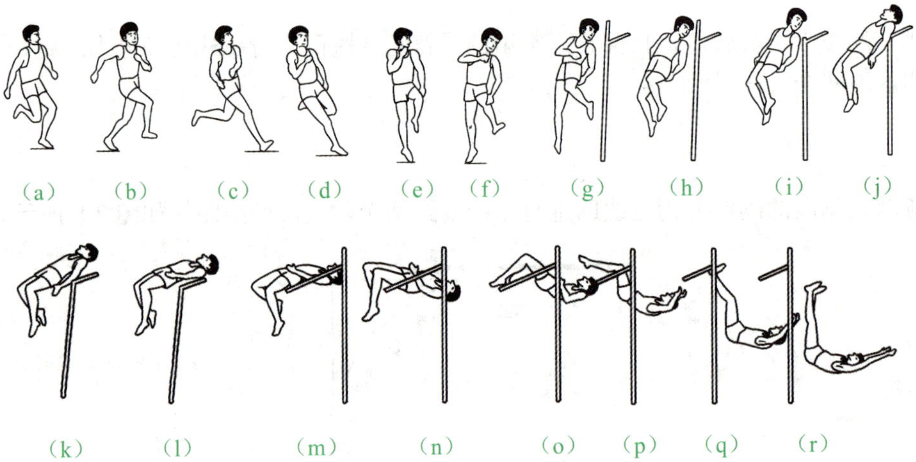

图 7-9　跳高

二、跳远

跳远分为助跑、起跳、腾空和落地四个阶段。

（一）助跑

男子跳远的助跑距离一般为 35～45 m，女子跳远的助跑距离一般为 30～35 m。

动作要领如下：① 原地站立或行进中起动开始助跑，上体前倾，双腿积极摆动，后蹬充分，摆臂有力。② 助跑途中上体逐渐抬起，腿与手臂加速用力摆动，以加快助跑速度，此时身体重心较高、身体平稳。③ 助跑的最后几步应加快步频，保持较高的身体重心和较快的助跑速度，准备起跳。

（二）起跳

起跳动作从助跑的最后一步摆动腿后蹬开始，至起跳腿蹬离地面结束。

动作要领如下：① 在助跑的最后一步，摆动腿用力蹬地，使身体尽快向起跳板方向运动；起跳腿快速前摆，大腿积极下压，踏上起跳板，由脚跟过渡到全脚掌着地。② 起跳腿着地瞬间，髋关节、膝关节和踝关节被迫弯曲缓冲；身体重心前移，起跳腿快速用力蹬伸，摆动腿的大腿积极向前上方摆动至水平位置，小腿自然下垂。③ 起跳腿同侧臂屈肘向身体前上方摆动，异侧臂屈肘向体侧摆动，提肩、拔腰，头向上顶。如图 7-10 所示。

（三）腾空

动作要领如下：起跳腿蹬离地面后，上体挺直，摆动腿保持起跳时的水平姿势，小腿自然下垂，起跳腿自然弯曲留在体后，在空中呈现出跨步飞行的姿势，如图 7-11 所示。

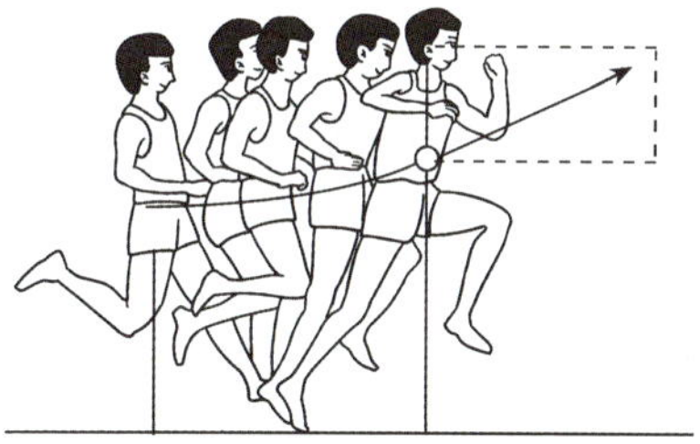

图 7-10　起跳

图 7-11　腾空

学练提示

跨步飞行的姿势被称为“腾空步”，其作用是维持身体在腾空阶段的平衡。

身体腾空后的动作分为蹲踞式腾空和挺身式腾空。

蹲踞式腾空的动作要领如下：身体接近腾空最高点时，起跳腿屈膝上提，与摆动腿并拢；双腿屈膝，大腿靠近胸部，上体稍前倾；双臂由前向下、向后摆动；落地前，两小腿向前伸出，准备落地，如图 7-12 所示。

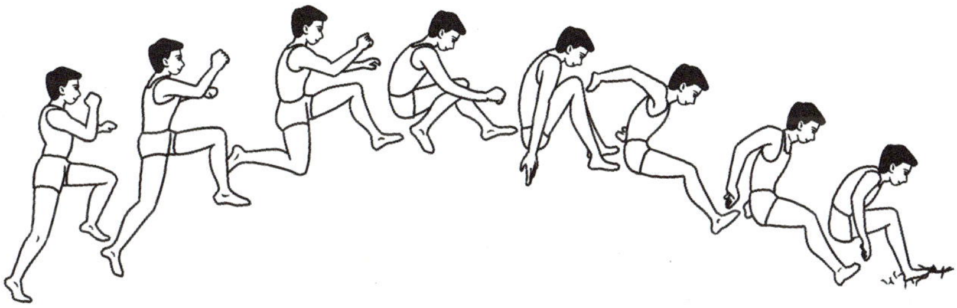

图 7-12　蹲踞式腾空

挺身式腾空的动作要领如下：身体腾空后，摆动腿自然放下，小腿向后下方做弧形摆动；双臂向下经体侧向后上方摆动；摆动腿与起跳腿并拢，髋部向前，胸、腰前挺，头、肩后展，呈挺身展体姿势；落地前，双臂由后上方经体前向后摆动；同时，两大腿上抬，收腹举腿，上体前倾，小腿前伸，准备落地，如图 7-13 所示。

图 7-13　挺身式腾空

（四）落地

动作要领如下：① 小腿尽力前伸，脚跟首先触地，前脚掌下压，双腿迅速屈膝缓冲。② 双臂屈肘前摆，身体向前或向侧方倒。如图 7-14 所示。

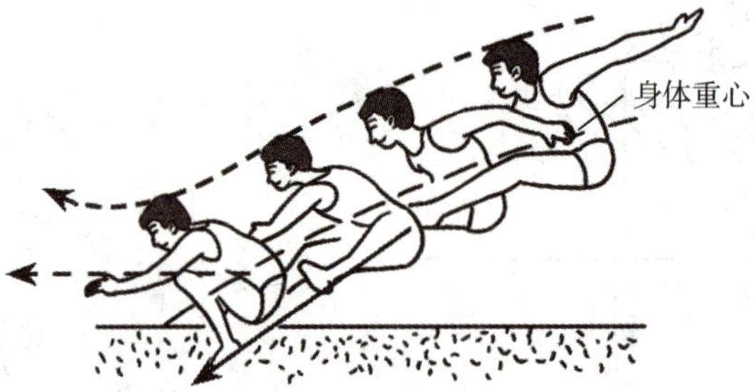

图 7-14　跳远落地

三、场地与比赛规则

（一）跳高比赛的场地与比赛规则

1. 场地

（1）助跑道：跳高的助跑道呈扇形，长度不限，但最短应为 15 m。

（2）落地区：跳高落地区的长度至少为 5 m，宽度为 3 m。

2. 比赛规则

运动员必须用单脚起跳。此外，如果运动员在比赛中出现下列情况之一，则应判为试跳失败。

（1）在运动员试跳后，横杆未能留在横杆托上。

（2）在越过横杆之前，运动员身体的任意部位触及立柱前沿垂直面以外的地面或落地区。

（3）试跳时，运动员有意用手或手指把即将从横杆托上掉下的横杆放回。

（二）跳远比赛的场地与比赛规则

1. 场地

（1）助跑道：跳远的助跑道长度至少为 40 m，宽度为 1.22 m。

（2）起跳板：起跳板是起跳的标志，其长度为 1.22 m，宽度为 20 cm，一般用木材制成，并漆成白色。

（3）起跳线：起跳线是指起跳板靠近落地区一侧的边沿。

（4）落地区：落地区的宽度通常为 2.75～3 m，落地区内应填充湿沙，沙面与起跳板齐平。另外，跳远起跳线至落地区远端的距离至少为 10 m。

2. 比赛规则

如果运动员在比赛中出现下列情况之一，则应判为试跳失败。

（1）在助跑或跳跃中，以身体任意部位触及起跳线前方的地面。

（2）从起跳板的两端外起跳，无论是否超过起跳线的延长线。

（3）触及起跳线与落地区之间的地面。

（4）在助跑或跳跃中采用任何空翻姿势。

（5）在落地的过程中触及落地区以外的地面，而落地区以外的触地点较落地区以内的最近触地点更靠近起跳线。

（6）离开落地区时，在落地区以外地面的第一触地点，较落地区以内的最近触地点和在落地区以内因身体失去平衡而留下的任何痕迹更靠近起跳线。

第三节　投掷类运动

投掷类运动是指运动员通过一定的运动形式，将手持的规定器械掷出尽可能远的距离的体育运动项目。投掷类运动包括铅球、铁饼、链球和标枪等运动项目。本节主要介绍推铅球和掷标枪。

一、推铅球

推铅球的基本技术有侧向滑步、背向滑步和旋转三种，下面介绍运用最为广泛的背向滑步推铅球的动作要领。背向滑步推铅球可分为握球与持球、预备姿势、滑步、最后用力与维持身体平衡四个阶段。

（一）握球与持球

（1）以右手握球为例，分指握球时，五指自然分开，手腕背屈，将铅球放在食指、中指和无名指的指根处，拇指与小指自然扶于球的两侧，如图 7-15 所示。

（2）以右手持球为例，右手握好球后，屈肘，手持球放在肩上锁骨窝处并贴于颈部，右肘外展略低于肩，掌心向前，左臂自然上举，如图 7-16 所示。

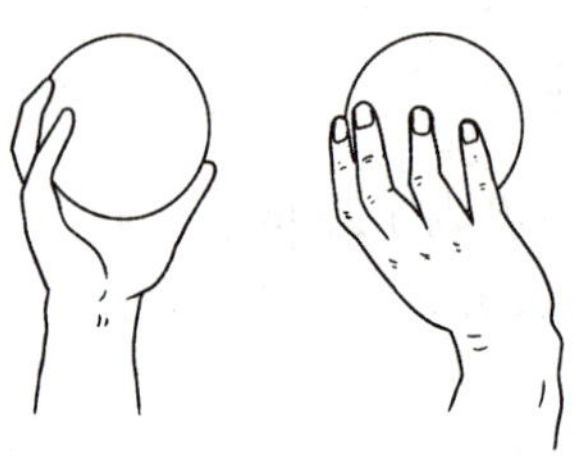

图 7-15　握球

图 7-16　持球

（二）预备姿势

（1）持球后，背对投掷方向，两脚前后开立，相距 20～30 cm。

（2）右脚尖贴近投掷圈后沿，脚跟正对投掷方向；左脚以前脚掌着地，自然弯曲；上体挺直、放松。

（3）左臂自然上举，身体重心落于右腿上，如图 7-17 所示。

图 7-17　预备姿势

（三）滑步

（1）滑步前需要先做 1 次或 2 次预摆。预摆时，左腿向投掷方向摆出，右腿协调配合向下蹬伸，上体前俯，左臂前伸；左腿收回靠近右腿，右腿屈膝，重心下降，预摆结束，如图 7-18（a）至图 7-18（e）所示。

（2）左腿用力向投掷方向摆出，右腿用力蹬伸，如图 7-18（f）至图 7-18（g）所示。

（3）当右脚蹬离地面后，身体向投掷方向快速平稳移动，此时迅速收拉右小腿，右脚尖向内转扣，右脚前脚掌落于投掷圈中心附近；左脚迅速在抵趾板偏右侧位置以前脚掌内侧蹬踩着地，如图 7-18（h）至图 7-18（j）所示，然后准备最后用力。

（四）最后用力与维持身体平衡

（1）右脚用力向投掷方向蹬转，同时带动右侧髋部向投掷方向转动，左臂向左侧摆动，上体逐渐抬起，如图 7-18（k）至图 7-18（m）所示。

（2）身体随髋部扭转，身体重心逐渐移至左腿，上体向投掷方向转动，挺胸抬头，如图 7-18（n）所示。

（3）当左臂摆至体侧时停止，双脚积极蹬伸，右臂迅速用力将铅球向前推送；当铅球快离手时，手腕推送，手指拨球，将球推出，如图 7-18（o）至图 7-18（q）所示。

（4）铅球离手后，双腿迅速换位，降低身体重心，以维持身体平衡，如图 7-18（r）至图 7-18（s）所示。

图 7-18　滑步

二、掷标枪

掷标枪可分为握枪与持枪、助跑、最后用力与维持身体平衡三个阶段。本节以右手持枪为例讲述动作要领。

（一）握枪与持枪

体育运动使用的标枪，一般是用金属材料或碳素纤维制成，两端尖利。男运动员使用的标枪重 800 g，长度为 2.6～2.7 m，女运动员使用的标枪重 600 g，长度为 2.2～2.3 m。标枪的表面必须光滑，不能有任何凹槽、隆起、孔洞或粗糙的地方。标枪的前端配有尖形金属枪头。标枪的重心区域（男运动员所用标枪的重心区域为距尖端 0.9～1.06 m，女运动员所用的标枪的重心区域为距尖端 0.8～0.92 m）以细绳缠绕，可作为运动员握枪的把手。

1．握枪

标枪主要有以下三种握法。

（1）第一种握法：手指自然握在缠绳把手上，枪把贴于掌心，食指和拇指分别位于缠绳把手末端两侧，如图 7-19（a）所示。

（2）第二种握法：除食指外的其余 4 根手指握在缠绳把手末端，食指伸直，紧贴标枪，如图 7-19（b）所示。

（3）第三种握法：食指和中指扣握在缠绳把手末端两侧，枪把贴于掌心，其余手指自然握在把手上，如图 7-19（c）所示。

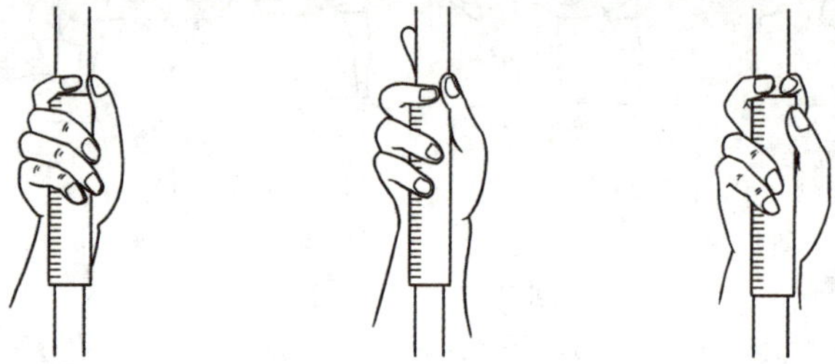

（a）　（b）　（c）

图 7-19　标枪的握法

2．持枪

持枪的方法是屈臂举枪于肩上，上臂与前臂的夹角约为 90°，稍高于头，枪尖稍低于枪尾。

（二）助跑

助跑距离一般为 25～35 m，可分为预跑阶段和投掷步阶段。

1．预跑阶段

从第一标志线跑至第二标志线为预跑阶段，其距离一般为 15～20 m，通常用 8～10 步完成。预跑阶段的主要任务是完成加速动作。

动作要领如下：在跑进中上体向稍向前倾，用前脚掌着地，大腿抬高，用力后蹬，动作轻快而富有弹性，持枪臂随着跑的节奏与左臂配合，前后自然摆动，并与下肢动作协调一致，在加速中进入投掷步阶段。

2．投掷步阶段

从第二标志线跑到投掷弧为投掷步阶段，其距离一般为 10～14 m。投掷步阶段的主要任务是完成引枪和交叉步动作。下面简单介绍四步投掷步技术的动作要领（见图 7-20）。

第一步：左脚踏上第二标志线，右脚积极前迈，同时，右肩后撤并开始向后引枪，左肩逐渐向标枪靠近，左臂自然摆至胸前，髋部正对投掷方向，持枪臂尚未伸直。

第二步：当右脚落地时，左脚离地前迈，髋部稍向右转，右肩继续后撤并完成引枪动作。右手接近于肩的高度，枪身与持枪臂前臂的夹角较小，枪尖靠近右眉，标枪纵轴与投掷方向一致。

第三步：左脚落地，右腿膝关节自然弯曲，大腿带动小腿积极有力地向前摆出。当右腿靠近左腿时，左腿快速有力地蹬伸，促使右腿加速前摆。左臂自然摆至胸前，左肩继续向右转动，带动上体向右扭转。此时髋部转向投掷方向，并与肩部轴线形成交叉状态。

第四步：右脚尖外转，右脚跟外侧先落地，然后过渡到全脚掌。整个身体向后倾斜，与地面形成锐角。

3．最后用力与维持身体平衡

（1）左脚落地，右腿继续蹬地，推动右侧髋部加速向投掷方向运动。持枪臂向上转动，带动前臂、手腕向上翻转。当上体转为正对投掷方向时，形成“满弓”姿势。此时持枪臂处于身后，与肩同高，与躯干几乎成直角。

（2）左腿迅速蹬伸，同时胸部尽量前送，并带动持枪臂前臂向前做爆发性的“鞭打”动作，使全身的力量通过手臂和手指作用于标枪纵轴。

（3）标枪离手的一刹那，手腕和手指的积极动作能使标枪沿着纵轴按顺时针方向自转，这样可以保持标枪在空中飞行的稳定性，增强标枪的滑翔效果。标枪离手后，双腿迅速换位，降低身体重心，以维持身体平衡。

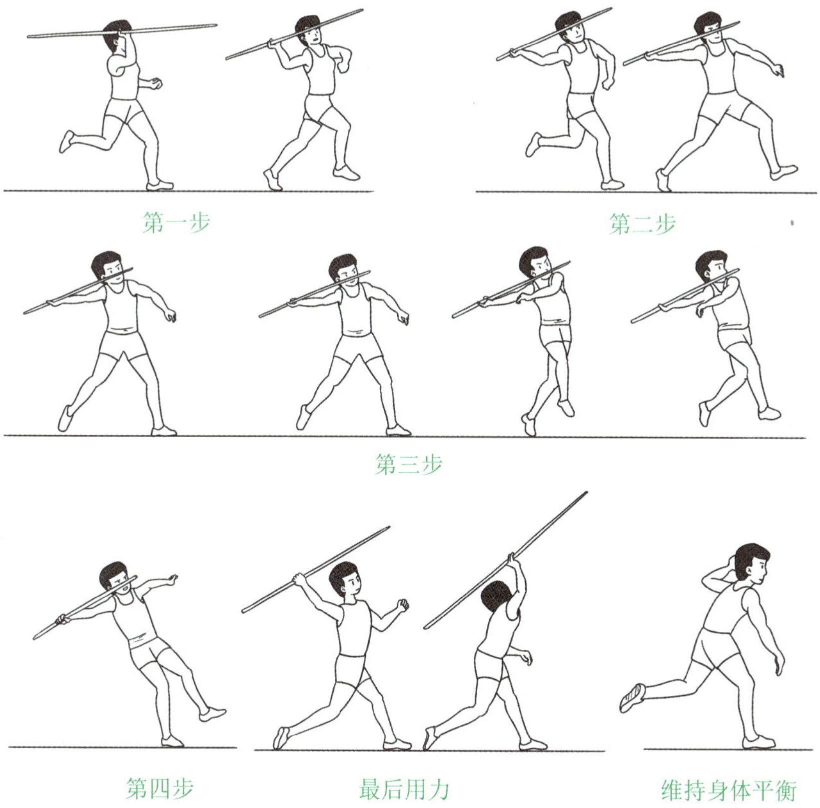

图 7-20　投掷步阶段、最后用力和维持身体平衡

三、场地、器械与比赛规则

（一）铅球比赛的场地、器械与比赛规则

1. 场地与器械

铅球比赛的场地如图 7-21 所示。

（1）投掷圈：铅球的投掷圈直径为 2.135 m，投掷圈外围以金属镶边，金属厚度为 6 mm，并在顶端涂白。

（2）落地区：铅球的落地区为 34.92°的扇形区域。

（3）铅球：铅球由实心的铁、铜或其他硬度不低于铜的金属制成，表面光滑。男子项目使用的铅球的重量为 7.26 kg，女子项目使用的铅球的重量为 4 kg。

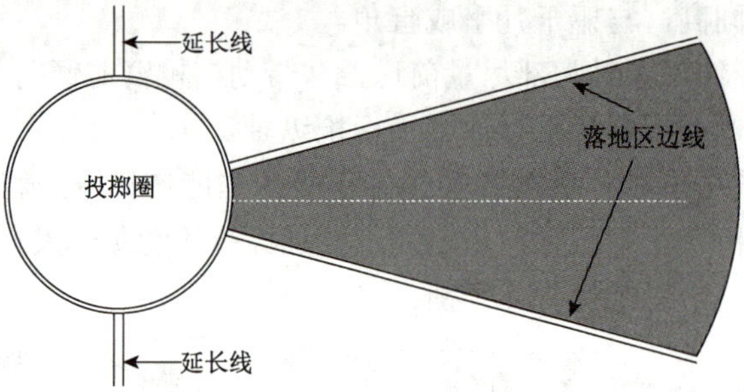

图 7-21　铅球比赛的场地示意图

2. 比赛规则

（1）运动员必须站在投掷圈内，由静止状态开始，以单手掌托球置于肩颈之间，通过滑步或旋转把球从肩上推出。在推球的过程中，持球手不得降到肩颈以下，也不得将铅球置于肩轴线后方。

（2）铅球完全落在落地区边线内沿以内，方为试掷有效。

（3）运动员在铅球落地后方可离开投掷圈或助跑道。

（4）完成投掷后，运动员必须从投掷圈后半圈的延长线后面退出。

（5）在没有犯规的情况下，运动员可以中止试掷动作，将铅球放下后暂时离开投掷区并重新开始，但是必须在规定的时限内完成投掷。

（6）如果运动员在试掷中出现下列情况之一，则判为试掷失败：① 投掷铅球的出手姿势不符合规定。② 在投掷过程中，身体或铅球的任意部分触及投掷圈上沿、圈外地面及抵趾板上沿。

（二）标枪比赛的场地与比赛规则

1. 场地

标枪比赛的场地分为助跑道和落地区两个部分，如图 7-22 所示。

助跑道供运动员在投掷标枪前助跑，为投掷标枪积蓄能量。助跑道的长度为 30～36.5 m，宽度为 4 m，助跑道的两侧各有 1 条宽 5 cm 的标志线。助跑道前端是一条半径为 8 m 的

“投掷弧”，弧宽 7 cm，涂成白色，与地面齐平。投掷弧两端向外各画一条白色直线，线宽 7 cm，长 75 cm，与助跑道标志线垂直。

落地区在助跑道的前面，呈漏斗状，应用煤渣、草皮或其他适宜材料铺设，使器械落地时能留下痕迹。落地区的两侧标有两条宽 5 cm 的白线，其内沿延长线须通过投掷弧内沿与助跑道标志线内沿的交点，并相交于投掷弧的圆心，落地区的夹角为 28.96°。

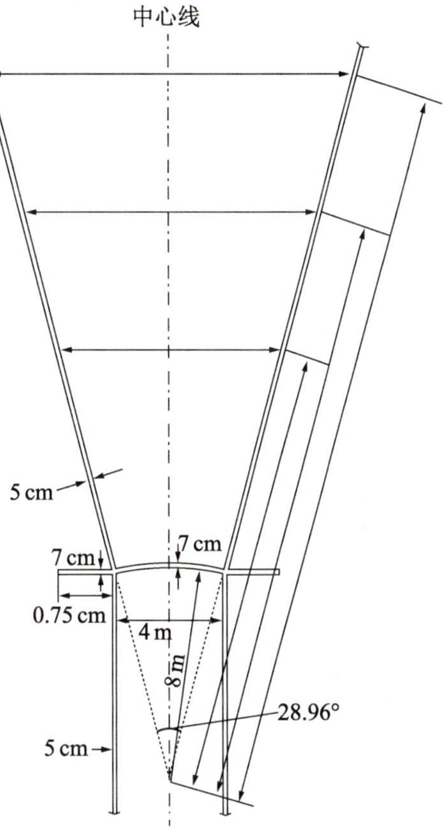

图 7-22　标枪比赛的场地示意图

2．比赛规则

标枪比赛的比赛规则如下。

（1）投掷标枪时应用单手握在把手处，从肩部或投掷臂上臂的上方掷出，不得抛甩。不得采用非传统姿势进行投掷。

（2）只有标枪的金属枪头先于标枪的其他部位接触地，试掷方为有效。

（3）运动员试掷时，在标枪出手之前的任何时间，身体不得完全转向背对投掷弧。

如果标枪在试掷时或者在空中飞行时折断，只要该次试掷符合规则要求，不应判为试掷失败。如果运动员因此失去平衡而违反本规则的任何规定，也不应该判作一次试掷失败。以上情况允许运动员重新进行一次投掷。

健体育魂

团结互助，友爱奔跑

2021 年 4 月 17 日，“2021 西安马拉松赛”开跑，西安市红会医院骨科医生雷涛参加了全程赛。他跑至 21 公里处时，发现一名男选手跛行，经询问得知该男选手腿部旧伤复发。雷涛随即停下来用康复手法为其治疗并缓解疼痛。之后，在 25 公里处和 31 公里处，雷涛又帮助了两名受伤选手。在连续帮助三名跑友后，雷涛终于跑完全程。在终点处还没来得及休息，他又看到一位因伤跛行的选手，再次上前提供帮助。

雷涛的特殊经历在网络上引发热议，网友们打趣他“别人出赛他出诊”“跑马拉松还顺便加个班”。2021 年 4 月 20 日，雷涛接受记者采访时表示，对自己受到关注感到很意外，参赛途中的这些小插曲，不过是他作为一位骨科医生的日常。“成绩虽然比较靠后，但能帮到跑友很开心。”雷涛说，“锻炼者一定要预防运动损伤，只有在发现苗头后及时处理，才能避免更严重的损伤。我不过就是发挥专业所长，尽了一点力，让跑友能更安全地参赛。”

为了表彰雷涛医生友爱互助的行为，西安马拉松赛组委会授予雷涛医生“2021 西安马拉松赛特别贡献奖”。这也是组委会 5 年来首次向参赛选手颁发这一奖项。

西安马拉松赛组委会的一位负责人表示，雷涛医生通过自己的热心行动向社会各界传递着“团结互助，友爱奔跑”的体育精神和品质，十分可贵。为了让雷涛医生能够和跑友再次相约西安马拉松赛，组委会也特别给予他“2022 西安马拉松赛”的直通资格。

（资料来源：央广网，有改动）

第八章　小球运动

知识目标

- 了解乒乓球运动、羽毛球运动、网球运动的特点。
- 熟悉乒乓球运动、羽毛球运动、网球运动的场地。
- 掌握乒乓球运动、羽毛球运动、网球运动的基本技术和基本战术。
- 掌握乒乓球运动、羽毛球运动、网球运动的比赛规则。

素质目标

- 积极参与乒乓球、羽毛球和网球的运动训练，提升自信心。
- 培养规则意识，明确规则的重要性。

第一节　乒乓球

乒乓球运动是指由两名或两对选手执拍，在长方形球台两端隔网交替击球的对抗性竞技运动。因击球时有“乒乓”声，故名“乒乓球”。

乒乓球运动在我国普及面广，深受广大群众的喜爱。乒乓球比赛通常设有男女单打、男女双打、男女团体和男女混合双打等 7 个比赛项目。

一、基本技术

（一）握拍方法

1. 直握拍方法

拇指第一指节与食指第二指节握住球拍的正面，拍柄压住虎口；中指、无名指和小指自然弯曲斜向并列于球拍背面，中指第一指节顶住球拍的后上部，使球拍保持平稳，如图 8-1 所示。

2. 横握拍方法

中指、无名指和小指自然地握住拍柄，拇指在球拍正面，轻贴在中指的旁边，食指自然伸直，斜放于球拍的背面，虎口轻微贴拍，如图 8-2 所示。

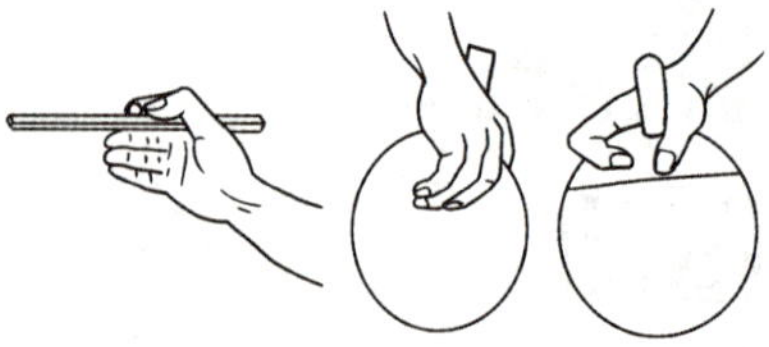

图 8-1　直握拍方法

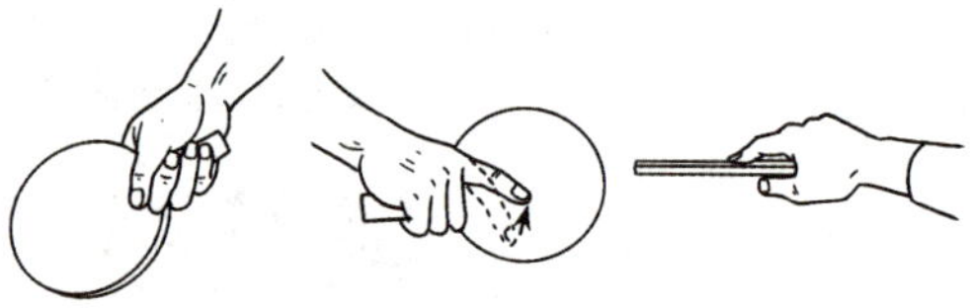

图 8-2　横握拍方法

（二）基本步法

1. 单步

单步的特点是移动范围较小，身体重心较为稳定。其多在来球离身体不远的情况下使用。

动作要领如下：以一只脚的前脚掌为轴，另一只脚向前、后、左、右的某个方向移动一步。

2. 跨步

跨步的特点是移动范围较大，身体重心起伏也较大。其多在来球急、角度大的情况下使用。

动作要领如下：一只脚蹬地，另一只脚向来球方向跨出一大步，随后，蹬地脚再跟上半步或一小步，以防跨步后失去重心。

3. 滑步

滑步的特点是移动范围较大，身体重心平稳，便于发力。其多在来球角度较大、球速较快时使用。

动作要领如下：两脚几乎同时向来球方向蹬地，离乒乓球远的脚先落地。

4. 交叉步

交叉步多在来球离身体较远的情况下使用。

动作要领如下：离乒乓球远的脚朝来球方向跨出一大步，两脚在身前或身侧交叉，身体随之向来球方向移动，另一只脚再跟上一步，身体重心随挥拍的手臂略转。

（三）发球方法

1. 正手平击发球

动作要领如下：发球员先将乒乓球抛起，拍面稍向前倾，当乒乓球下降至稍高于乒乓球台的球网时，手臂向左前方发力，挥拍击球的中上部，如图 8-3 所示。击球后，乒乓球的第一落点应在中台区。

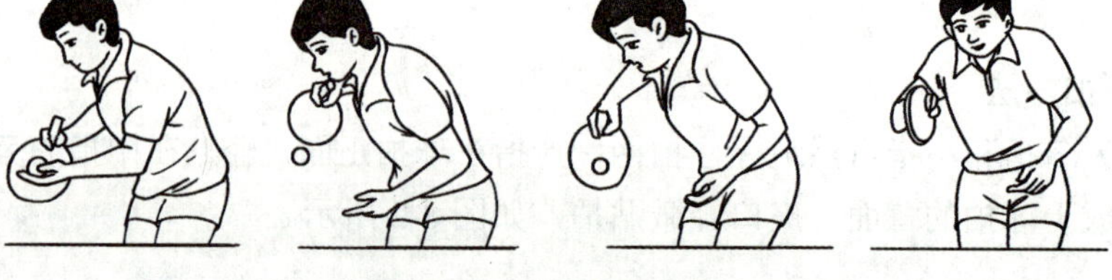

图 8-3　正手平击发球

2．反手发轻短球

动作要领如下：手臂先向后上方引拍，当乒乓球下降至比球网稍高时，前臂向前下方轻微用力送出，拍面后仰，触乒乓球中下部并向底部摩擦击球，如图 8-4 所示。击球后，乒乓球的第一落点应在中台区。

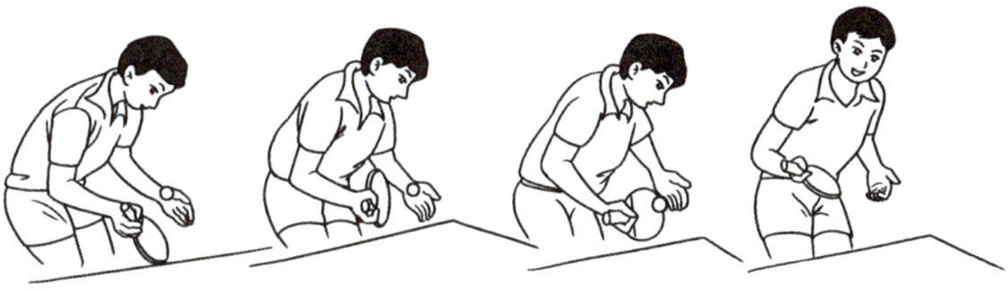

图 8-4　反手发轻短球

3．发下旋球

动作要领如下：执拍手的上臂带动前臂加速向前下方挥拍，前臂迅速内旋；拍面后仰较大，摩擦乒乓球的底部击球，使乒乓球落下后按顺时针方向旋转。如图 8-5 所示。

图 8-5　发下旋球

4．高抛发球

动作要领如下：发球者压低身体重心，手臂摊平，乒乓球置于掌心，先将乒乓球抛至距地面 2～3 m 高的空中，待乒乓球下落至一定高度时，身体稍微向后撤，转腰引拍，再击球。击球后，球的第一落点尽量靠近己方球台的端线。

（四）常用击球方法

1．推挡球

推挡球包括挡球、快推、快拨和加力推等多种方法，下面主要介绍挡球与快推的动作要领。

（1）挡球。

动作要领如下：前臂与台面平行，引拍至身体左前侧，球拍呈半横状。前臂与手腕稍向前移动伸向来球，拍面与台面接近垂直，并在来球的上升后期击球的中部，借助来球的反弹力将球挡回。如图 8-6 所示。

（2）快推。

动作要领如下：引拍时，肘关节靠近身体右侧，前臂略微外旋。击球时，前臂与手腕迅速前伸，食指用力，拇指放松使拍面稍向前倾，在来球的上升期击球的中上部，并配以转腕动作，借力将球推出。如图 8-7 所示。

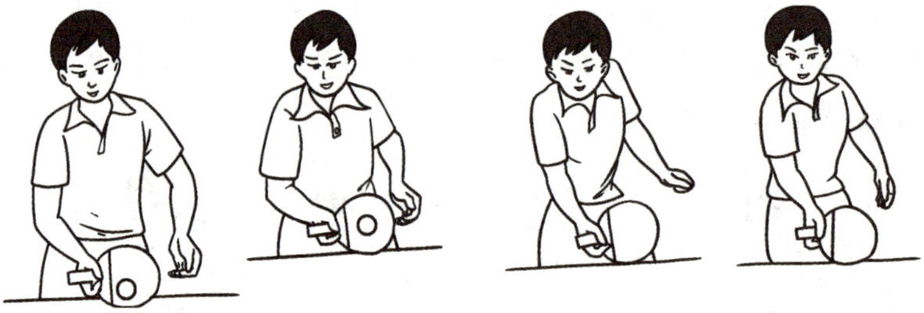

图 8-6 挡球

图 8-7 快推

学练提示

练习者练习推挡球技术时，易犯错误及其纠正方法如下。

（1）易犯错误：推挡时，手腕下垂，使球拍与前臂成 90°角。

纠正方法：手腕向外展，使球拍拍柄偏左一些。

（2）易犯错误：推挡时，拍面前倾角度过大，击球时间过早。

纠正方法：拍面稍微前倾，准确把握击球时间。

2. 搓球

搓球是近台还击下旋球的一种技术。

动作要领如下：球拍在体前，上臂前伸，拍面稍向后仰，利用上臂前伸与外旋的力量，将球拍向前下方送出，在来球的下降期摩擦球的中下部，如图 8-8 所示。

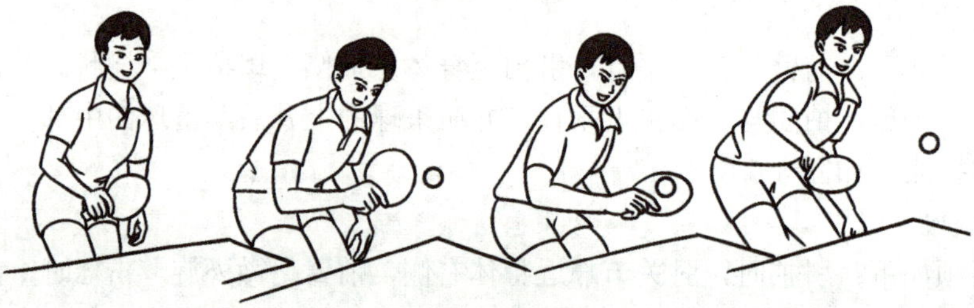

图 8-8 搓球

3．攻球

动作要领如下：当来球将落至台面时，前臂外展，将球拍后引至身体右侧稍后；当来球从台面弹起时，上臂带动前臂向左前上方快速挥动，并配合前臂内旋动作将球拍向前倾，在来球的上升期击球的中上部。如图 8-9 所示。

图 8-9　攻球

4．弧圈球

动作要领如下：执拍手沉肩垂臂，将球拍引至身体后下方，上臂带动前臂向前上方挥拍，并逐渐加快挥拍速度；拍触球时，右脚蹬地，身体向左侧转动，迅速收缩前臂，发力要以腰、手为主，在来球的下降期击球的中部或中上部，如图 8-10 所示。

图 8-10　弧圈球

二、基本战术

（一）推攻战术

推攻战术是指通过运用正手攻球与反手推挡等多种击球技巧，合理把控乒乓球的落点与击球节奏来压制和调动对方，以争取主动权，获得赢球机会的一种战术。

（二）两面攻战术

两面攻战术是指主要利用正、反手攻球技术来压制对方，以争取主动权，创造扣杀机会的一种战术。

（三）拉攻战术

拉攻战术是指连续运用正手快拉创造进攻机会，然后采用突击与扣杀作为得分手段的一种战术。这种战术是以攻为主的选手对付削球的主要战术。

（四）拉、扣、吊结合战术

拉、扣、吊结合战术是指由拉攻与放短球结合而成的一种战术。主要方法有两种：一种是在拉攻战术的扣杀和突击后放短球。另一种是在拉攻战术中放短球，随后再突击或扣杀。

（五）搓攻战术

搓攻战术是指主要运用“转、低、快、变”的搓球来创造进攻机会，然后采用低突、快点或拉攻等技术展开攻势并连续进攻的一种战术。

（六）发球抢攻战术

发球抢攻战术是指在发球时，通过控制乒乓球的旋转、线路、落点及速度等来增加对方回击的难度，使其出现机会球或降低回球质量，然后抢先进攻，以争取主动权或直接得分的一种战术。

三、场地、器材和比赛规则

（一）场地与器材

标准的乒乓球台（见图 8-11）由两块台面组成，每块台面的长为 137 cm，宽为 152.5 cm，球台与地面的距离是 76 cm。台面颜色为海蓝色或墨绿色。球台中间球网的长度为 183 cm，高度为 15.25 cm。乒乓球拍（见图 8-12）由底板、胶皮和海绵三部分组成。乒乓球呈白色、黄色或橙色，且无光泽。

图 8-11　乒乓球台

图 8-12　乒乓球拍

（二）比赛规则

1．赛制

在一局比赛中，先得 11 分的一方为胜方；若双方均为 10 分，先多得 2 分的一方为胜方。在一场比赛中，单打淘汰赛采用七局四胜制，双打淘汰赛与团体赛采用五局三胜制。

一场比赛应连续进行，但在局与局之间，任何一名运动员都有权要求不超过一分钟的休息时间。

2. 合法发球和击球

（1）合法发球：发球员将球几乎垂直地向上抛起，不得使球旋转，球的上升高度不低于 16 cm。当球从抛起的最高点下降时，方可击球，使球首先触及本方台区，然后越过或绕过球网装置，再触及对方的台区。

（2）合法击球：对方发球或还击后，本方必须击球，使球直接越过或绕过球网装置，或触及球网装置后，再触及对方台区。

3. 发球次序

在单打比赛中，首先由发球员合法发球，再由接发球员合法还击，然后两者交替合法还击。在双打比赛中，首先由球员合法发球，再由接发球员合法还击，然后由发球员的同伴合法还击，再由接发球员的同伴合法还击，此后，运动员按此次序轮流合法还击。

4. 得分

除了被判重发球的回合，在比赛中出现下列情况之一，运动员得 1 分：

（1）对方运动员未能合法发球。

（2）对方运动员未能合法还击。

（3）运动员在发球或还击后，对方运动员在击球前，球触及了除球网装置以外的任何东西。

（4）对方击球后，该球越过本方端线而没有触及本方台区。

（5）对方阻挡。

（6）对方连击。

（7）对方用不符合规定的拍面击球。

（8）对方运动员或其穿戴的任何东西使球台移动。

（9）对方运动员或其穿戴的任何东西触及球网装置，包括对方运动员因抛乒乓球拍击球时乒乓球拍触球网。

（10）对方运动员不执拍手触及比赛台面。

（11）双打时，对方运动员击球次序错误。

（12）执行轮换发球法时，作为接发球运动员完成了 13 次合法还击。

第二节　羽毛球

羽毛球运动是指由两名或两对选手执拍，在羽毛球场上隔网交替击球的对抗性竞技运动。羽毛球运动简单易学，器材简单，适合男女老幼，运动量可根据个人的年龄、体质、运动水平和场地环境而定。羽毛球比赛通常设有男女单打、男女双打、男女团体和男女混合双向等 7 个比赛项目。

一、基本技术

（一）握拍方法

羽毛球的握拍方法有正手握拍法和反手握拍法两种，如图 8-13 所示（图中拍面与地面垂直）。

图 8-13　正手握拍法与反手握拍法

1．正手握拍法

虎口对着拍柄的侧棱，拇指与食指贴在拍柄的两个宽面上，食指与中指稍分开，拇指低于食指，高于中指，中指、无名指和小指并拢握住拍柄。

2．反手握拍法

在正手握拍的基础上，拇指第一指节内侧贴在拍柄内侧的宽面上，食指与拇指同高或略低于拇指，引拍时前臂内旋，击球时前臂外旋。

（二）基本步法

1．上网步法

上网步法是指完成上网搓球、推球、钩球、扑球及挑球的步法，主要包括蹬跨步、两步蹬跨步、垫步加蹬跨步和交叉步加蹬跨步等，如图 8-14 所示。

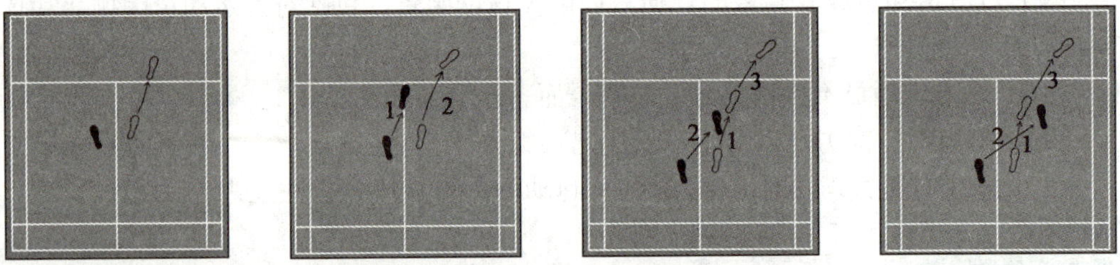

蹬跨步　两步蹬跨步　垫步加蹬跨步　交叉步加蹬跨步

图 8-14　蹬跨步上网步法

学练提示

采取蹬跨步上网步法时，要防止冲力过大使身体失去平衡。另外，前脚落地时，脚尖应朝向外侧，而不应朝向内侧。

2．后退步法

后退步法是指从发球区后退到端线的步法。其一般用于后退回击高球、吊球、杀球、后场抽球等。后退步法主要包括侧身后退一步步法、侧身并步后退步法和交叉步后退步法等，如图 8-15 所示。

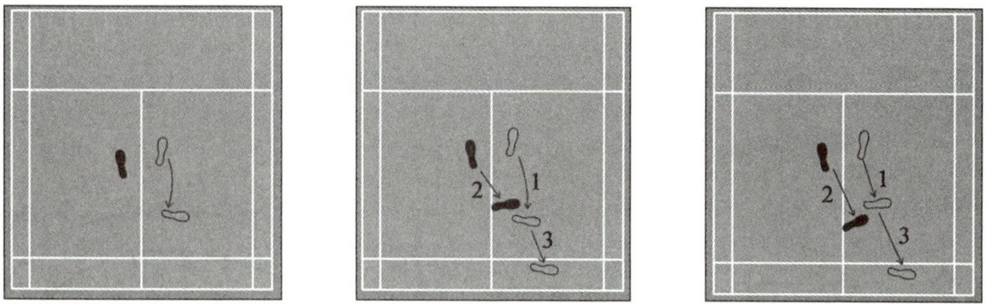

侧身后退一步步法　　侧身并步后退步法　　交叉步后退步法

图 8-15　后退步法

学练提示

采取后退步法时，要注意侧身后退的前几步步幅要小，最后一步步幅要大。做完击球动作后重心前移，并走回发球区。

3．两侧移动步法

两侧移动步法是指从发球区向左、右两侧边线移动的步法，其一般用于中场接球、扣杀球或起跳突击等。两侧移动步法主要包括向右侧蹬跨步、向右并步加蹬跨步、向左蹬转跨步和向左垫步加蹬转跨步，如图 8-16 所示。

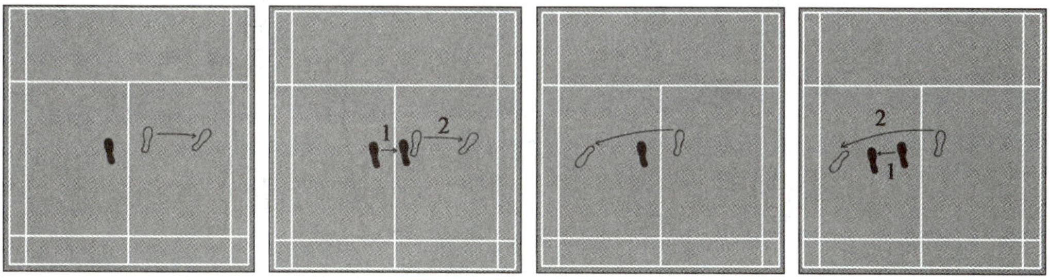

向右侧蹬跨步　　向右并步加蹬跨步　　向左蹬转跨步　　向左垫步加蹬转跨步

图 8-16　两侧移动步法

（三）发球方法

1．正手发高远球

正手发高远球是指正手击球，把羽毛球发得又高又远，羽毛球飞出的轨迹与地面的夹角大于 45°的一种发球方法。

动作要领如下：右手正手握拍，当羽毛球落到右臂向前下方伸直能够接触到球的刹那，紧握球拍，并利用手腕屈收的力量向前上方用力击球，击球后，右手臂顺势向左上方挥动缓冲，如图 8-17 所示。

2．正手发平高球

正手发平高球的动作要领与正手发高远球相仿，只是在击球的一刹那，前臂加速带动手腕向前上方挥动，拍面要向前上方倾斜。平高球与高远球的运动轨迹如图 8-18 所示。

图 8-17　正手发高远球

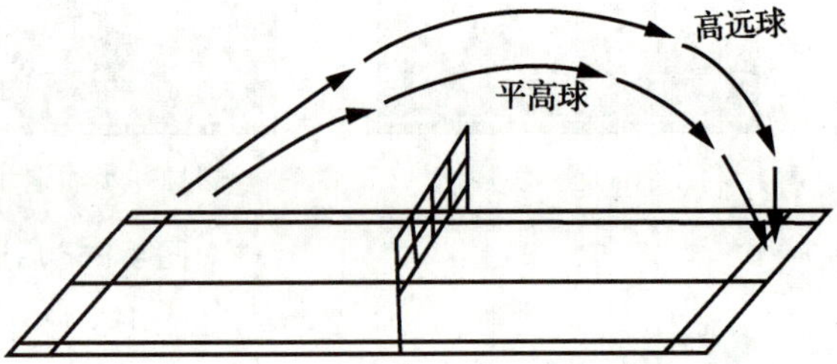

图 8-18　平高球与高远球的运动轨迹

3．发网前球

网前球是指羽毛球刚好越过羽毛球场球网，落在前发球线附近的发球方法。

动作要领如下：正手发网前球时，上臂动作幅度要小，主要靠前臂带动手腕向前切送，如图 8-19 所示；反手发网前球时，握拍手（以右手为例）采用反手握拍的方法，屈肘将球拍放在腰腹之间，左手捏住羽毛球，使其位于球拍前侧，发球时以肘关节为轴，挥动前臂带动腕关节，由后向前推送击球，如图 8-20 所示。

图 8-19　正手发网前球

图 8-20　反手发网前球

（四）击球方法

1. 正手击高远球

动作要领如下：羽毛球落至额前上方击球点时，上臂往右上方抬起，前臂自然后摆，手腕尽量后伸；前臂急速内旋，向前上方挥动，手腕发力击羽毛球的后部。如图 8-21 所示。

图 8-21　正手击高远球

2. 正手击平高球

动作要领如下：正手击平高球的动作要领与正手击高远球相仿，只是在击球的一刹那，手腕是向前用力而不是向前上方用力。

3. 正手吊球

动作要领如下：侧身，左脚在前，右脚在后，重心在右脚，双手举起，眼睛盯着羽毛球，当羽毛球下落到接近击球点高度时，右腿开始蹬伸，同时，身体由右向左转动，腰腹协调用力，上臂带动前臂，利用伸肘关节、前臂内旋和屈腕的力量，向前下方轻击来球。如图 8-22 所示。

图 8-22　正手吊球

4. 正手挑球

挑球是指把对方击来的吊球或网前球挑高，回击到对方后场去的一种击球方法。

动作要领如下：来球时，右脚向球的落点方向跨出，左脚在后，重心在右脚，球拍后引，以肘关节为轴，屈臂内旋，握紧球拍，用食指及手腕的力量将羽毛球向前上方击出，如图 8-23 所示。

图 8-23　正手挑球

5. 正手扣杀球

动作要领如下：快速后退，向上引拍，在羽毛球开始下落时，靠脚尖蹬地的力量起跳，起跳后，身体后仰，右上臂向右上方摆起，击球时，充分利用腰腹力量，以手臂带动手腕快速将球向下击出。如图 8-24 所示。

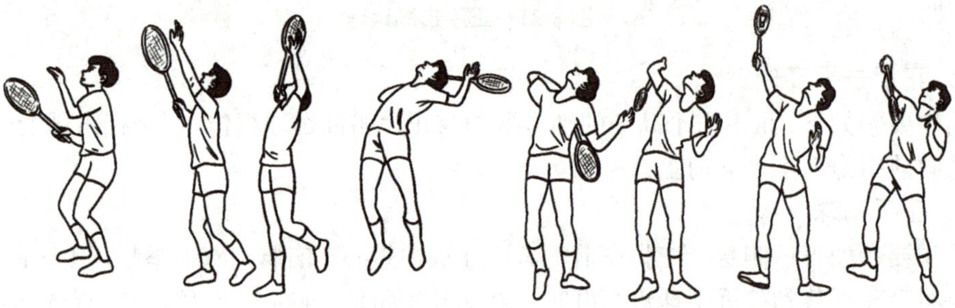

图 8-24　扣杀球

二、基本战术

（一）发球抢攻战术

发球抢攻战术是指从发球的第一拍起，运用不同的发球方法，争取控制对方，以攻杀得分的一种战术。这种战术一般以发网前低球结合平快球、平高球为主。

（二）攻后场战术

攻后场战术是指通过击平高球、平推球等，将对方紧逼在后发球线处，使其在后发球线两端移动击球，造成对方被动的局面，然后寻找机会进攻的一种战术。

（三）攻前场战术

攻前场战术是指通过发网前球或吊球先将对方吸引到球网前，再攻击其后场的一种战术。需要注意的是，采用此战术的前提是自身要有较好的网前击球技术。

（四）杀上网战术

杀上网战术是指先在后场以扣杀球配合吊球的方法把对方打过来的高球下压，并将羽毛球的落点控制在场地两条边线附近，致使对方被动回球，然后迅速向前移，以扑、搓、勾、推等技术连续进攻的一种战术。

三、场地与比赛规则

（一）场地

羽毛球比赛的场地长度均为 13.4 m，单打场地的宽度为 5.18 m，双打场地的宽度为 6.1 m，中间悬挂长 6.10 m、高 1.55 m 的球网。球场四周 2 m 以内、上空 9 m 以内不得有任何障碍物，如图 8-25 所示。

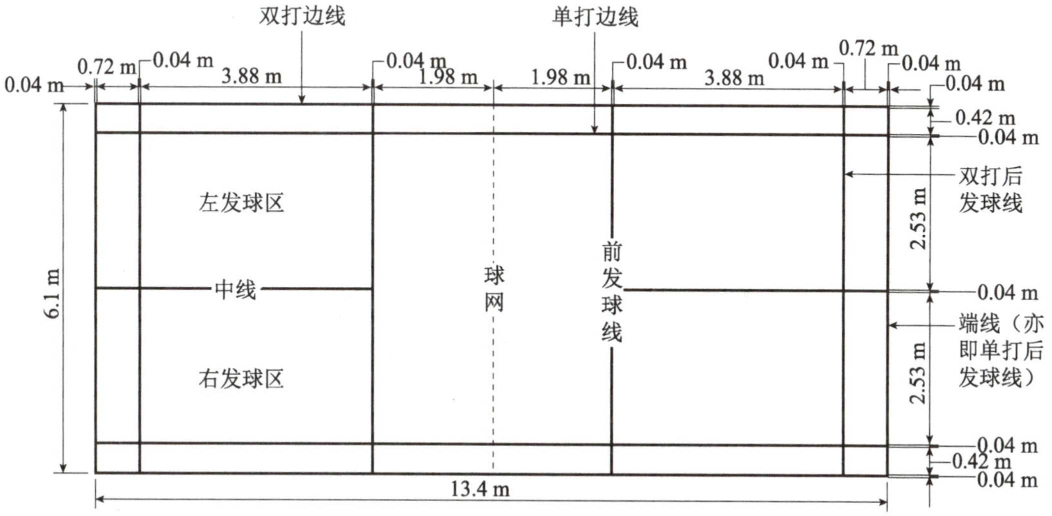

图 8-25 羽毛球比赛的场地示意图

（二）比赛规则

1．发球、接发球和场区选择

比赛开始时，双方应掷挑边器，获胜方选择先发球或先接发球，并选择场区。

（1）单打比赛。

在单打比赛中，当发球员的分数为 0 或双数时，双方运动员均应在各自的右发球区发球或接发球；当发球员的分数为单数时，双方运动员均应在各自的左发球区发球或接发球。在一个回合中，羽毛球应由发球员与接发球员交替从各自场区的任意位置击出，直至其成为“死球”为止。

学练提示

在羽毛球比赛中，以下情况为“死球”。

（1）羽毛球挂在球网上或者球网的顶部。

（2）撞球网或网柱后，落在击球方的地面。

（3）羽毛球触及地面。

（4）裁判判定该球违例或属于重发球。

（2）双打比赛。

在双打比赛中，当发球员的分数为 0 或双数时，发球方应从右发球区发球；当发球方的分数为单数时，发球方应从左发球区发球。接发球方上一回合最后一次发球的运动员应在原发球区接发球，其同伴接发球的站位则与其相反。接发球员应是站在发球员斜对角发球区的运动员。发球方每得一分后，原发球员则变换发球区再发球。

每局比赛的发球权必须按如下顺序传递：先由首先发球员从右发球区发球，其次由首先接发球员的同伴从左发球区发球，然后是首先发球员的同伴，接着是首先接发球员，再接着是首先发球员，以此类推。

一局胜方的任意一名运动员可在下一局先发球；一局负方的任意一名运动员可在下一局先接发球。

2. 计分方法

（1）除非另有规定，一场比赛应以三局两胜定胜负。

（2）除以下两种情况外，率先得到 21 分的一方赢得当局比赛。① 如果双方比分达到 20∶20，那么获胜一方需要超过对手 2 分才算取胜。② 如果双方比分达到 29∶29，则率先得到 30 分的一方取胜。

（3）首局获胜的一方在接下来的一局比赛中率先发球。

（4）一方违例或羽毛球触及该方场区内的地面成“死球”，则另一方胜这一回合并得 1 分。

第三节　网球

网球是指由两名或两对选手执拍，在网球场上隔网交替击球的对抗性竞技运动。网球运动能够充分施展个性，放松身心。网球比赛通常设有男女单打、男女双打、男女团体和男女混合双打等 7 个比赛项目。

一、基本技术

（一）握拍方法

网球拍有三种基本的握拍方式，即东方式、西方式和大陆式。为了能够更加直观地理解网球拍的握法，这里用拍柄的平面图展示握拍时虎口的位置（图中拍面垂直于地面），如图 8-26 所示。

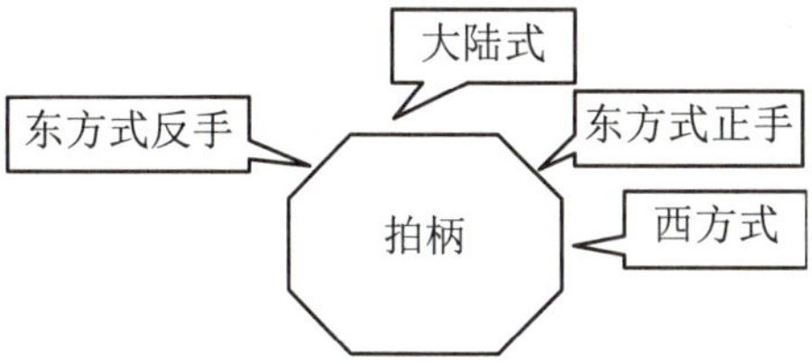

图 8-26　网球拍握法示意图

1. 东方式握拍法

东方式握拍法俗称“握手式握拍法”，包括东方式正手握拍法与东方式反手握拍法。正手握拍时，拇指与食指呈“V”字形，虎口处在球拍的右上斜面，如图 8-27 所示。反手握拍是在正手握拍的基础上，虎口沿逆时针方向移动两个平面。

2. 西方式握拍法

西方式握拍法俗称“一把抓”，是虎口处于拍柄右平面的握拍方法，如图 8-28 所示。

3. 大陆式握拍法

大陆式握拍法俗称“握锤式”，是虎口处于拍柄上平面的握拍方法，如图 8-29 所示。

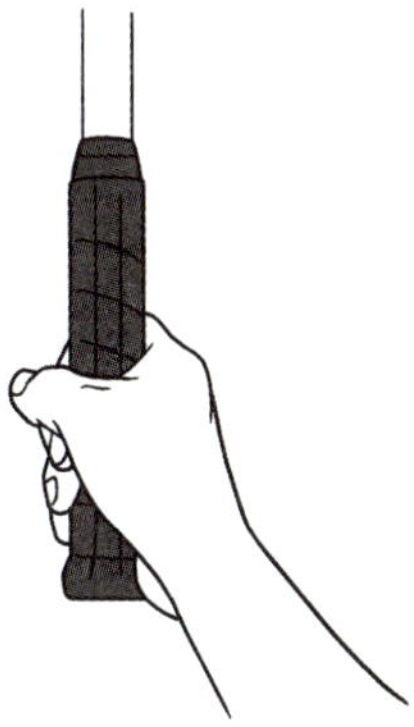

图 8-27　东方式正手握拍法

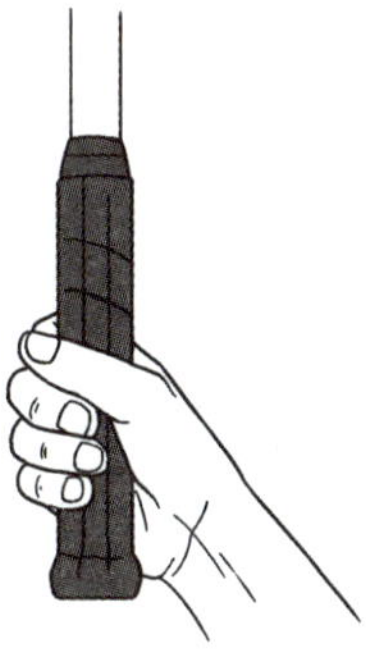

图 8-28　西方式握拍法

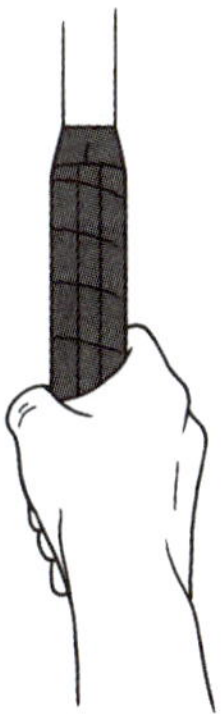

图 8-29　大陆式握拍法

（二）站位姿势

1. 准备姿势

正手握拍时的准备姿势如下：面对球网，两脚自然分开，两膝微屈，身体稍向前倾，重心落于两脚之间，右手握拍，左手轻托拍颈，两肘微屈，拍面垂直于地面，拍头指向前方，双眼注视来球方向，做好击球准备，如图 8-30 所示。

扫一扫

网球入门

2. 挥拍动作

挥拍动作不是单纯的挥动球拍，而是一个从准备活动开始的连续、完整的动作。挥拍动作由以下几个部分组成。

（1）后摆：后摆动作是指持拍手像钟摆一样将球拍摆至体后，如图 8-31 所示。后摆动作最好在来球刚过球网时进行。

（2）前挥：眼睛要盯住球，持拍臂要尽量伸展挥拍，注意不要仰头，如图 8-32 所示。

图 8-30　准备姿势

图 8-31　后摆

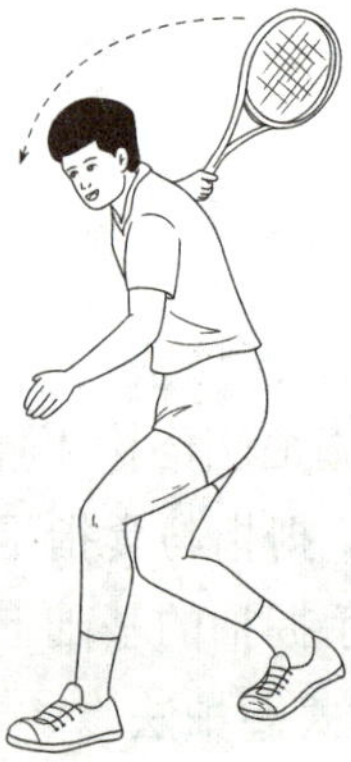
图 8-32　前挥

（3）击球：手腕固定，保持拍面稳定，击球的一瞬间再猛力握拍，如图 8-33 所示。

（4）随挥：动作幅度要大，并且要自然地停止用力，如图 8-34 所示。

（5）回到准备姿势：随挥后，手臂平缓地收回到身体的中心，做好再次击球的准备。

图 8-33　击球

图 8-34　随挥

3. 步法

（1）封闭式：右脚略向右斜，左脚与来球方向平行，两脚之间的连线几乎与球网垂直，如图 8-35 所示。

（2）开放式：两脚之间的连线与球网平行，如图 8-36 所示。

（3）半开放式：两脚之间的连线与球网成 45°角，如图 8-37 所示。

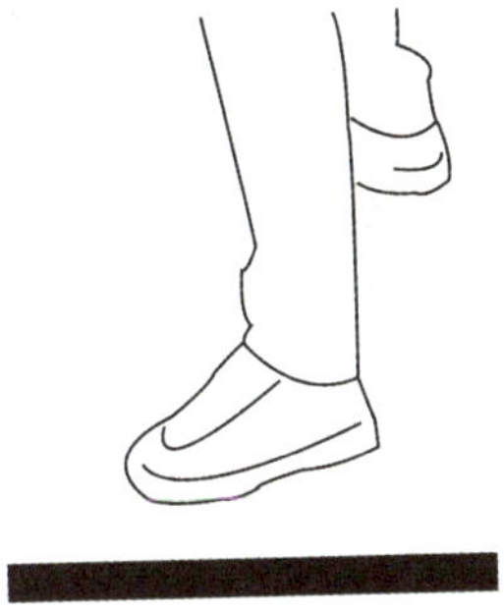
图 8-35　封闭式

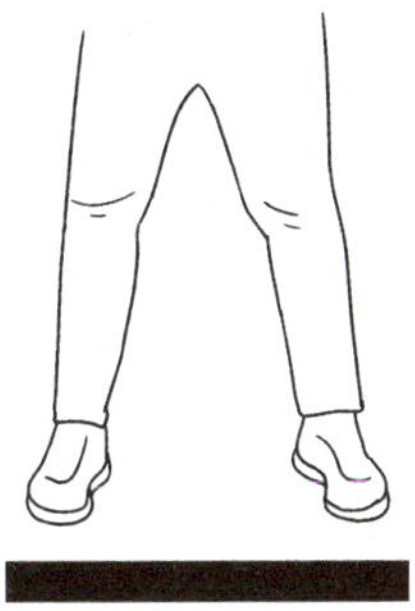
图 8-36　开放式

图 8-37　半开放式

（三）常见发球方法

发球时多采用大陆式握拍法或东方式握拍方法，发球方法一般有平击发球、切削发球和旋转发球三种。

1. 平击发球

平击发球时，击球点应在右眼的前上方，以拍面中心平直对准球，击球的后中上部，身体充分向上向前伸展，以获得最高击球点，提高发球命中率。

2. 切削发球

切削发球时，把网球抛到右侧斜上方，用球拍快速从网球的右上方往左下方切削击球。

3. 旋转发球

旋转发球时，把网球抛到头后偏左的位置，击球时身体后仰呈弓形，球拍快速从左向右上方挥动，从下向上擦击网球的背面，并向右带出，使网球产生右侧上旋。

（四）常见击球方法

1. 正、反拍击球

（1）正拍击球。

动作要领如下：来球时，向右侧转体，同时向右后方引拍；右脚向右转与端线平行，左脚向右前方 45°方向迈出；在来球距身体 1 m 左右时，以肩关节为轴，借助转腰、转髋及蹬腿的力量，挥动手臂，以拍面的中心击网球的中部。如图 8-38 所示。

图 8-38　正拍击球

（2）反拍击球。

动作要领如下：来球时，向左侧转体，同时向左后方引拍；左脚向左转与端线平行，右脚向左前方 45°方向迈出，握拍手腕回勾，肘关节弯曲并贴近身体；击球时，转腰回身，身体重心前移，肘关节外展，由下向上挥拍至身体左前方。如图 8-39 所示。

图 8-39　反拍击球

2．截击球

截击球又称“拦网”，是指在来球落地之前将其凌空击回的一种击球方法。打截击球时，后引拍动作幅度不宜过大，击球点应控制在身体前方约一臂处。击球时，手腕固定，紧握球拍，拍面不要转动。

3．高压球

高压球是指在头顶上空用扣杀动作还击来球的方法。击高压球时的握拍方式、动作要领与发球时相仿，稍有不同的是，由于对方击过来的球下落速度比发球时快，所以要以较小的身体动作、较短而直接的后摆收拍动作来完成击球动作。

4．挑高球

挑高球是使网球高高地飞越球网，并落入对方后场区域。当对方上网时，可用挑高球的击球方法迫使对方后退，从而为自己赢得回到场中有利位置的时间。击球时拍面朝上，由后下方向前上方平缓挥拍，击球的中下部。击球时的动作要柔和，但手腕不能放松。

5．放小球

放小球就是将球轻轻击到对方网前。放小球时，拍面打开，动作柔和，击球的下部，使之产生下旋，并加以前推或上托动作，使球以适当的弧线落在对方球场近网处，一般离网不超过 1.5 m。

二、基本战术

（一）发球、接发球战术

当站在右区发球时，站位应靠近中点，以发直线球来迫使对方反手接球；当站在左区发球时，站位可以距中点稍远，这样便于以更大斜线将球发到对方反拍区，同时也能扩大自己正拍防守的区域。

接发球时，站位应尽量在端线内 0.5 m 左右处，最好站在对方可能发球范围的角分线上，这样可以压制对方，并且便于自己上网。

（二）上网战术和底线战术

上网战术是指在发球或接发球后，冲到离网较近的位置，不等对方回击的球落地便进行空中截击或高压的一种战术。上网时，尽可能站在距离球网约 2 m 处，近网进攻威胁性大，封网角度小，防守控制面积大。

在底线击球时要利用整个场地，可以使用斜线对拉打法大范围调动对手，以争取时间，寻找有利的进攻时机。击球时，应以快速、准确、凶狠的攻势战胜对方。

三、场地与比赛规则

（一）场地

一个标准网球比赛场地的占地面积不小于 36.6 m×18.3 m。在这个面积内，有效的网球运动场地呈长方形，其长度为 23.77 m，单打场地的宽度为 8.23 m，双打场地的宽度为 10.97 m，中间横隔球网，其两侧网柱高 1.07 m，网中央顶端距离地面高 0.914 m，如图 8-40 所示。

（二）比赛规则

1．发球规则

发球员应站在端线后，中点和边线的假定延长线之间的区域内。每局开始时，从端线后的 A 位置开始发球，发出的球应落在对角的对方发球区有效范围内（右区）。当得 1 分后，换到 B 位置发球，如图 8-41 所示。

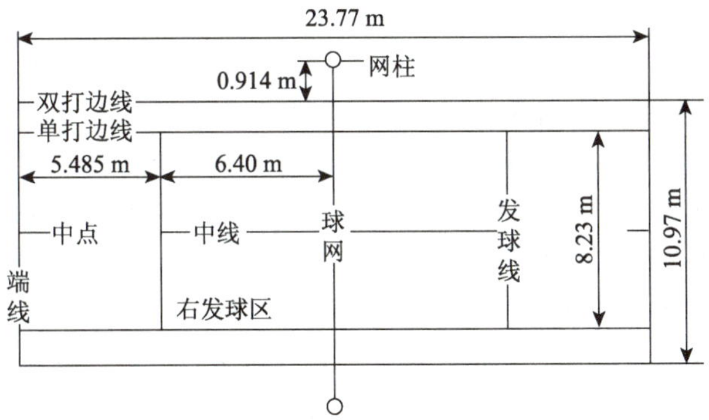

图 8-40　网球比赛的场地示意图

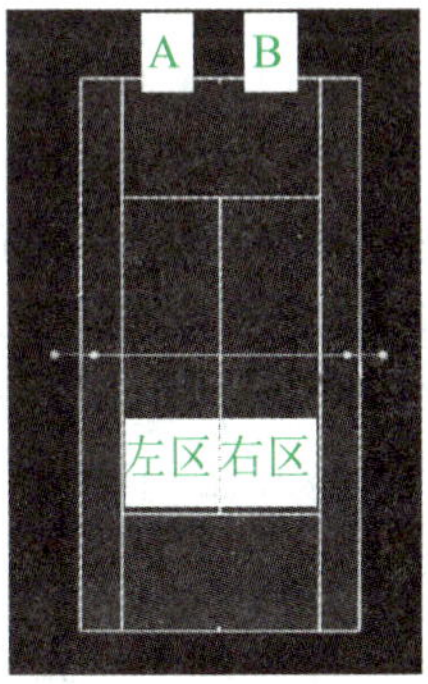

图 8-41　发球规则示意图

2．计分方法

男子单打和双打比赛一般采用五盘三胜制或三盘两胜制，女子单打和双打比赛，以及男女混合双打比赛多采用三盘两胜制。

（1）得 1 分。

发生下列任意一种情况，均判对方得 1 分。

① 在球第二次着地前，未能还击过网。

② 还击的球触及对方场区界线以外的地面、固定物或其他物体。

③ 还击空中球失败。

④ 故意用球拍触球超过一次。

⑤ 运动员的身体、球拍在发球期间触及球网。
⑥ 过网击球。
⑦ 抛拍击球。
⑧ 除握在手中的球拍之外，运动员的身体或穿戴的物体触球。
⑨ 比赛进行中，运动员故意改变其球拍的形状。
⑩ 发球员连续两次发球失误。
⑪ 运动员发球或回球时出界。
⑫ 接球员在发来的球未着地前用球拍击球，或球触及自己的身体及穿戴物。

（2）胜 1 局。

① 每胜 1 球得 1 分，先胜 4 分者胜 1 局。
② 双方各得 3 分时为平分。平分后，净胜 2 分为胜 1 局。

（3）胜 1 盘。

① 一方先胜 6 局并净胜对方两局者为胜 1 盘。
② 当双方各胜 6 局时，应采用决胜局计分制（俗称“抢七”），即先得 7 分并净胜 2 分者获胜。

健体育魂

传承为国争光信念，国乒长盛不衰

在 2021 年举办的东京奥运会上，中国乒乓球队不仅取得了 4 金 3 银的佳绩，更创造了男单四连冠、女单九连冠及男团、女团四连冠的新纪录。迄今为止，中国乒乓球队在乒乓球运动的三大赛事，即世界乒乓球锦标赛（简称“世乒赛”）、乒乓球世界杯和奥林匹克运动会上共斩获了 200 多枚金牌，以傲人的战绩领跑世界乒坛。

曾任中国乒乓球队总教练的刘国梁道出了“国球”强大的原因：“这是极其特殊的一届奥运会，不管是最终取得的成绩还是整个过程都让人难忘。中国乒乓球队强大的缘由是一直有着光荣的传统和传承，我们不只是现在强大，而是一直都很强大，这源于每一代乒乓球人的共同努力。”

1959 年，在第 25 届世乒赛中，容国团斩获男单冠军，成为新中国体育史上第一个世界冠军，也翻开了世界乒乓球史崭新的一页。他喊出“人生能有几回搏”的口号，激励了一代又一代中国体育人。2019 年，在第 55 届世乒赛中，马龙实现了男单三连冠，他喊出了振奋人心的“我是中国制造！”口号，这是时隔 60 年两代乒乓球人的隔空对话，是不问终点、全力以赴地代代传承。容国团等老一辈乒乓球国手在国际赛事中屡创佳绩，刻下了中国乒乓球长盛不衰的基因，一代代乒乓球人接续奋斗，续写辉煌。

（资料来源：体育频道-国际在线，有改动）

第九章　形体运动

知识目标

- 了解健美操的基本动作、场地与器材。
- 掌握啦啦操的类型、基本要素、场地与器材。
- 熟悉瑜伽的呼吸方法和拜日式的动作要领。

素质目标

- 在形体运动中，感受美、欣赏美、创造美。
- 通过形体运动，塑造良好的体形，保持挺拔的姿态。

第一节　健美操

健美操是一项以有氧运动为基础，以健、力、美为特征，融体操、舞蹈、音乐为一体的身体运动。其既是健身美体、陶冶情操的大众健身方式，又是竞技运动的一个项目。健美操以其自身固有的价值与魅力风靡全世界，深受人们的喜爱。

健美操的种类繁多，分类方法也各不相同。根据练习目的的不同，健美操可分为健身健美操和竞技健美操两大类。健身健美操以健身为目的，旨在增强身体的力量和柔韧性，从而使身体强健；竞技健美操则以竞技为目的，有特定的比赛规则和评分方法，对参与者的身体素质、技术技能和艺术表现力等有较高的要求。竞技健美操比赛项目有男女单人、混合双人、三人（男女不限）、混合六人（男女各三人）、有氧舞蹈等。

一、基本动作

掌握健美操的基本动作，可以为尽快地掌握其复杂动作和成套动作打下良好的基础。

（一）手形

健美操的基本手形如图 9-1 所示。

五指并拢式　五指分开式　西班牙舞手势　芭蕾手势

图 9-1　健美操的基本手形

（1）五指并拢式：五指伸直，并拢。

（2）五指分开式：五指用力伸直，充分张开。

（3）西班牙舞手势：手指用力伸直，从小指依次内旋，形成一个扇面。

（4）芭蕾手势：五指微屈，后三指并拢，稍内收，拇指内扣。

（5）拳式：握拳，拇指在外。

（6）推掌式：手掌用力上翘，五指自然弯曲。

（7）一指式：握拳，食指伸直或拇指伸直。

（8）响指式：拇指与中指摩擦，做打响指状，无名指、小指屈握。

（二）身体各部位基本动作

1．头、颈部动作

头、颈部动作由屈、转、绕和绕环等动作组成。

（1）屈：指头颈关节弯曲，包括前屈、后屈、左屈和右屈。

（2）转：指头颈部绕身体垂直轴转动，包括左转和右转。

（3）绕和绕环：指头以颈为轴心做弧形和圆形运动，包括向左绕、向右绕、向左绕环和向右绕环。

动作要领如下：做各种形式的头部和颈部动作时，速度要慢，上体端正，头部和颈部移动的方向要准确，要充分伸展颈部被动肌群。

2．肩部动作

肩部动作由提肩、沉肩、绕肩、肩绕环、振肩等动作组成。

（1）提肩：指肩胛骨向上运动，包括单肩提肩、双肩同时提肩和双肩依次提肩。

（2）沉肩：指肩胛骨向下运动，包括单肩沉肩、双肩同时沉肩和双肩依次沉肩。

（3）绕肩：指以肩关节为轴做小于 360°的弧形运动，包括单肩向前、向后绕，双肩同时或依次向前、向后绕。

（4）肩绕环：指以肩关节为轴做 360°及 360°以上的圆形运动，包括单肩向前、向后绕环，双肩同时向前、向后绕环和双肩依次向前、向后绕环。

（5）振肩：指上体固定，肩部急速向前或向后摆动，包括双肩同时前、后振和双肩依次前、后振。

动作要领如下。

（1）提肩时肩部应尽力向上，沉肩时肩部应尽力向下，动作幅度要大且动作有力。

（2）绕肩时，上体不能摆动，双臂放松，头部和颈部不能前探；绕肩动作应连贯，速度均匀，幅度大。

（3）振肩动作要有快速、有力和有弹性。

3．上肢（手臂）动作

上肢（手臂）动作由举、屈、摆、绕、绕环、振、旋等动作组成。

（1）举：指以肩关节为轴，手臂的活动范围不超过 180°并停止在某一位置的动作，包括单臂和双臂的前举、后举、侧举，以及其他不同方向的举（如侧上举、侧下举等）。

（2）屈：指肘关节产生一定的弯曲角度，包括胸前屈、胸前平屈、肩侧屈、肩上侧屈、肩下侧屈、肩上前屈、腰间屈和头后屈等，如图 9-2 所示。

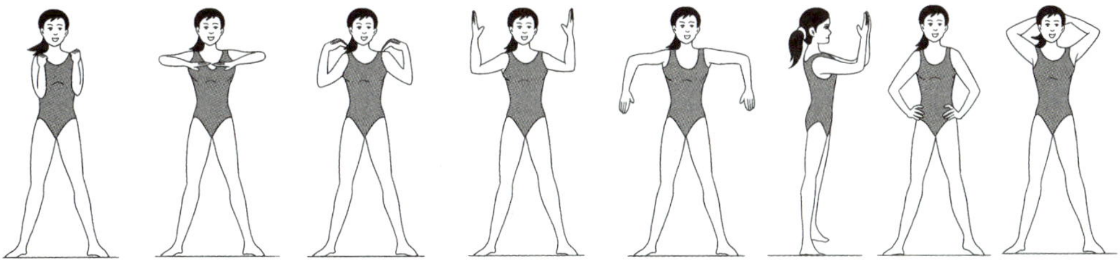

图 9-2　屈臂

（3）摆：指手臂以肩关节或肘关节为轴，向身体各个方向做钟摆式运动，包括单臂和双臂同时或依次向前、向后、向左、向右摆。图 9-3（a）所示为单臂向左、向右摆。

（4）绕：指双臂或单臂向内、向外、向前、向后做 180°～360°的弧形运动。图 9-3（b）所示为双臂向内、向外绕。

（5）绕环：指双臂或单臂以肩关节为轴，做 360°及 360°以上的圆形运动，包括向前、向后、向内的绕环。图 9-3（c）和图 9-3（d）所示为单臂向前、向后绕环和双臂向前、向后绕环。

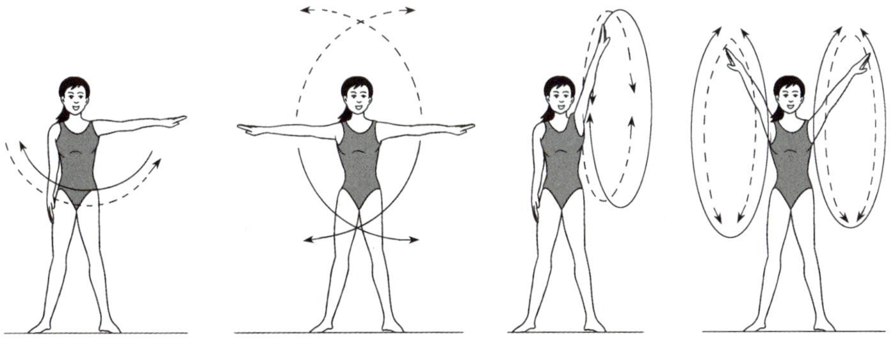

图 9-3　手臂摆、绕、绕环

（6）振：指手臂以肩关节为轴，用力摆至最大幅度，包括侧举后振、上举后振和下举后振，如图 9-4 所示。

（7）旋：指手臂以肩关节或肘关节为轴，做内旋或外旋动作，如图 9-5 所示。

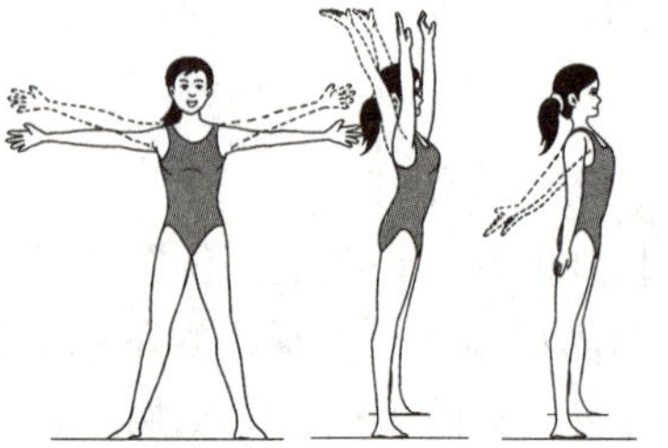

图 9-4　振臂

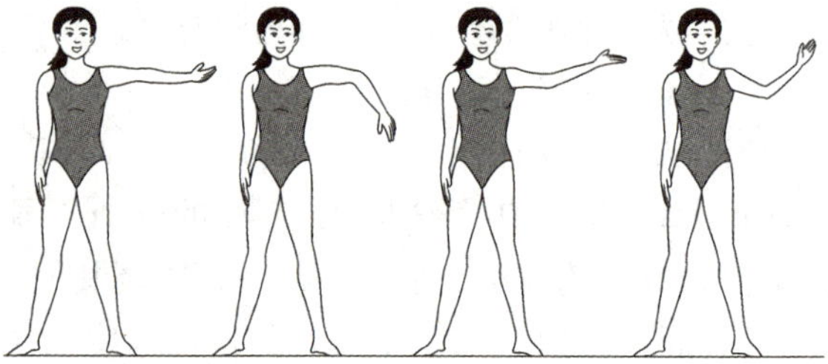

图 9-5　旋臂

动作要领如下。

（1）手臂做举、屈伸动作时，肩要下沉。

（2）手臂摆动时，起与落的动作要连贯，手掌的移动路线为弧形。

（3）上体端正，手臂到达的位置应准确，手臂动作幅度要大，力达身体最远端。

4．胸部动作

胸部动作由含胸、展胸和移胸等动作组成，如图 9-6 所示。

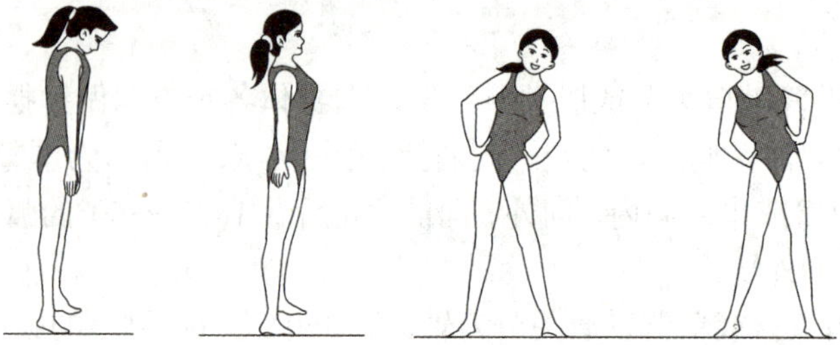

图 9-6　胸部动作

（1）含胸：指两肩内合，缩小胸腔。

（2）展胸：指两肩外展，扩大胸腔。

（3）移胸：指髋部固定，胸部向左、向右水平移动。

动作要领如下：练习时，应收腹，立腰。含胸、展胸、移胸的幅度要达到自身极限。

5．腰部动作

腰部动作由屈、转、绕和绕环等动作组成，如图 9-7 所示。

图 9-7　腰部动作

（1）屈：指下肢固定，上体沿矢状轴和水平轴运动，包括前屈、后屈、左屈和右屈。

（2）转：指下肢固定，上体沿垂直轴扭转，包括左转和右转。

（3）绕和绕环：指下肢固定，上体沿垂直轴做弧形和圆形运动，包括向左绕、向右绕、向左绕环和向右绕环。

动作要领如下。

（1）做腰部动作练习时，身体远端尽力向外延伸，绕环幅度要大，动作应连贯，速度可放慢。

（2）腰部前屈和扭转时，上体应挺直。

6. 髋部动作

髋部动作由顶髋、提髋、绕髋和髋绕环等动作组成，如图 9-8 所示。

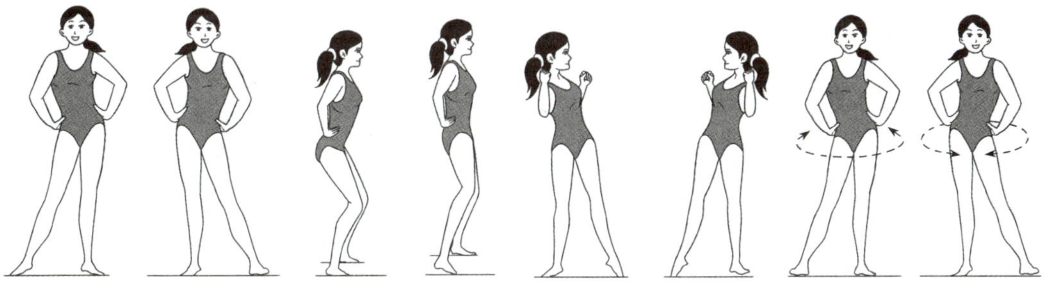

图 9-8　髋部动作

（1）顶髋：指髋关节急速水平移动，包括左顶髋、右顶髋、后顶髋和前顶髋。

（2）提髋：指髋关节做急速向一侧上提的动作，包括左提髋和右提髋。

（3）绕髋和髋绕环：指髋关节做弧形、圆形移动，包括向左绕、向右绕、向左绕环和向右绕环。

动作要领如下：髋关节做顶、提、绕和绕环时，动作应平稳、柔和、协调，有弹性，上体要放松。

7. 下肢动作

下肢动作由滚动步、交叉步、跑跳步、并腿跳和侧摆腿跳等动作组成，如图 9-9 所示。

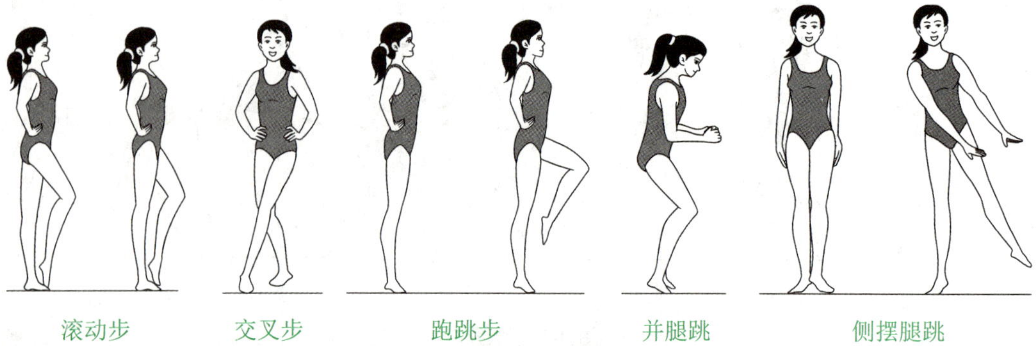

图 9-9　下肢动作

（1）滚动步：指两脚交替做由前脚尖至全脚掌依次落地的动作。

（2）交叉步：指一只脚向另一只脚的前方或后方交叉行进。

（3）跑跳步：指在跑的过程中，摆动腿高抬，由向前摆动变为向上摆动，完成跳起、落下再跳起的动作。

（4）并腿跳：指双腿并拢，直膝或屈膝跳。

（5）侧摆腿跳：指一条腿跳起的同时，另一条腿向外侧摆动。

（三）基本步法

健美操包括以下七个基本步法，即踏步、开合跳、吸腿跳、踢腿跳、弓步跳、弹踢腿跳和后踢腿跳，如图 9-10 所示。

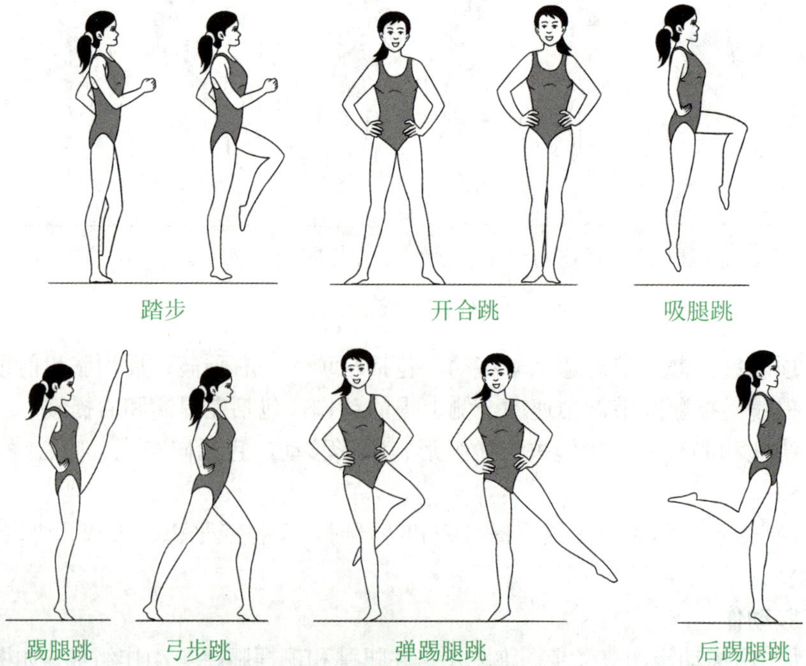

图 9-10　健美操基本步法

（1）踏步：指两脚不间断地交替做屈膝上提然后踏地的动作，包括脚尖不离地的踏步、脚离地的踏步和高抬腿的大幅度踏步。

（2）开合跳：指并腿跳至开立，分腿跳至并立。

（3）吸腿跳：指单腿跳起时，另一条腿屈膝向前方、向侧方上提。

（4）踢腿跳：指单腿跳起时，另一条腿直腿向前方或侧方踢出，包括小幅度踢腿与大幅度踢腿。

（5）弓步跳：指并腿跳起，落地时形成前（侧、后）弓步。

（6）弹踢腿跳：指单腿跳起时，另一条腿屈膝向前方或侧方弹踢。

（7）后踢腿跳：指两脚交替有短暂腾空过程（类似跑步），跳起时，小腿向后屈。

动作要领如下。

（1）踏步：脚落地时，由脚尖过渡到脚跟着地；屈膝时，髋微收；两臂前后自然摆动。

（2）开合跳：分腿时，两腿自然外开，膝关节沿脚尖方向弯曲；跳起与落地时，屈膝缓冲。

（3）吸腿跳：大腿用力上提，小腿自然下垂。

（4）踢腿跳：踢腿时加速用力，保持上体端正，同时立腰。

（5）弓步跳：跳成弓步时，要控制好身体重心。

（6）弹踢腿跳：大腿抬起至一定高度后，小腿自然伸直，膝关节稍加控制。

（7）后踢腿跳：髋和膝在一条线上，小腿后屈时尽量向大腿靠拢。

二、场地与器材

（一）场地

（1）健美操项目的比赛在体育馆内举行，馆内高度应至少达到 8 m（最好 10 m 以上）。在训练和比赛期间，馆内灯光亮度不得低于 800 lx，同时不应令人感到刺眼，白天不能有阳光直射场地。馆内应有空调和通风设备。比赛场馆附近应有空余场地和健美操地板，供运动员赛前练习使用。

（2）全国健美操锦标赛及全国健美操冠军赛的比赛场地内需搭建赛台及裁判席。赛台高度应为 80～140 cm，尺寸不能小于 14 m×14 m，并铺设健美操比赛专用地板。赛台后面用尺寸为 16 m×5 m 的背景板封闭。赛台周围要留有运动员候分及检录区域。赛台与裁判席距离 7 m。裁判席分为 3 层，第 1 层不低于 80 cm，第 2 层和第 3 层依次递增 40 cm，每层宽度不少于 1.5 m。两侧设楼梯，楼梯要牢固。全国健美操联赛不硬性要求搭建赛台，其余条件相同。

（二）器材要求

（1）健美操的比赛器材要符合国际体操联合会最新的标准，必须是经过国家体育器材认证机构认证的且符合安全要求的器材。此外，比赛场地周边需要铺设一些海绵垫，放置一些镁粉（防滑粉）等。

（2）比赛场地的音响系统安装完毕后，需要测试并调节音量，音量不得高于 80 dB。

第二节　啦啦操

啦啦操是指运动员团体在音乐的伴奏下，完成高难度的基本手位与舞蹈动作，充分展示团队高超的运动技能和技巧，展现青春活力和积极向上的团队精神的一项体育运动。

一、啦啦操的分类

啦啦操分为技巧啦啦操和舞蹈啦啦操。

（一）技巧啦啦操

技巧啦啦操是指运动员团体在音乐的伴奏下，做出跳跃、翻腾、抛接、托举、金字塔组合等技巧性动作，并配合口号、啦啦操基本手位和舞蹈动作，充分展示运动员的高超技能和技巧的团队竞赛项目。它主要分为集体技巧啦啦操和五人、双人配合技巧啦啦操。

1．集体技巧啦啦操

集体技巧啦啦操的成套动作必须包含口号、个性舞蹈、翻腾、抛接、托举、金字塔等内容，同时结合各种跳步动作、啦啦操基本手位动作、其他舞蹈元素和道具等，还应充分利用空间转换和队形变化，展现团队的技能、技巧和啦啦操运动的特点。

集体技巧啦啦操的技术特征包括：做肢体动作时，通过短暂加速和制动定位来展现技巧啦啦操特有的力度感；动作完成得干净利落；运动过程中重心稳定，动作平稳，身体控制精确、位置准确。

2．五人、双人配合技巧啦啦操

五人、双人配合技巧啦啦操的成套动作以托举、抛接两类难度动作为主要内容，需要充分利用多种上架、下架动作和过渡连接动作，进行空间的转换及方向与造型的变化，从而展示五人组或双人组高超的技能和技巧。

（二）舞蹈啦啦操

舞蹈啦啦操是指运动员团体在音乐的伴奏下，运用舞蹈动作组合，结合转体、跳步、平衡和柔韧动作等难度动作，以及舞蹈的过渡技巧，进行空间的转换及方向与队形的变化，从而展示团队的运动技能、舞蹈技能和团队风采的竞赛项目。它主要分为花球舞啦啦操、街舞啦啦操、爵士舞啦啦操和自由舞啦啦操。

1．花球舞啦啦操

花球舞啦啦操的成套动作为手持花球做啦啦操基本手位、个性舞蹈动作、难度动作和舞蹈技巧等动作元素，展示团队动作整齐一致或队形不断变换的视觉效果。

花球舞啦啦操的技术特征包括：做肢体动作时，通过短暂加速和制动定位来展现运动技能、舞蹈技能和花球运用技术；多选用跳步类难度动作。

2．街舞啦啦操

街舞啦啦操的成套动作以街舞风格的舞蹈动作为主，注重动作的风格特征、身体各部位的律动与控制，要求动作的节奏与音乐协调，同时也可结合一些难度动作，如结合跳步、动作变换和动作组合等。

街舞啦啦操的技术特征包括：肢体动作要体现街舞特征，表现出街舞随意、洒脱的感觉；多选用街舞里的难度动作，如地板动作。

3．爵士舞啦啦操

爵士舞啦啦操的成套动作由爵士风格的舞蹈动作、难度动作和过渡动作等内容组成，主要是通过变换队形、空间和方向等，表现运动员的激情、舞蹈能力和团队实力。

爵士舞啦啦操的技术特征包括：肢体动作要体现爵士舞特征，表现出松弛有度的感觉和由内向外的延伸感；多选用爵士舞里的难度动作，如转体类动作。

4．自由舞啦啦操

自由舞啦啦操区别于花球舞啦啦操、爵士舞啦啦操和街舞啦啦操，是结合其他风格与形式舞蹈的啦啦操，如具有民族舞风格特点的啦啦操。

二、啦啦操的基本要素

（一）口号

口号是啦啦操的基本内容，也是啦啦操的基本特征。啦啦操成套动作的时长一般为 2 min 30 s，其中必须包含一组时长为 30 s 的口号，口号的前后有 5 s 的宽容度。口号可以安排在成套动作中靠前的位置、中间或靠后的位置，一般放在成套动作的中间。口号的基本要求如下。

（1）口号要能够体现团队积极向上的精神面貌。

（2）口号的内容可以是参赛队伍的名称、吉祥物名称、学校名称、校训、国家名称，以及简短的用以激励人心、鼓舞士气的词语或名言等。口号中避免使用发音复杂、难以提高音量的词语，或晦涩、易产生歧义的词语。

（3）喊出口号前要深呼吸，放松咽喉部位，在肺活量处于最大值时喊出口令，以产生最佳声音效果。

（4）口号喊出时要简短有力、声音洪亮，用自己的热情感染观众。

（二）音乐

音乐是声音的艺术，有着独特、系统、完整的结构和完备的表达方式与方法。音乐作为啦啦操的一个重要组成部分，在啦啦操中起到了烘托气氛与激发灵感的作用。啦啦操的动作在音乐的衬托下，更加具有生命力与艺术性。如果说动作构成了啦啦操的原始竞技冲动，那么音乐则为啦啦操注入了灵魂，并促使运动员将内心的情感表现出来。

扫一扫

啦啦操 32 手位操

（三）基本手位

啦啦操的手臂动作主要以肩关节为轴，其动作要领如下：手臂伸展时应直臂，弯曲时应有一定的角度，手形多为握拳；动作要完成得清晰、有力，即在最短的时间内完成向下一个动作的转变，转变过程中不得有多余的无控制形态出现，手臂到达下一个动作所规定的位置时不能有明显的晃动；手臂动作应在移动迅速、定点准确的基础上，以拳带动发力，选择最短的路线到达下一个动作所规定的位置。啦啦操的 32 个基本手位如图 9-11 所示。

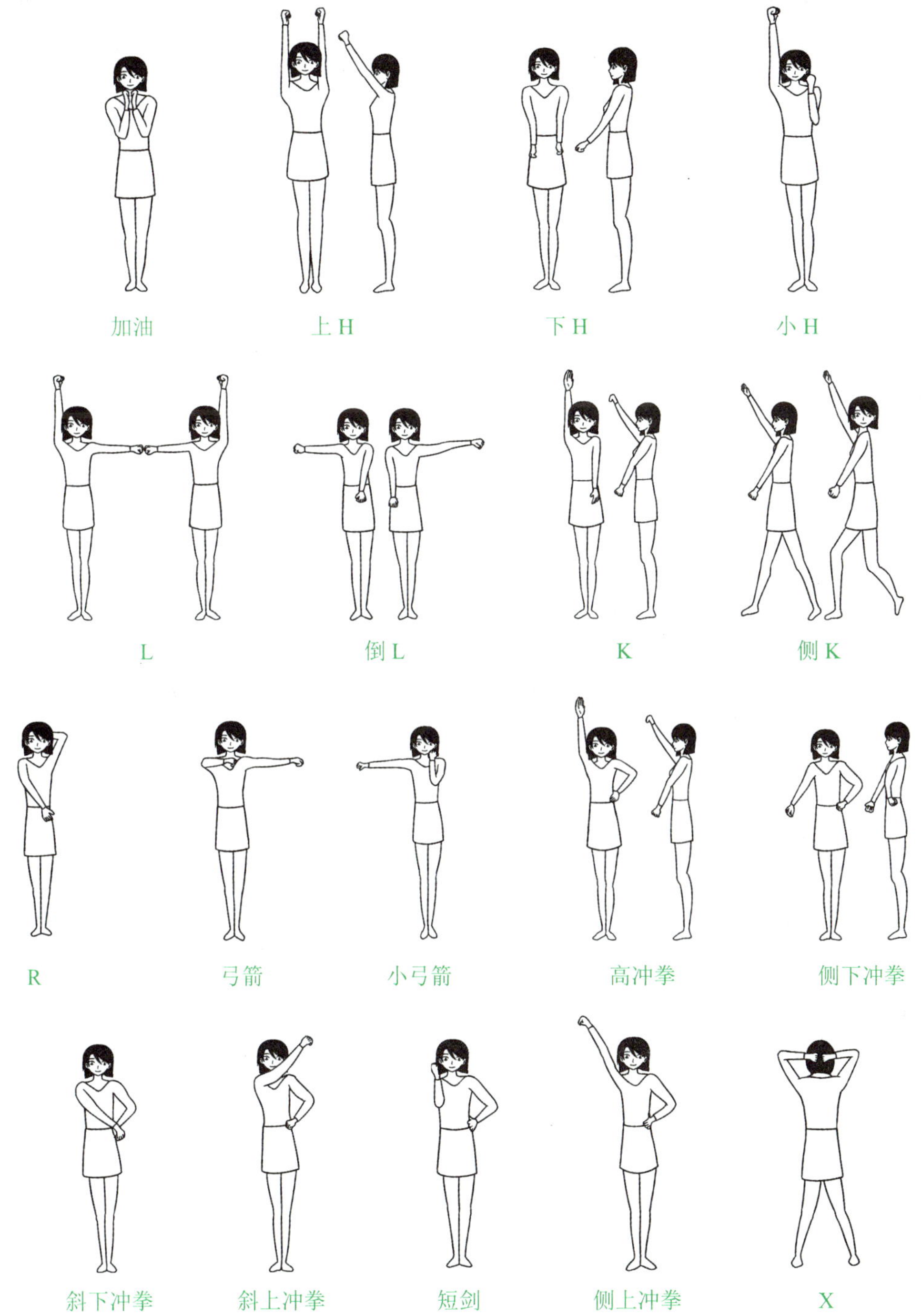

图 9-11 32 个基本手位

（四）身体姿态

在健美操动作中，从头部到髋部的躯干通常是保持端正姿态；而在啦啦操动作中，尤其是在舞蹈啦啦操中，从头部到髋部的躯干动作很多，对胸部、腰部的柔软度和协调性要求较高，要求运动员用身体的每个关节和肌肉来展示这项运动的激情与活力。

（五）步法

啦啦操的步法跟手位一样，要求在最短时间内到达动作所规定的位置，且发力、制动迅速，还要求踝关节始终保持收紧状态，每个步法要清晰而有力。啦啦操常见的步法有锁步、吸腿站立、弓步和侧弓步等。

三、场地与器材

（一）场地

（1）大型啦啦操比赛在体育馆内举行。比赛场地不小于 40 m×25 m，高度至少 10 m。馆内应有空调和通风设备，室温控制在 25 ℃左右为宜。馆内灯光亮度不低于 1 000 lx，白天不能有阳光直射场地；馆内要有大型电子显示屏。比赛场馆附近应有面积为 300 m^2 左右、高度不低于 8 m 的练习场地，供运动员赛前练习使用。

（2）啦啦操比赛场地和观众席之间的距离应在 6 m 以上。在场地允许的情况下，可在比赛场地正前方（往裁判台方向）5 m 处设置亲友加油区。

（3）裁判台分为 3 层，第 1 层不低于 80 cm，第 2 层和第 3 层依次递增 40 cm，每层宽度不少于 1.5 m。裁判席总长不少于 25 m。

（二）器材要求

（1）比赛场地内摆放一张国家体育器材认证部门认证的符合安全标准的比赛地垫（尺寸为 16 m×16 m），地垫上以白色线条划定比赛核心区域（14 m×14 m），并设置中心标志。

（2）比赛场地的音响系统安装完毕后，需要测试并调节音量，音量不得高于 80 dB。

第三节　瑜伽

瑜伽，也称“健身瑜伽”，是指通过姿势锻炼的体位法、有意识地调节呼吸、冥想静定等方法开展的健身活动。瑜伽有利于增强身体的延展性，改善情绪，减缓压力，促进心理健康，是体育养生的重要组成部分。

一、瑜伽的呼吸方法

瑜伽的呼吸方法包括胸式呼吸、腹式呼吸和完全式呼吸。练习瑜伽呼吸可以按摩内脏，刺激腺体，达到保健的目的。

（一）胸式呼吸

胸式呼吸又称“肋间肌呼吸”。锻炼者可选择以瑜伽坐姿或仰卧姿势作为预备姿势，然后进行练习。胸式呼吸的方法如下。

（1）将双手放在肋骨两侧，不要施加压力，并保持骨盆中立位。

（2）吸气，收缩腹部。在保证腹腔壁内收的前提下，感受两侧肋骨升高并向两侧推出。

（3）呼气，腹腔壁持续内收，感受两侧肋骨回落。

（4）在吸与呼的过程中始终收缩腹部，感受两侧肋骨像一架手风琴那样向两侧扩张和收缩。

（5）做 8 个八拍胸式呼吸动作，1—4 拍吸气，5—8 拍呼气。

（二）腹式呼吸

腹式呼吸又称“横膈膜呼吸”。锻炼者可选择以瑜伽坐姿或仰卧姿势作为预备姿势，然后进行练习。腹式呼吸的方法如下。

（1）将双手轻放在肚脐部位，不要施加压力。吸气时，感受气沉肺底，横膈膜下沉使腹内脏器下沉，接着小腹鼓起，双手被小腹抬起。

（2）呼气时，横膈膜缓慢复位，小腹回落。当气将呼尽时双手微向下施压，感受肚脐内收并上提，彻底呼尽肺底残留气体。

（3）做 8 个八拍腹式呼吸动作，1—4 拍吸气，5—8 拍呼气。

（三）完全式呼吸

完全式呼吸又称“胸腹式呼吸”。锻炼者可选择以瑜伽坐姿或仰卧姿势作为预备姿势，然后进行练习。完全式呼吸的方法如下。

（1）慢慢吸气，腹部鼓起，然后继续吸气至肋骨扩张，锁骨上推，肩稍耸。

（2）慢慢呼气，肩放平，锁骨下移，肋骨回落，肚脐内收上提。

（3）做 8 个八拍完全式呼吸动作，1—4 拍吸气，5—8 拍呼气。

二、瑜伽拜日式

瑜伽拜日式是一套瑜伽动作，由 12 个瑜伽姿势组成，动作顺序为祈祷式—展臂式—前屈式—骑马式—山岳式—八体投地式—眼镜蛇式—山岳式—骑马式—前屈式—展臂式—祈祷式。其中，最后 5 个动作与开始 5 个动作的动作要领相仿，只是出现的顺序不同。

（一）祈祷式

祈祷式能使锻炼者保持精神集中和心态平和的状态。

动作要领如下：挺身直立，双脚并拢，双手胸前合掌，目视前方，调匀呼吸，如图 9-12 所示。

（二）展臂式

展臂式能伸展腹部脏器，减少腹部多余脂肪，改善消化系统的功能，还能锻炼手臂肌肉和肩部肌肉，刺激脊神经。

动作要领如下：双手向上举过头顶，手臂伸直，上体朝后仰，如图 9-13 所示。

图 9-12　祈祷式

图 9-13　展臂式

（三）前屈式

前屈式不仅能减少腹部多余脂肪，改善消化系统的功能，有助于缓解便秘，还能刺激脊神经。

动作要领如下：上体向前屈，双手触地；双膝保持伸直，尽量用前额抵住双腿，如图 9-14 所示。

（四）骑马式

骑马式能按摩腹部器官，锻炼腿部肌肉。

动作要领如下：左脚保持不动，屈左腿，同时右脚尽量向后伸，脚背着地；两臂伸直，两手置于左脚两侧；身体重量由两手、左脚、右膝和右脚趾来支撑；头向后仰起，背呈反弓形，向上凝视。如图 9-15 所示。

图 9-14　前屈式

图 9-15　骑马式

（五）山岳式

山岳式能锻炼手臂肌肉和腿部肌肉，刺激脊神经。

动作要领如下：双腿并拢伸直，脚跟尽量触地；两手臂撑地，臀部上顶，低头，使身体和地面呈三角形。如图 9-16 所示。

（六）八体投地式

八体投地式能锻炼手臂、腿部和胸部的肌肉，刺激脊神经。

动作要领如下：屈肘，胸部向前、向下移动；身体放低，使双脚脚趾、双膝、胸部、双手和下巴触地，髋部和腹部抬离地面。如图 9-17 所示。

图 9-16　山岳式

图 9-17　八体投地式

（七）眼镜蛇式

眼镜蛇式能拉伸腹部肌肉和颈部肌肉，刺激脊神经。

动作要领如下：双臂伸直，抬起上体，头朝后仰，尽量使髋部离开地面，如图 9-18 所示。

图 9-18　眼镜蛇式

（注：上述动作做完为完成了上半轮动作，下半轮继续做山岳式、骑马式、前屈式、展臂式和祈祷式，下半轮动作至骑马式时，应伸展左腿、屈右腿）

学练提示

（1）练习瑜伽时，不要一开始就做高难度的动作，以免造成运动损伤。最好先做一些瑜伽暖身动作，循序渐进。

（2）练习瑜伽时，要保持室内相对安静，空气流通。穿着宽松，光脚在瑜伽垫上练习，不要在太软的床上练习。

（3）练习瑜伽时，不一定要完全按照教授者的示范动作完成，练习者能够记得多少动作就做多少。动作的顺序也不是一成不变的，只要保持呼吸的平稳和心态的平和就可以。

（4）练习瑜伽时，每个动作都要保持3～5次呼吸。练习瑜伽后应该感觉心情的愉悦而不是身体酸累，甚至痛苦。

（5）瑜伽不一定每天都要做，只有在练习者心情好、身体感觉好、时间空闲时做瑜伽，才会事半功倍。

强体筑梦

带出“大山健美操队”的体育老师

比赛将近尾声，在完成了一系列旋转、跳跃、托举等高难度动作后，一群身穿红蓝相间比赛服的孩子不断踏步，变换出结束队形，灿烂的笑容逐渐晕开在一张张认真的小脸上；台下，正举着手机拍摄的夏蒙星松了一口气，冲他们竖起了大拇指。

这是夏蒙星率浙江省台州市天台县三合镇中心小学健美操训练队征战赛场的第7年。7年里，夏蒙星先后获评全国优秀教练员、浙江省优秀裁判员、台州市学科带头人、台州市骨干教师、市县教学能手、市优秀青年人才，入选2021年乡村优秀青年教师培养奖励计划……

2014年，夏蒙星从台州学院体育教育专业毕业，进入三合镇中心小学担任体育老师，同时执教健美操训练队。夏蒙星也在山里长大，从小体质就好，中学后懵懵懂懂地练田径，直到大学，才发现自己被健美操深深吸引。她在成年后才开始拉韧带，虽然辛苦，但因为喜爱，她甘之如饴。“我想给乡村的孩子打开一扇窗，让他们早点接触系统的健美操训练，帮助有能力的孩子走上专业道路，走向更好的未来。”这就是夏蒙星的心愿。

前路漫漫，始终如一的是一位乡村女教师对工作的热爱。百余名乡村孩子在她的悉心指导下，走上更大的舞台，走向更广阔的世界。

（资料来源：新华社，有改动）

第十章　冰雪运动

知识目标

- 掌握单板滑雪的基本技术，熟悉单板滑雪的场地、装备和比赛规则。
- 掌握越野滑雪的基本技术，熟悉越野滑雪的场地和装备。
- 熟悉越野滑轮的基本技术，了解越野滑轮的场地和装备。
- 掌握速度滑冰的基本技术，熟悉速度滑冰的场地和装备。
- 熟悉速度滑轮的基本技术，了解速度滑轮的场地、装备和比赛规则。
- 熟悉冰球运动的基本技术和基本战术，了解冰球运动的场地、装备和比赛规则。

素质目标

- 弘扬奥林匹克精神，增强民族的自信心和凝聚力。
- 在冰雪运动比赛中，能够遵守比赛规则，提高自我约束能力。

第一节　单板滑雪

单板滑雪（见图 10-1）是指双脚固定在一块雪板上，在规定的山坡路线上滑行或做跳跃、旋转等各种技巧的运动。单板滑雪起源于 20 世纪 60 年代中期的美国，其产生与滑板和冲浪运动有关。1983 年，单板滑雪世界锦标赛开始举办，1998 年，单板滑雪成为冬季奥运会比赛项目。单板滑雪比赛有男女平行大回转、U 型场地技巧、障碍追逐、大跳台、坡面障碍技巧、障碍追逐混合团体等 11 个项目。

图 10-1　单板滑雪

一、装备

单板滑雪的装备（见图 10-2）主要包括雪板、滑雪鞋、固定器、滑雪服、滑雪帽、头盔、滑雪镜、滑雪手套等。

图 10-2　单板滑雪的装备

（一）雪板

1. 雪板类型

根据雪板底部形状的不同，单板滑雪的雪板（见图 10-3）一般可分为以下三类：① 正拱板型的雪板。其底部凸起呈正拱形，板身重量分布均匀，滑行时稳定性高，弹性足，但灵活性较低，容易卡刃，适用于专业滑雪者。② 反拱板型的雪板。其底部下凹呈反拱形，滑行时灵活性较高，不容易卡刃，但稳定性较差，弹力有限，弹性有限，在高速滑雪时容易打滑，适用于初学者。③ 平底板型的雪板。其底部呈水平状，只有板头板尾部分拱起，这种版型的雪板适用于多种场景，但其稳定性不如正拱板型的雪板，灵活度不如反拱板型的雪板，适用于初学者。④ 混合版型的雪板。其底部为正拱形和反拱形的结合形状，可能为两个正拱形加一个反拱形，也可能为两个反拱形加一个正拱形，这种版型更具有趣味性，适用于初学者。

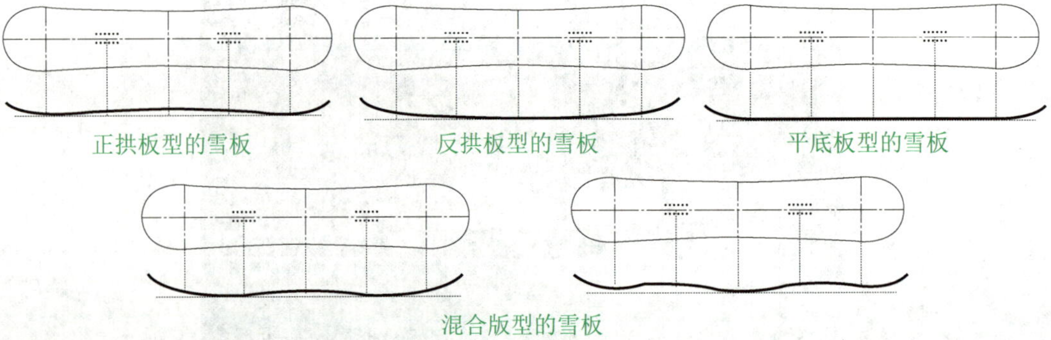

图 10-3　单板滑雪的雪板

2．雪板长度

合适的雪板长度要与滑雪方式、滑雪者的身高和体重相匹配，大多数人需要的雪板长度应该为站立时从地面到下巴或嘴唇附近的距离。此外，偏胖的滑雪者可以用稍长的、质地更坚硬的雪板，稍瘦的滑雪者可用稍短的、质地更软的雪板。

3．雪板宽度

宽度是挑选单板的另一个非常重要的因素。基本原则如下：当人站在雪板上时，滑雪鞋的边缘应该与雪板边缘齐平或稍稍超过边缘。通常来说，女性和脚小的男性要用窄雪板，脚大的男性则要用宽雪板。

（二）滑雪鞋

滑雪鞋从软到硬可以分为 1～10 等级，硬度在 5 以下的滑雪鞋适用于花样滑雪，硬度为 6 或 7 的滑雪鞋适用于在雪道内滑雪的场景，硬度为 7 或 8 的滑雪鞋适用于除公园外所有场景，硬度为 9 或 10 的滑雪鞋适用于高速滑行、越野滑雪等场景。

滑雪鞋的选择标准是使人感到舒适，脚趾在鞋中能活动自如，且脚掌、脚背、脚弓、脚跟能被紧紧裹住。

（三）固定器

固定器又称“脱离器”，是连接雪板和滑雪鞋的一个重要部件，对滑雪者的人身安全起着重要的保护作用。固定器大都包含前后两部分：前部的固定器主要固定滑雪鞋的前部，使滑雪鞋不会左右移动；后部的固定器除可以前后移动外，还可以上下扳动，扳动力的大小可通过后部固定器上的旋钮来调节。当受到的冲击力超过设定的数值时，固定器向上抬起，雪板与滑雪鞋自动分离，可保证滑雪者的安全。

值得注意的是，滑雪者需要根据雪鞋的尺寸来确定固定器的大小。

（四）滑雪服

滑雪服应该具备防水、防风和保暖的特点，通常滑雪服的腋下、大腿内侧等部位会设有拉链，以增加透气性。滑雪者在选择滑雪服时，应选择较为宽松的款式，不能过小或过紧，以免限制肢体活动。

（五）滑雪帽

滑雪帽应以保护耳部、轻便、不影响视野为宜，一般用弹性较好的细绒线织成。如果滑行中感觉冷风对脸部的刺激太强烈，可选择一个只露出双眼的头套，再加一个全封闭型滑雪镜，则可将面部完全罩住，能有效阻止冷风对面部的侵入。

（六）头盔

单板滑雪时最好佩戴头盔，以有效防止头部受伤。

（七）滑雪镜

由于雪地对阳光的反射十分强烈，以及滑行中冷风对眼睛的刺激较强，所以滑雪者需要用滑雪镜来保护眼睛。一般来说，滑雪镜应具备以下几个功能：① 能避免冷风对滑雪者眼睛的刺激。② 能防止紫外线对滑雪者眼睛的刺激。③ 镜面不能起雾。④ 滑雪者跌倒后，滑雪镜不能对其面部造成伤害。

（八）滑雪手套

在单板滑雪运动中，滑雪手套的主要作用是保暖、防寒。滑雪手套一般用天然皮革和合成材料制成，外层须防水面料。

二、基本技术

（一）基本姿势

全身放松，自然站立，略微屈膝，小腿靠在单板滑雪鞋前舌上，身体重心落在两脚中间。

（二）起滑姿势

在基本姿势的基础上，按固定脚（前脚）固定器角度旋转腰部，将身体重心移到固定脚上，视线与板头方向保持一致，如图 10-4 所示。

图 10-4　起滑姿势

（三）后刃斜滑降

从基本姿势转变成起滑姿势，身体重心移到固定脚脚跟，持续加大固定脚的立刃幅度和蹬雪力量，使雪板向斜下方滑行，如图 10-5 所示。

图 10-5　后刃斜滑降

（四）前刃斜滑降

从基本姿势转变成起滑姿势，身体重心移到固定脚脚尖，持续加大固定脚的立刃幅度和蹬雪力量，使雪板向斜下方滑行，如图 10-6 所示。

图 10-6　前刃斜滑降

（五）后刃波浪练习

在后刃斜滑降的基础上，持续加大固定脚外侧的蹬雪力量，加大斜滑角度，待即将不能控制身体时，降低身体重心，活动脚脚跟推出以减速。重复此动作可形成波浪轨迹，如图 10-7 所示。

图 10-7　后刃波浪练习

（六）前刃波浪练习

在前刃斜滑降的基础上，持续加大固定脚外侧的蹬雪力量，加大斜滑角度，待即将不能控制身体时，降低身体重心，活动脚脚尖推出以减速。重复此动作可形成波浪轨迹，如图 10-8 所示。

图 10-8　前刃波浪练习

（七）后刃转弯

在后刃波浪练习的基础上，持续加大固定脚外侧的蹬雪力量。待单板平行于雪道时，双腿小腿轻轻压在滑雪鞋的前舌上，使身体重心落在前刃上。屈膝降低身体重心的同时，活动脚脚尖推出以转弯，如图 10-9 所示。

图 10-9　后刃转弯

（八）前刃转弯

在前刃波浪练习的基础上，持续加大固定脚外侧的蹬雪力量。待单板平行于雪道时，屈膝下蹲，降低身体重心，使身体重心落在后刃上。同时，活动脚脚跟推出以转弯，如图 10-10 所示。

图 10-10　前刃转弯

三、场地与比赛规则

（一）场地

1．平行大回转的场地

平行大回转的线路长度在 400～700 m，宽度至少 40 m，标高差 120～200 m，一般设置 18～25 组旗门。根据旗门颜色的不同，赛道分为红旗赛道和蓝旗赛道（见图 10-11），两条赛道的长度、坡度和旗门位置应保持一致。

图 10-11　旗门赛道

2．U 型场地技巧的场地

U 型场地技巧比赛在一个 U 型雪槽中进行，雪槽的长度为 150～170 m，宽度为 19～22 m，深度为 6.7 m，坡度为 17°～18°。

3．障碍追逐的场地

障碍追逐比赛在一个含有不同回转、跳台、波浪道和其他地貌的赛道中进行。比赛场地的标高差 130～250 m，赛道长 1 050 m（±150 m），平均坡度为 12°（±2°），坡宽 40 m，赛道宽 6～16 m。

4．坡面障碍技巧的场地

坡面障碍技巧的场地由一系列障碍、跳台、杆、平台等构成，场地赛道标高差最少为150 m，平均坡度在12°以上，赛道宽度至少应为30 m，由6个及以上的赛段（地形+跳跃）、3个以上的跳台构成。

5．大跳台的场地

大跳台的场地分为助滑区、起跳台、着陆坡和终点区域四个部分。

（二）规则

1．平行大回转的规则

平行大回转属于竞速类项目，用时最短者获胜。比赛时，两名运动员同时出发，在平行设置的两个赛道上回转下滑通过一系列旗门，先行到达终点线的运动员为胜。

2．U型场地技巧的规则

U型场地技巧比赛时，运动员在U型滑道内，不停地从一侧滑向另一侧，边滑行边伴随音乐旋律做各种旋转和跳跃动作，动作一般为5～8个，最后由裁判员根据运动员的动作高度、难度和完成质量来判断成绩。U型场地技巧的得分规则如下。

（1）6名裁判对运动员完成动作的高度、回转、技巧、难度等整体效果评分。满分为100分，去掉最高分与最低分，对剩余4个得分求平均分，得出的结果即为该运动员本轮比赛的得分。

（2）运动员出现失误将被扣分。小的失误（扣1～10分）包括平落地、落至平台、推滑、轻微的手触雪以及身体不稳。中等失误（扣11～20分）包括完全停止、手张开之后拖雪、明显的手触雪、臀部轻微接触雪面以及落地后调整雪板滑行方向。重大失误（扣21～25分）包括臀部明显触雪、身体其他部位触雪以及完全摔倒。

（3）如果一名运动员在U型场地中停止10 s以上，其比赛即被终止，应该尽快离开场地。

（4）扣分是在运动员完成动作落地后所得分数的基础上扣除的。

3．障碍追逐的规则

障碍追逐属于竞速类项目，用时最短者获胜。比赛时，4名运动员为一组，滑行通过波浪道、雪坝、小跳台等一系列障碍，身体和雪板最先通过终点线者获胜。

4．坡面障碍技巧的规则

坡面障碍技巧比赛时，运动员以坡面、回转、旋转、跳跃等方式，通过由多种地形及障碍物组成的赛道，最先通过终点线者获胜。裁判对运动员完成动作的高度、回转、技巧、难度等整体效果评分，并对运动员的各种失误进行扣分。扣分是在运动员完成动作落地后所得分数的基础上扣除的。

5．大跳台的规则

大跳台比赛时，运动员从高处滑行而下，通过起跳台起跳，完成各种空翻、转体等技术动作后落地，以动作表现和难度取胜。裁判对运动员完成动作的高度、回转、技巧、难度等整体效果评分，并对运动员的各种失误进行扣分。

6. 障碍追逐混合团体的规则

障碍追逐混合团体比赛属于竞速类项目，累计用时最短的队伍获胜。比赛以 4 人为一组，每支参赛队伍由 2 名运动员组成，其中有 1 名男运动员和 1 名女运动员。各队男运动员先登场，完赛后，各队女运动员采用交替出发的方式开始比赛，率先抵达终点的女运动员所在队获胜。

第二节　越野滑雪

越野滑雪是指滑雪者以雪板和雪杖为工具，在山丘雪原上进行滑雪的一种竞技运动。越野滑雪起源于北欧，也被称为“北欧滑雪”。

在 1924 年，越野滑雪被列为首届冬季奥运会比赛项目，现设男子 10 km、15 km、30 km、50 km 和 4×10 km 团体接力赛，女子 5 km、10 km、15 km、30 km 和 4×5 km 团体接力赛。单项比赛以到达终点的时间确定名次。团体比赛以全体队员滑完全程的时间之和计算成绩并确定名次。

越野滑雪比赛涉及两种技术规则，即传统技术和自由技术。传统技术包括交替滑行、双杖推撑滑行、无滑行阶段的八字形踏步、滑降及转弯技术，不允许有双脚或单脚的蹬冰动作。自由技术包括全部的越野滑雪技术，自由技术比赛对技术动作没有限制。

一、场地和装备

（一）场地

越野滑雪比赛的场地对雪质、雪量和线路有严格的要求。越野滑雪的比赛线路是上坡、下坡和平地各占全程的 1/3，线路宽度通常为 4～5 m，雪地厚度约 10 cm，线路要尽量选择森林、山丘等地形丰富多变的地方，以保证运动员全面展示登山、转弯、滑行、滑降等技术。

越野滑雪的不同项目和滑行技术对线路设计的要求有所不同。传统技术比赛场地需要压制专用雪槽，两条雪槽分开的距离应为 17～30 cm，深度为 2～5 cm。自由式技术比赛线路的下坡地段要开设雪槽。所有线路均可使用 1 次以上，但 15 km 以内的比赛雪道主要线路的使用次数不能超过 2 次。冬奥会和世界锦标赛线路的最高点不得超过海拔 1 800 m，线路中用里程牌、方向标、方向旗和标志带指示和限定前进方向。

（二）装备

越野滑雪的装备除了滑雪服、滑雪手套、滑雪镜、滑雪鞋、固定器，还包括雪杖、雪板等，如图 10-12 所示。

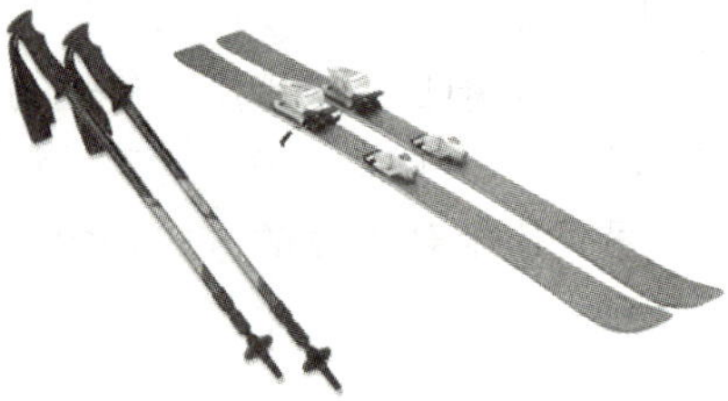

图 10-12　越野滑雪的装备

1．雪杖

雪杖是滑雪者用来支撑前进、控制平衡、引导变向的工具。雪杖的长度一般与滑雪者手臂下垂后肘部距地面的高度相同。初学者可选择长一点的雪杖，待技术提高后，再选择短一些的雪杖。雪杖上有配带，可套在手腕上，防止脱落。另外，雪杖底部有杖托和杖尖，不仅可以防止雪杖在雪里插得过深，还能在高速滑行的瞬间给滑雪者一个稳定的支点。

2．雪板

雪板由板头、板腰、板尾等部分构成，用来提高滑雪者在滑雪时的速度。

自由式雪板比较短，而传统式雪板比较长，板头比较小。此外，传统式雪板（见图 10-13）还有很明显的弓形弧线，底部光滑，滑行部分需要打上滑蜡，中间蹬动部分需要打上防滑蜡。

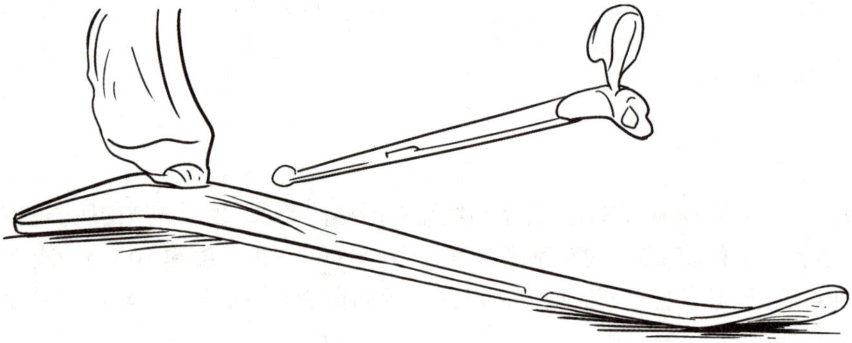

图 10-13　传统式雪板

滑雪者在选择雪板时可将其直立放置，其长度最长不应超过本人手臂上举时的手腕部高度，最短不应短于髋部高度。对于初学者来说，不适合选择较长的雪板，因为太长的雪板操作不便，不易于转向，不利于提高初学者的技术水平。此外，初学者还应选择弹性较大的雪板，这种雪板在遇到不平的雪面时不易颠簸，制动效果较好，操作起来比较容易。技术好的滑雪者可以选择长一点、弹性小一点、稍微重一些的雪板，其可以提高滑行中身体的稳定性。

学练提示

（1）在雪面上放置雪板时要注意以下两点：① 与滚落线垂直。② 双板保持平行。

（2）滚落线是指球形物体沿斜面滚动的路径。

二、基本技术

在越野滑雪运动中，雪坡一般分为五种：级缓坡（坡度为5°以下）、缓坡（坡度为5°及以上、10°以下）、中坡（坡度为10°及以上、20°以下）、陡坡（坡度为20°及以上、30°以下）和综合坡（含有多种不同坡度）。

（一）级缓坡上的滑行

在级缓坡上，滑雪者可通过雪上行走、推进滑行和蹬冰式滑行等，了解雪质，体会雪板、滑雪鞋的特点，逐步体会、适应滑行的感觉，并找到平衡感。

1. 雪上行走

滑雪者穿上滑雪鞋、固定好雪板后，可以进行雪上行走的练习。雪上行走是指用雪板摩擦雪面向前滑走，给人一种边走、边滑、边用雪杖支撑着前进的感觉，如图10-14所示。

图10-14 雪上行走

动作要领如下：① 在雪上行走时，滑雪者保持上体直立，身体重心适当前移，边滑边走。雪板不离开雪面。② 如同做摆臂动作一样，依次用两根雪杖支撑推进，注意不是用两根雪杖同时推进。雪杖支撑雪面的位置应在平行于对侧脚的脚后跟部位，向前迈脚时身体重心要随之前移。

2. 推进滑行

滑雪者既可在平地上推进滑行，又可在缓坡上推进滑行。推进滑行时，双板平行，双腿稍分开，稍屈膝，用双杖同时支撑前进，如图10-15所示。

图10-15 推进滑行

动作要领如下：① 保持稍屈膝，上体前倾，双杖同时向前摆动，杖尖在身体侧前方着雪。② 上体加大前倾幅度，双臂用力向后用雪杖支撑。③ 肘臂伸直，使雪杖充分后撑，身体重心下降，保持滑行姿势，快速前进。④ 收起雪杖时身体重心上升，准备第二次撑杖。

3．蹬冰式滑行

动作要领如下：① 上体稍前倾，膝关节微屈，双板平行，与肩同宽，两臂自然弯曲，使杖尖在身体侧后方着雪。② 左侧雪板与前进方向成 45°，左脚用力向侧后方蹬出。③ 左脚蹬伸结束后，抬脚使雪板离开雪面，身体重心落于右腿，向前方滑行，同时将左脚收回。右脚蹬伸动作与左脚相同。④ 练习时注意身体重心一定要落在蹬动腿，随着向侧后方的蹬伸，身体重心逐渐移到另一侧腿。

（二）登坡

登坡是指滑雪者穿着雪板登上山坡的技术动作，滑雪者可根据自身技术水平、雪质、坡度的大小等情况的不同而采用不同的登坡方法。

1．双板平行登坡（阶梯式登坡）

双板平行登坡适用于登各种坡面。滑雪者侧对登坡路线站立，用雪杖协助登坡，如图 10-16 所示。

图 10-16　双板平行登坡

动作要领如下：① 迈步时保持双板平行，步幅不要太大，身体重心随双板向上移动，可用雪杖协助支撑。② 用山上侧雪板外刃刻住雪面后，身体重心落于山上侧腿，接着山下侧腿向山上侧腿靠拢，并用雪板内刃刻住雪面，再进行第二步的登行。

2．八字形登坡

八字形登坡适用于登缓坡、中坡。滑雪者面对登坡方向，两块雪板呈倒八字形、立刃状态，垂直向上登行，如图 10-17 所示。

动作要领如下：① 面对山坡站立，用双板内侧刃刻住雪面，身体前倾，向前上方迈步，移动雪板。② 步幅不宜过大，防止板尾交叉。③ 可用迈出腿一侧的雪杖协助支撑。④ 向上登坡时，注意身体重心的移动。

图 10-17　八字形登坡

（三）原地变向

原地变向是指滑雪者在平地或坡面上改变方向。原地变向的方法有很多，下面主要介绍难度较低的板头、板尾展开变向和 180°变向。

1．板头、板尾展开变向

板头展开变向和板尾展开变向合称“原地踏步变向”，适用于较平坦的雪面上的变向。这两种变向方法很相近，如图 10-18 所示。

板头展开变向

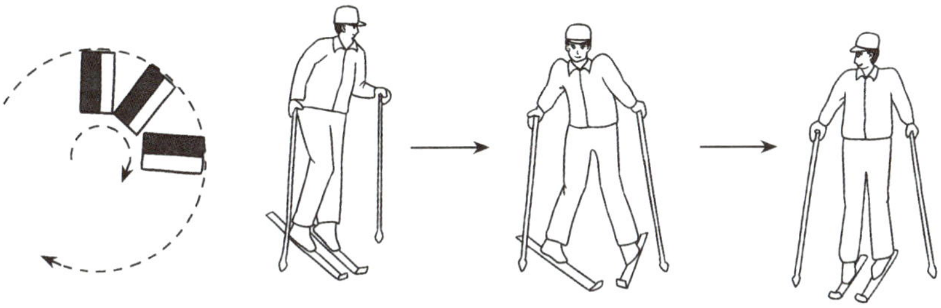

板尾展开变向

图 10-18　板头展开变向和板尾展开变向

动作要领如下：① 无论是运用板头展开变向还是运用板尾展开变向，滑雪者都要注意雪杖支撑的位置。运用板头展开变向时，雪杖支撑的位置应在滑雪者体后；而运用板尾展开变向时，雪杖支撑的位置应在滑雪者体前。② 雪板展开距离不易过大。③ 在展开雪板时，滑雪者要将身体重心落于支撑腿。

2．180°变向

180°变向多用于中坡和陡坡上的变向。因一次变向可转 180°，所以该技术的特点是变向速度快，具有相当大的实用价值，如图 10-19 所示。

图 10-19　180°变向

动作要领如下：① 双板平行，双杖在体前支撑。② 身体重心落于左腿，右板（右侧雪板）抬起，保持直立，双杖移至体侧支撑。③ 上体右转的同时，直立的右板以板尾为中心向右下方转并着地。④ 在落右板的同时，右侧雪杖移至右板外侧支撑。⑤ 身体重心移至右腿，左侧雪板和左侧雪杖抬起，移向右板内侧。⑥ 双杖在体前支撑。

（四）停止法

停止的关键是使雪板与前进方向成一定角度或完全侧对前进方向，从而加大雪板与雪面的摩擦力。滑雪时停止的方法有很多，下面介绍一种非常简单的犁式停止法（见图 10-20）。

动作要领如下：① 在滑降中脚尖相对，使两块雪板呈八字形。② 身体重心后移，臀部往后坐，同时两块雪板尾部蹬开，立刃滑行，加大雪板的刮雪力量。③ 逐渐加大两块雪板尾部的角度，以及雪板的刮雪力量，直至停止。

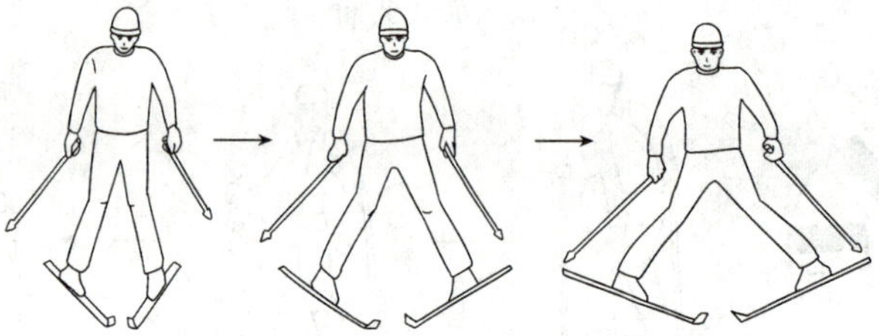

图 10-20　犁式停止法

（五）安全摔倒姿势

为了有效防止因摔倒而引起的创伤，对滑雪者来说，掌握安全摔倒的方法及摔倒后安全站起的方法至关重要。

1. 安全摔倒与站起

滑雪者即将摔倒时，尽量不挣扎，迅速屈膝降低身体重心，两臂自然伸展，臀部向山上侧坐；两块雪板稍举起，防止发生滚动；在完全停止前，勿伸腿使雪板某一部分着雪，应保持稍团身姿势，如图 10-21 所示。

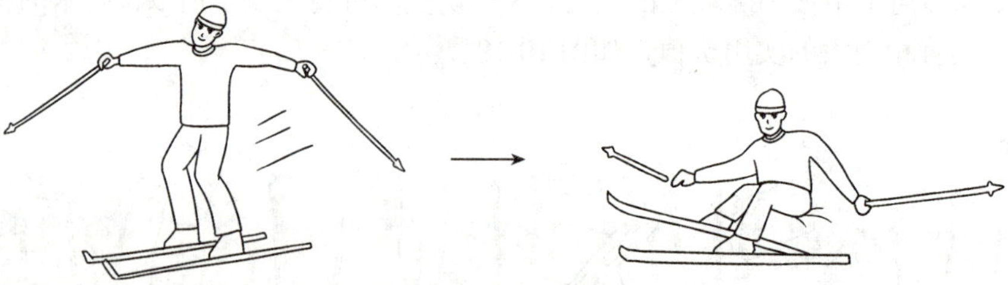

图 10-21　安全摔倒方法

滑雪者摔倒后要站起来时，先要弄清自己的头朝什么方向，再移动身体使头朝山上方向，雪板朝山下方向，身体保持侧卧状态，然后抬起上体呈侧坐姿势。收起雪板时，使雪板侧对山下方向，并尽量使雪板靠近臀部，然后用雪板刃刻住雪面，再用手或雪杖支撑站起，如图 10-22 所示。其中，(a) 适用于技术比较好的滑雪者用雪杖站起的情况，(b) 适用于初学者摔倒后站起的情况，(c) 适用于滑雪者在深雪处摔倒后站起的情况。

（a） （b） （c）

图 10-22 摔倒后站起的方法

2．危险的摔倒姿势

在滑雪过程中，固定器没调节好或滑雪技术掌握得不熟练，都会导致滑雪者摔伤。图 10-23 给出了四种常见的摔倒姿势，其中，（a）表示滑雪者正对前进方向摔倒，以膝触地，易造成膝部扭伤；（b）表示滑雪者摔倒后雪板交叉，其稍微滚动便会造成扭伤或骨折；（c）表示滑雪者在山坡上摔倒后继续滑行，可能造成撞伤；（d）表示滑雪者下滑速度较快，其为了停下来试图在摔倒前用雪杖在前方支撑，这是非常危险的动作。

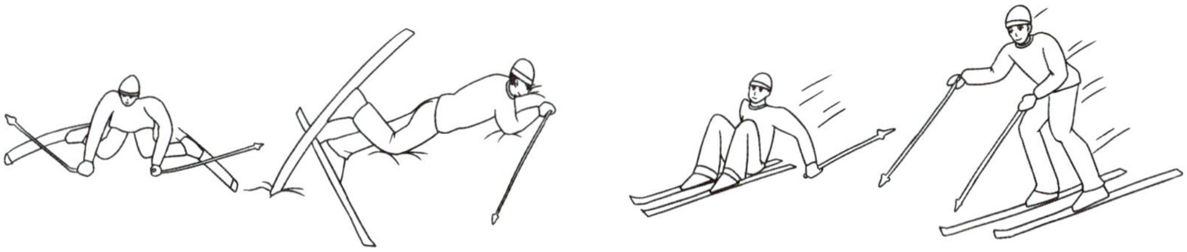

（a） （b） （c） （d）

图 10-23 四种常见的危险摔倒姿势

学练提示

（1）摔倒后，如果雪板脱落，要注意观察身后是否有人从山上滑下，避免与之相撞。拾回雪板后到雪道边穿板，再恢复滑行。

（2）视力不好的滑雪者滑雪时不要戴隐形眼镜，因为隐形眼镜掉落后很难找回。滑雪者应尽量佩戴由树脂镜片制成的框架眼镜，这种眼镜在受到撞击后不易碎裂。

三、常用的滑降技术

滑降的基本技术主要包括直滑降、犁式滑降、斜滑降和横滑降，如图 10-24 所示。其中，（a）是直滑降示意图，（b）是犁式滑降示意图，（c）是斜滑降示意图，（d）是横滑降示意图。

（a） （b） （c） （d）

图 10-24 常用的滑降技术

学习滑降技术主要是掌握滑降的基本姿势、基本动作、用刃方法、用力顺序等。滑雪者只有反复练习，才能够适应在不同坡度、不同雪质上的移动节奏，提高在不同速度下对雪板的控制力。下面介绍滑降技术中最常用的直滑降和犁式滑降。

（一）直滑降

直滑降（见图 10-25）是指双板平行从坡上直线滑下的技术。通过练习直滑降，滑雪者可以提高对坡度的适应能力及对雪板的控制能力。

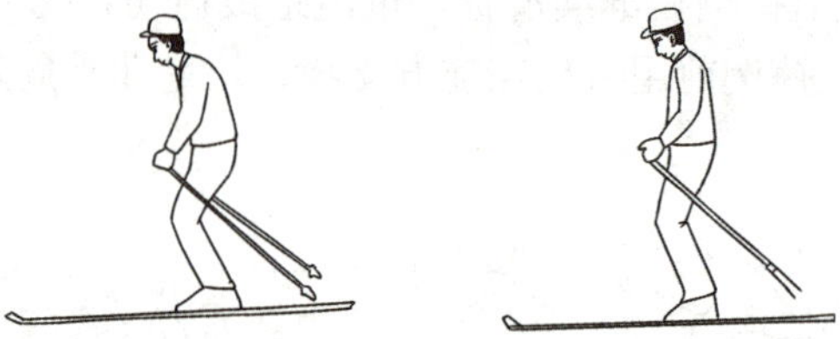

图 10-25 直滑降

动作要领如下：① 双板平行稍分开，身体重心落于两腿间。② 上体稍前倾，髋关节、膝关节、踝关节稍屈，身体稍微下蹲，保持稳定的状态，腿部保持可随时屈伸的状态。③ 两臂自然垂放于体侧，肘稍屈，肩部应一直处于放松的状态。④ 目视前方，观察场地及前方情况，不要低头看雪板。

图 10-26（a）所示的三种姿势是滑雪者直滑降时随着外界条件变化而变化的正确姿势；图 10-26（b）所示的三种姿势是错误的，滑雪者要尽量避免这三种姿势。

（a） （b）

图 10-26 直滑降时的正确姿势和错误姿势

练习方法：① 不持雪杖，从缓坡上滑下，注意保持正确姿势。② 在滑降中做身体重心前后移动的练习，或变换高、中、低姿势向前滑行。③ 在滑降中完成左、右轻微转体。④ 在滑降中做双板平行直线滑行练习。⑤ 在滑降中提起一侧雪板，使其离开雪面，另一侧雪板保持直线滑行。⑥ 在不同坡上进行滑降练习，以适应不同坡度及雪质的变化。⑦ 在滑降中双脚同时轻轻地跳起，落地后注意保持正确姿势和双板平行。

（二）犁式滑降

犁式滑降是指滑雪者从山上直线滑下，使两块雪板呈八字形的滑降技术。滑雪者在滑降过程中可以通过调节两块雪板角度的大小和改变立刃的程度来控制速度。

犁式滑降时雪板的不同位置及雪板滑出的不同雪痕如图 10-27 所示。其中，（a）表示板尾展开角度较大的犁式滑降的雪板位置及雪痕，也表示从直滑降到板尾展开角度较大的犁式滑降的变化过程；（b）表示板尾展开角度较小的犁式滑降的雪板位置及雪痕，也表示从直滑降开始到板尾展开角度较小的犁式滑降的变化过程；（c）表示滑雪者犁式滑降时变换板尾展开角度的大小，从而滑出的雪痕。

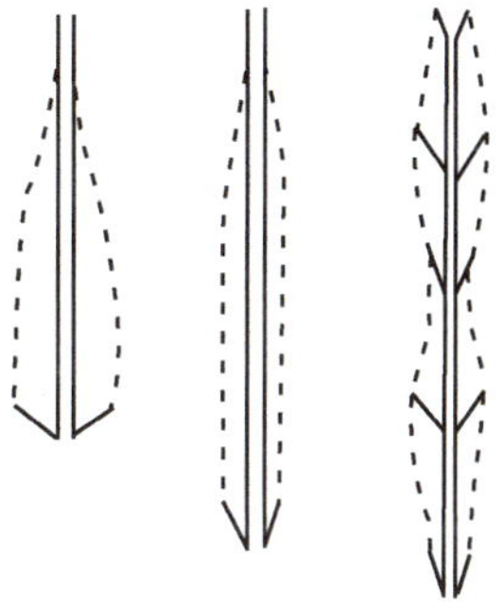

图 10-27　犁式滑降时雪板的不同位置及雪板滑出的不同雪痕

通过学习犁式滑降技术，滑雪者主要掌握板尾蹬开的动作、滑降中用刃的动作、正确的身体姿势，以及提高对方向、速度的控制水平。

动作要领如下：① 双膝稍屈并内扣，身体重心落于两脚间。两脚跟同时向外推开板尾，使两块雪板呈八字形。② 上体稍前倾，双臂及肩部放松，两手握杖，自然地将雪杖置于体侧，杖尖朝后。③ 眼睛向前看，不要低头看雪板。

练习方法：① 从直滑降开始，转为犁式滑降，直至停止。② 练习小角度、中角度、大角度犁式滑降，体会三种犁式滑降姿势的不同，如图 10-28 所示。③ 按直滑降、小角度犁式滑降、中角度犁式滑降、大角度犁式滑降的顺序练习。④ 在犁式滑降中板尾展开的大小不变，体会用刃的感觉，以及雪板刮雪力度的变化。⑤ 用屈膝和伸膝两种姿势进行犁式滑降练习。

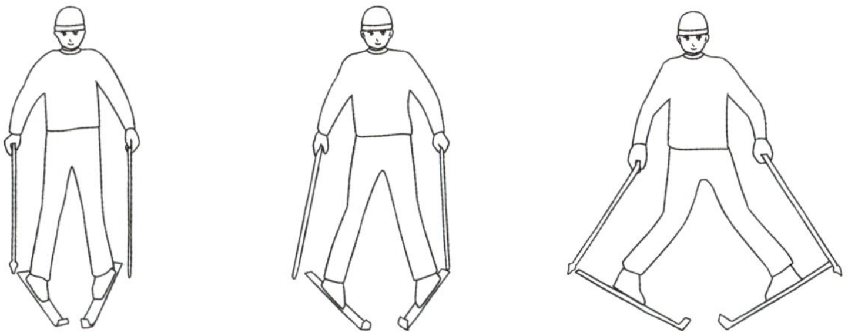

图 10-28　犁式滑降的三种姿势

四、犁式转弯技术

转弯技术是滑雪技术中的重点和难点。在下滑过程中，滑雪者要想改变方向，必须依靠改变雪板的刮雪力度，同时使身体重心向弯道弧内移动来完成，如图 10-29 所示。转弯技术有很多种，下面仅介绍最基础的犁式转弯技术。

犁式转弯技术要求滑雪者脚尖相对，使两块雪板尾部分开、呈八字形，在下滑过程中依靠身体重心向一侧雪板移动、加大另一侧雪板的立刃幅度或蹬雪力量来改变方向。犁式转弯技术虽然是基础转弯技术，但是有着相当高的实用价值，并且有利于滑雪者掌握其他雪上转弯技术。

动作要领如下：滑雪者在犁式滑降姿势的基础上，将身体重心逐渐向一侧雪板上移动，便可自然转弯。此外，单侧腿用力蹬伸也会形成自然转弯。

图 10-30 表示一个完整的犁式转弯动作。其中，（a）表示滑雪者脚尖相对，使两块雪板尾部分开，将身体重心向左侧雪板移动，进入自然转弯状态；（b）与（c）表示进入弯道后，板尾展开动作结束，身体重心依旧在左腿上，上体稍向内扭转，两块雪板渐渐滑向垂直落下线；（d）表示正对垂直落下线的滑行方向，此时滑雪者应将身体重心逐渐向右侧雪板上移动，开始准备向相反方向转弯。

图 10-29　转弯时重心与弧的关系

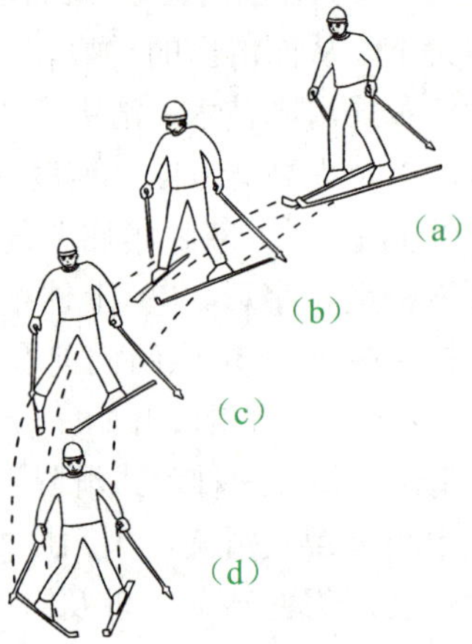

图 10-30　犁式转弯动作

第三节　越野滑轮

越野滑轮是在平坦或泥泞的地面上使用滑轮滑行，通常不需要雪，并且可以在夏季进行。

一、场地和装备

越野滑轮相对越野滑雪来说，更适合初学者或休闲运动爱好者，其对场地的要求较低，但需要注意以下几点。

（1）越野滑轮场地应尽可能保持平整，如果有石头或树根等障碍，需要进行清理或标识。

（2）越野滑轮场地应远离交通流量大的道路和人口密集区域，确保安全。

（3）越野滑轮不应对环境造成破坏，尽可能选择已开辟的小路或者专门的越野滑轮场地，不要在自然保护区或其他封闭区域滑行。

越野滑轮所需的装备（见图 10-31）包括滑轮鞋，手杖，滑板，以及头盔、护腕、护肘、护膝等保护装备。

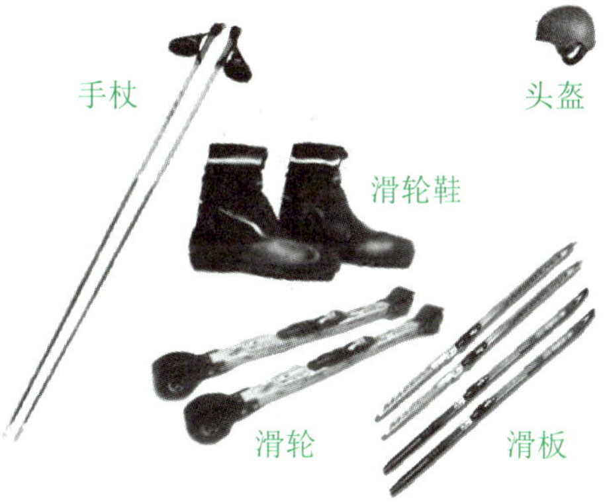

图 10-31 越野滑轮所需的装备

二、基本技术

越野滑轮是越野滑雪的陆地训练方式，在动作要领、技术要求等方面与越野滑雪运动基本一致。下面介绍几种常见的越野滑轮技术。

（一）准备练习活动

准备练习活动可以分为以下四种。

1. 原地踏步练习

动作要领如下：在热身后，挫轮带杖（将手杖顶端的腕带套在手腕上），原地踏步 1—8 个节拍 4 遍。

2. 单脚支撑练习

动作要领如下：把身体重心落在一只脚上，保持 5 s 钟，然后换成另一只脚。练习 3 组或 4 组。

3. 原地时钟走练习

动作要领如下：先按顺时针走 1—8 个节拍 2 遍，再按逆时针走 1—8 个节拍 2 遍。

4. 横向走练习

动作要领如下：抬杖挫轮，学习横向走动，先向右边走 1—8 个节拍 2 遍，再向左边走 1—8 个节拍 2 遍。

（二）两步交替滑行技术

两步交替滑行技术（见图 10-32）是指运动员的双脚与双手交替，各做两次蹬动及撑杖动作而构成的一个周期性滑行技术，也是在传统技术中利用率最高的滑行技术。

两步交替滑行可分为单脚滑行阶段、双脚交换支撑阶段和双手臂前摆与后推杖加速阶段。

图 10-32　两步交替滑行技术

1. 单脚滑行阶段

上体收腹含胸并向前倾，下肢略弯曲，两腿与肩同宽平行站立。支撑腿自由滑进，转入停板期，立刻伸直膝关节，开始蹬动。腿部用力几乎是垂直向下，膝关节蹬直时用力最大。蹬动时，尽量使全脚掌用力。

2. 双脚交换支撑阶段

摆腿蹬动结束时，将小腿适当地抬高，加快摆腿的速度可产生更大的动能，有利于前冲。摆腿与对应手的撑杖动作几乎同时开始，向前摆腿时，支撑腿应积极地向前送髋，这样既可以提高摆腿和蹬动的幅度，又不会使身体重心滞后。

3. 双手臂前摆与后推杖加速阶段

上体前倾，手杖前撑，虎口向上，肘关节自然弯曲 120°左右。支撑时要以肩关节为轴，前臂带动上臂。前摆时，手杖顶端与眼睛同高，后摆时，后摆手的掌心向上，手臂尽量伸直。撑杖动作结束后，应张开并放松中指、无名指和小拇指等手指，用拇指和食指带动手杖向前摆动。

学练提示

（1）练习两步交替滑行技术时的易犯错误：① 初期容易出现“顺拐”现象。② 下巴、膝盖、脚趾不在一条直线上。③ 双手臂后摆后，滑轮未直线前进，而是两侧滑动。

（2）练习建议：① 先做分解练习，再做完整练习。先脱掉滑轮，进行撑杖练习，身体重心向前，髋关节上提，前腿稍弯曲，前后撑杖时手臂摆到最大幅度。然后穿上滑轮，徒手做撑杖的模仿动作，最后，进行完整练习。② 步伐不要过大，身体各部位协调发力。

（三）同时推进滑行技术

同时推进滑行技术主要用于平坦地段和缓下坡地段，运用同时推进技术可在稳定滑行的基础上，有效发挥上肢和腰腹部的力量，达到最快的滑行速度，同时可使腿部肌肉得到休息。

同时推进滑行可分为收杖滑行阶段、下压落杖阶段和推杖加速阶段。

1. 收杖滑行阶段

动作要领（见图 10-33）如下：滑行时，上体抬起略向前倾，两臂带杖前摆，肩部放松，肘关节向前，手与眼睛同高。

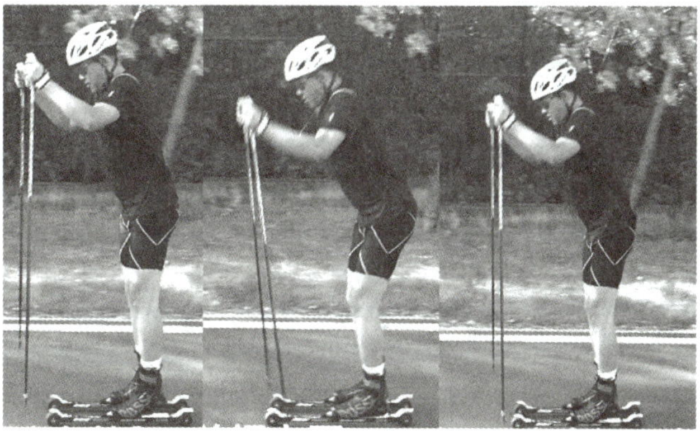

图 10-33 收杖滑行阶段

2. 下压落杖阶段

动作要领（见图 10-34）如下：双杖与地面始终成锐角，上体下压，同时将两杖置于两脚外侧地面，两腿膝关节略微弯曲，双杖与上体两侧平行，利用压腰、撑杖的合力，用力将两杖向后下方推压。

图 10-34　下压落杖阶段

3. 推杖加速阶段

动作要领（见图 10-35）如下：上体继续下压，当两手通过髋与大腿外侧时，腰臂合力达到最大，身体快速向前方推出，上体抬起并带杖前摆，开始下一次的滑行动作。

图 10-35　推杖加速阶段

学练提示

练习同时推进滑行技术时的易犯错误：① 前摆臂幅度过大或过小。② 双肘外展幅度过大或过小。③ 推杖时，臀部后坐，双杖与上体之间的距离过大。

（四）徒手蹬冰滑行技术

徒手蹬冰滑行是运动员的左右腿交替蹬动冰面向前滑行的全过程。徒手蹬冰滑行技术一般应用于滑行速度较快，撑杖动力不足，但还需要持续加速时，如超越对手或终点冲刺时。

动作要领（见图 10-36）如下：两脚平行，上体挺直，稍微前倾，双膝微屈；将一只脚向上抬起约 5 cm，向前外侧迈出蹬动。此时，脚与前进方向形成 15°～20°角；大腿内侧肌肉发力，使滑轮滑出一段距离。身体重心向蹬动腿移动，蹬动腿转为支撑腿，另一条腿以同样的方法迈出蹬动。

滑行时，两杖可随两臂前后摆动或夹在腋下，只利用腿部快速蹬动，配合摆臂和身体前冲惯性的合力来加快滑行速度。此外，滑行时要注意保持鼻、膝、滑轮等在一条直线上，双肩平稳，不得上下起伏。

图 10-36　徒手蹬冰滑行技术

学练提示

练习徒手蹬冰滑行技术时的易犯错误：① 单腿支撑滑行时间短，导致没有完成身体重心的转移。② 腿部快速蹬动与两臂摆动动作脱节。

（五）自由式一步一撑滑行技术

自由式一步一撑滑行技术（见图 10-37）是指每一个单脚蹬动步配合一次双撑杖滑行的周期性滑行技术，也是自由式技术中应用最多，速度较快、频率较高的滑行技术。

自由式一步一撑滑行可分为单脚蹬动滑行阶段、双撑杖后推阶段和身体重心惯性加速阶段。

1. 单脚蹬动滑行阶段

动作要领如下：蹬动开始时，身体重心落在蹬动腿上，两杖撑在脚后的地面上，蹬动腿的膝关节下压并向内倾，同时，将另一只脚抬起并随身体重心的移动前出着地。

2. 双撑杖后推阶段

动作要领如下：蹬动腿协同两杖的推、撑，向侧后方做迅速有力的蹬动，在蹬、撑结束的瞬间，身体随摆动腿向前滑出，身体重心及时移至摆动腿上。

3. 身体重心惯性加速阶段

动作要领如下：在转换重心单脚滑行阶段，身体重心向前上方移动，蹬动腿迅速收回，靠拢滑行轮，两杖前提，充分地将身体重心的惯性运用到加速滑行中。身体的各关节充分伸展，衔接下一次的滑行动作。

图 10-37 自由式一步一撑滑行技术

学练提示

练习一步一撑滑行技术时的易犯错误：① 身体重心随支撑腿向前压蹬或随摆动腿前出滑行。② 下巴、膝盖和脚趾不在一条直线上。③ 两杖的推撑动作与滑行动作脱节，没有同步完成。

（六）自由式两步一撑滑行技术

自由式两步一撑滑行技术（见图 10-38）是指摆动腿前摆、双脚交换支撑，配合撑杖滑行的周期性滑行技术，也是自由式技术中速度最快的滑行技术。

自由式两步一撑滑行可分为三个阶段。下面以右腿先迈出为例，介绍自由式两步一撑滑行技术。

1．双手臂前摆与单脚蹬动阶段

动作要领如下：蹬动开始时，身体重心落在蹬动腿上，右腿前摆交换支撑的同时两杖前摆。上体挺直，与地面垂直。

2．双脚交换支撑阶段

动作要领如下：左脚再次向左侧滑行的同时，身体重心转移至同侧。

3．双杖下压后推撑阶段

动作要领如下：两杖同时下压向后推撑，并保持滑行速度，利用蹬动和两杖向后压推的合力将身体向前滑出。

图 10-38 自由式两步一撑滑行技术

学练提示

练习两步一撑滑行技术时的易犯错误：① 手杖的杖尖落在滑轮前方，蹬动轮撞上手杖。② 身体左右晃动的幅度过大或手杖过度向外倾斜。③ 两杖带动身体前倾的幅度过大。

第四节　速度滑冰

速度滑冰是一项运动员穿速滑冰刀鞋在冰面上进行竞速的竞技运动，是冰上运动项目之一。速度滑冰始于 19 世纪 40 年代，后从英国和荷兰传入其他国家。1892 年国际滑冰联盟成立。1893 年起定期举办世界速度滑冰全能锦标赛。1924 年，在第一届冬季奥运会中，男子速度滑冰被列为比赛项目。1960 年，在第八届冬季奥运会中，女子速度滑冰被列为比赛项目。速度滑冰比赛有男子 500 m、1 000 m、1 500 m、5 000 m、10 000 m，女子 500 m、1 000 m、1 500 m、3 000 m、5 000 m 等项目。

一、场地和装备

（一）场地

速度滑冰比赛在周长 400 m 的跑道（见图 10-39）上进行。跑道是由两条直线和两条 180°的弧线连接而成的，分为内、外两道，道宽 5 m。内跑道的内圈半径为 25 m，外跑道的内圈半径为 30 m。跑道之间设有跑道分界线。

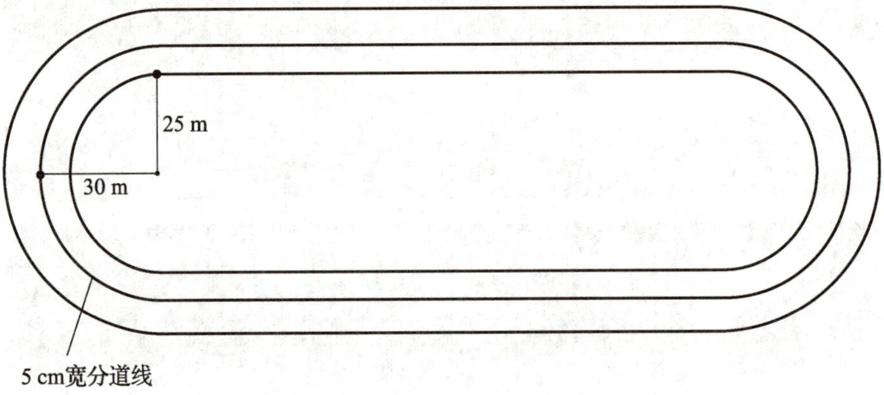

图 10-39　速度滑冰的跑道

（二）装备

速度滑冰装备包括服装、冰刀和冰鞋等。

1．服装

速滑运动员穿尼龙紧身全连服（衣、裤、帽、袜和手套连在一起）。由于尼龙服保温效果不佳，在温度较低的气候条件下，运动员可穿贴身的棉毛内衣；天气极其寒冷时可在膝和胸等部位垫上防风纸或其他保暖物品。

2．冰刀和冰鞋

冰刀的刀刃多由优质高碳钢制成，其他部分由轻合金制成。

冰鞋由优质厚牛皮缝制而成，为半高腰瘦长形。鞋跟部坚硬，以包围和固定脚跟。鞋底为硬皮，以螺钉或铆钉将冰刀固定在上面。

速度滑冰运动员使用的冰刀简称“速滑刀”，其刀体长，刀刃窄平，刀尖位于母趾与第二脚趾中间，刀跟位于脚跟的中间位置。

二、基本技术

滑冰的基本技术主要包括直线滑行、转弯滑行和冰上停止等。

（一）直线滑行

直线滑行的练习分为八步，前四步练习属于原地练习，可以使初学者学会使用冰刀和掌握平衡；后四步练习是移动练习，可以使初学者逐渐掌握直线滑行的基本技术。

1．基本姿势

动作要领如下：两腿、两脚并拢，两腿屈膝下蹲，膝关节尽量前弓，以缩小小腿与地面的夹角，呈深蹲姿势。上体前倾，身体重心落于两脚间，肩稍高于臀部，头稍抬起，目视前方，两手互握置于背后。如图 10-40 所示。

图 10-40　基本姿势

2．冰上站立和蹲起练习

动作要领如下：在冰上自然站立，两脚左右开立至与肩同宽，两脚尖外展，两刀刃呈外八字形，然后两腿弯曲，膝前弓，身体重心落于两脚间，上体稍前倾，肩稍高于臀部，呈半蹲姿势。做蹲起练习时，两脚平行站立，身体由下蹲转为深蹲，身体重心保持在两脚间，同时两臂向侧前方伸展，以协助身体保持平衡。

3．冰上原地踏步练习

动作要领如下：踏步前，身体自然站立，两脚左右开立至与肩同宽，身体重心落于两脚间。身体重心移至右脚，左脚抬起，踝关节放松，刀尖自然下垂。左脚落下，身体重心移至左脚，右脚抬起。两脚交替练习。随着熟练程度的提高，初学者可逐渐提高腿抬起的高度。

学练提示

（1）在滑冰训练过程中，初学者最好每隔 15～30 min 休息一次，休息时应把鞋带解开，使脚上血液循环通畅，更好地消除脚部疲劳。

（2）滑冰时，初学者一旦感觉身体失去平衡，想跌倒，就要立即弯曲身体，以降低身体重心；在跌倒时，要收拢四肢，减轻受伤的程度。

（3）不要做危险的动作和妨碍他人滑行的动作，如非技术性的乱蹦乱跳；不要多人一起拉手滑行，以免造成多人跌倒摔伤。

4．原地移动重心练习

动作要领如下：身体呈半蹲姿势，双手互握置于背后，身体重心移至左脚，正刃支撑身体，右脚侧伸，内刃着冰。接着右脚正刃着冰支撑身体，身体重心移至右脚，左脚侧伸，内刃着冰。两脚交替练习。

5．冰上外八字走练习

动作要领如下：行走前，两刀刃平行支撑身体自然站立，两脚左右开立至与肩同宽，两刀尖外展，两刀刃呈外八字形，身体重心落于两脚间。一只脚向前迈步，落地时脚尖外展，另一只脚用冰刀内刃向后蹬冰，身体重心移至前脚。待身体重心完全落于前脚，再抬起后脚向前迈出。两脚交替进行，向前移动。

6．单脚蹬冰双脚滑行练习

动作要领如下：滑行前上体挺直，目视正前方，两脚左右开立至与肩同宽，两刀刃平行支撑身体自然站立。滑行时双膝微屈，一只脚用内刃向外侧蹬冰，同时将身体重心移至支撑脚，蹬冰脚在蹬冰后迅速向支撑脚靠拢，身体重心落回两脚间，形成双脚向前滑行动作。两臂随滑行前后交替摆动，以协助身体保持平衡，如图 10-41 所示。当速度下降时，再用另一只脚蹬冰滑行。两脚交替蹬地，向前滑行。

图 10-41　单脚蹬冰双脚滑行

7．单脚蹬冰单脚滑行练习

动作要领如下：滑行前的姿势与单脚蹬冰双脚滑行的姿势相同。滑行时，一只脚用内刃向外侧蹬冰，另一脚用正刃向前滑行，同时身体前倾，身体重心移至支撑脚。蹬冰脚在蹬冰后迅速向支撑脚靠拢，身体呈半蹲姿势。接着支撑脚蹬冰并在蹬冰后迅速向另一只脚靠拢，身体呈半蹲姿势。两臂随滑行前后交替摆动，以协助身体保持平衡。如

图 10-42 所示。

图 10-42　单脚蹬冰单脚滑行

（二）转弯滑行

1．原地向左移动练习

动作要领如下：两脚左右开立至与肩同宽，以两刀刃平行支撑身体呈半蹲姿势，身体重心移至右脚，呈开始移动姿势。移动时，左脚向左跨出半步，同时身体重心移至左脚，右脚迅速向左脚靠拢。身体重心移至右脚，左脚继续向左跨步。

2．原地向左交叉步练习

动作要领如下：两脚左右开立与肩同宽，以两刀刃平行支撑身体呈半蹲姿势，身体重心落于左脚，右腿向侧挺直伸出，呈开始移动姿势。移动时，右脚向左脚的左前方迈一大步。当右脚冰刀着冰时，身体重心由左脚移至右脚，同时左脚向身体右后方蹬直。左腿收回并向左侧迈出大半步。身体重心移至左脚，右脚继续迈步向左交叉步移动。

3．左脚支撑右脚连续蹬冰转弯滑行练习

动作要领如下：滑行过程中身体呈半蹲姿势，身体重心落于左脚。左脚冰刀稍向左转，外刃着冰，同时身体左倾且肩内转，右脚冰刀内刃向外侧连续蹬冰，在任意半径的圆弧上转弯滑行，双手随滑行前后交替摆动或互握置于背后。如图 10-43 所示。

图 10-43　左脚支撑右脚连续蹬冰转弯滑行

（三）冰上停止

冰上停止技术主要包括八字停止法和转体内外刃停止法等。

1. 八字停止法

动作要领如下：滑行时上体前倾，两膝微屈内扣，身体重心下降，同时两刀跟外展使两刀刃呈八字形，用两刀内刃切压冰面，直到滑行停止。

2. 转体内外刃停止法

动作要领如下：滑行中两腿并拢，两刀刃平行，身体向左（右）转体 90°，同时身体重心下降，身体向左（右）倾斜，随后用右刀内刃、左刀外刃（左刀内刃、右刀外刃）逐渐用力压切冰面，直到滑行停止。

第五节 速度轮滑

轮滑又称“溜旱冰”“滚轴溜冰”等，是指人们穿着带滚轮的特制鞋在坚实、平整而光滑的地面上滑行的一种运动项目。

轮滑是一项全身性运动，其不仅能改善心脑血管系统和呼吸系统的功能，还能增强臂、腿、腰、腹等各处肌肉的力量和身体各个关节的灵活性，特别是对增强平衡能力有很大的帮助。轮滑不受场地大小的限制，且运动装备简单，因而便于在大众中推广。

轮滑包括速度轮滑、花样轮滑、滑轮冰球等运动项目。下面以速度轮滑为例，简要介绍轮滑运动的场地和装备。

一、场地和装备

（一）场地

速度轮滑比赛的跑道分为场地赛跑道和公路赛跑道。

1. 场地赛跑道

场地赛跑道是指建在露天或室内，由两条长度相等的直道与两条相对称且半径相同的弯道相连接组成的椭圆状赛道。

标准的场地赛跑道规格如下：周长为 200 m（±2 cm），跑道宽度为 6 m（±2 cm），弯道半径为 13.42 m。单个弯道长度为 42.16 m，单个直道长度为 57.84 m。

2. 公路赛跑道

公路赛跑道的宽度不得少于 8 m。其路面必须平坦光滑，没有凹陷和裂缝。横切路面的拱曲度不得超过其宽度的 5%。跑道外侧容易发生危险的地方应有保护设施。任何赛段的坡度不得超过 5%，有坡度的路段不得超过跑道总长的 25%。

公路赛跑道包括“封闭式”公路赛跑道和“开放式”公路赛跑道。其中，“封闭式”公路赛跑道是由非对称的封闭环形公路组成的，其起点和终点相衔接，除马拉松外，跑道长度不短于 400 m，不长于 600 m，举办马拉松赛时，跑道长度至少为 3 km；“开放式”公路赛跑道的起点和终点不衔接。

（二）装备

速度轮滑的装备包括服装、头盔和轮滑鞋等。

1．服装

参加比赛的同一支队伍的所有运动员都必须身着统一的长袖或者短袖服装。

2．头盔

在集体出发的比赛中，运动员的头盔必须坚固，不能有突出部分或者尾翼。在个人计时赛中，运动员可以戴有尾翼的头盔。值得注意的是，运动员需要正确地佩戴头盔，在比赛结束之前摘掉头盔的运动员将被取消比赛资格。

3．轮滑鞋

轮滑鞋（见 10-44）分为双排轮滑鞋和直排轮滑鞋两种。每只轮滑鞋最多可以有 6 个轮子，可以是单排轮形式，也可以是双排轮形式。轮滑鞋最长不得超过 50 cm，其轮子的直径不得超过为 11 cm。轮子和轮架必须牢固安装在鞋上，轮轴不能突出到轮子以外。禁止装有制动装置。

双排轮滑鞋

直排轮滑鞋

图 10-44　轮滑鞋

二、基本技术

轮滑的基本技术包括站立、平衡、移动、滑行、弯道滑行和滑行停止等。

（一）站立、平衡和移动

1．站立

轮滑站立的姿势主要包括丁字形站立、八字形站立和平行站立等。

（1）丁字形站立。

动作要领如下：左脚跟紧靠右脚内侧（或右脚跟紧靠左脚内侧），双脚呈丁字形，两膝微屈，身体重心稍偏向位置靠后的脚，上体稍前倾，抬头目视前方，两臂自然垂于体侧。

（2）八字形站立。

动作要领如下：双脚脚跟靠近，脚尖自然分开呈八字形；两膝微屈，身体重心落于两脚之间，目视前方，两臂自然垂于体侧。

（3）平行站立。

动作要领如下：双脚左右开立至与肩同宽；两脚稍内扣，上体稍前倾，两膝微屈，身体重心落于两脚之间，两臂自然垂于体侧。

2．平衡

平衡主要包括原地移动重心、原地踏步和原地蹲起等。

（1）原地移动重心。

动作要领如下：在平行站立的基础上，上体左移，并逐渐将身体重心完全移至左脚，待身体平稳后再将上体向右移，使身体重心移至右脚。

（2）原地踏步。

动作要领如下：在八字形站立的基础上，将身体重心移到一条腿上，另一条腿屈膝上提，待脚离开地面 5～10 cm 后再落下，然后换另一条腿做同样的动作。

（3）原地蹲起。

动作要领如下：在平行站立或八字形 站立的基础上，做下蹲、起立的动作，并将身体重心保持在两脚之间，两臂自然打开，协助身体保持平衡。

3．移动

移动包括双脚原地前后滑动、向前八字走和横向迈步移动等。

（1）双脚原地前后滑动。

动作要领如下：在平行站立的基础上，两腿伸直，大腿发力做一只脚向前、另一只脚向后的前后滑动动作，两臂前后自然摆动，协助身体保持平衡。

（2）向前八字走。

动作要领如下：在丁字形站立或八字形站立的基础上，一只脚向前迈出一小步，脚尖外展，同时身体重心迅速移至前脚；然后换另一只脚做相同的动作。两脚交替向前八字走。

（3）横向迈步移动。

动作要领如下：在平行站立的基础上，向右横向迈步移动时，左脚用力蹬地，右脚向右迈出一步，随之身体重心迅速移至右脚，左脚向右脚内侧靠拢着地，再将身体重心移至左脚，右脚继续做横向迈步移动。向左横向迈步移动的动作要领与向右横向迈步移动相仿，只是方向相反。

（二）滑行

学生在掌握了走步移动身体重心后，就可以开始学习向前滑行。常用的滑行方法包括走步双滑行、高姿势交替蹬地交替滑行、低姿势交替蹬地交替滑行和交替蹬地接双脚滑行等。

1．走步双滑行

动作要领如下：在向前八字走的过程中，一般连续走几步就会产生一定的惯性，此时两脚迅速并拢，由八字形变为两脚平行站立，借助惯性向前滑行，身体重心保持在两脚之间，体会身体向前滑行的感觉；两臂前后自然摆动，协助身体保持平衡。

扫一扫

低姿势交替蹬地交替滑行

2．高姿势交替蹬地交替滑行

动作要领如下：两脚呈八字形站立，膝、踝微屈，上体直立；身体重心移至左腿，右脚侧蹬地，左腿支撑滑行，右脚蹬地后迅速收回，向左脚靠拢落地，两脚呈八字形；再将身体重心移至右腿，换左脚侧蹬地，两脚如此交替滑行；两臂前后自然摆动，协助身体保持平衡。

3．低姿势交替蹬地交替滑行

低姿势交替蹬地交替滑行比高姿势交替蹬地交替滑行的动作幅度大，用力时间长，所以其滑行速度更快。

动作要领如下：在高姿势交替蹬地交替滑行的基础上，身体成深蹲姿势，上体前倾，身体重心移至左腿，右脚侧蹬地，左腿支撑滑行，右脚蹬地后迅速收回，向左脚并拢落地，两脚呈八字形；再将身体重心移至右腿，换左脚侧蹬地，两脚如此交替滑行；两臂前后自然摆动，协助身体保持平衡。

4．交替蹬地接双脚滑行

动作要领如下：两脚交替蹬地交替滑行 2～4 步或 5～7 步后，双脚并拢，借助惯性向前滑行；两臂前后自然摆动，协助身体保持平衡；然后双脚再交替蹬地交替滑行几步，再借助惯性向前滑行。

（三）弯道滑行

常用的弯道滑行方法有走步转弯、惯性转弯和短步转弯等。

1．走步转弯

动作要领如下：向前八字走左转弯时，可在脚每一次落下时，脚尖都向左转动一点，身体也随之向左转动一点，逐渐形成弧形左滑路线。向右转弯的动作要领与向左转弯相仿，只是方向相反。

2．惯性转弯

动作要领如下：当向前滑行至具备一定的速度后，两脚平行稍靠拢。向左转弯时，左脚略靠前，右脚靠后，身体重心落于两脚之间前 1/3 处；前腿略弓，后腿伸直；身体重量压在左脚和右脚的内侧，利用惯性向左滑出角度较大的弧线。向右转弯的动作要领与向左转弯相仿，只是方向相反。

3．短步转弯

动作要领如下：向左转弯时，屈膝下蹲，身体重心完全落在左腿上，右脚向右侧蹬地后迅速收回，靠近左脚落地做短暂支撑；同时左脚迅速向左稍转脚尖，右脚再迅速侧蹬地，连续做上述动作即可加速转弯。向右转弯的动作要领与向左转弯相仿，只是方向相反。

（四）滑行停止

常用的滑行停止方法包括八字停止法和丁字停止法。

1．八字停止法

动作要领如下：在两脚交替蹬地交替向前滑行的过程中，两脚平行分开，随后两脚尖内转成内八字形，两腿弯曲，上体稍前倾，臀部下蹲，两臂前伸以维持身体平衡，两脚以鞋轮内侧摩擦地面，直至滑行停止。

2．丁字停止法

动作要领如下：在向前滑行的过程中，将身体重心移至前脚，前腿屈膝，后脚横放在前脚后侧，两脚形成丁字步，后脚鞋轮内侧摩擦地面以加大阻力，直至滑行停止。

三、比赛规则

（1）运动员除听取教练员的场外指导外，严禁接受任何形式的援助。

（2）各项比赛的滑跑途中，运动员应沿一条假想的直线滑行至终点，不得以曲线或横向滑行。

（3）在超越时不允许给其他运动员制造障碍。

（4）任何情况下，运动员不允许推搡其他运动员或者在他们前面横切。禁止拉、推、阻碍或者援助他人滑行。

（5）比赛中，将被超越的运动员不能阻碍或者援助其他运动员。

（6）禁止运动员的轮滑鞋触及或踏出跑道线。

（7）当轮滑鞋出现故障时，在不妨碍比赛进行的情况下，运动员可以更换轮滑鞋或进行修理。

（8）运动员摔倒时，可以自己站起来继续比赛，不得由他人帮助。否则，将被淘汰。

（9）运动员消极比赛时，可以取消运动员的比赛资格。

（10）在开放式公路上进行比赛时，运动员必须沿公路右侧滑跑，不允许越过中线。

（11）退出比赛的运动员，要到终点通知裁判员，以便确定名次。运动员如违反上述规则可被取消该项比赛资格。

第六节　冰球运动

冰球，也称“冰上曲棍球”，是指运动员穿着冰鞋，手拿冰杆滑行并拼抢击球的直接对抗性竞技运动。它需要运动员具备多变的滑冰技艺和敏捷娴熟的曲棍球技艺，对抗性较强，是冬季奥运会正式比赛项目。

一、装备

冰球运动员的装备包括冰球、冰球杆、冰球鞋、冰球刀、护具，如图 10-45 所示。

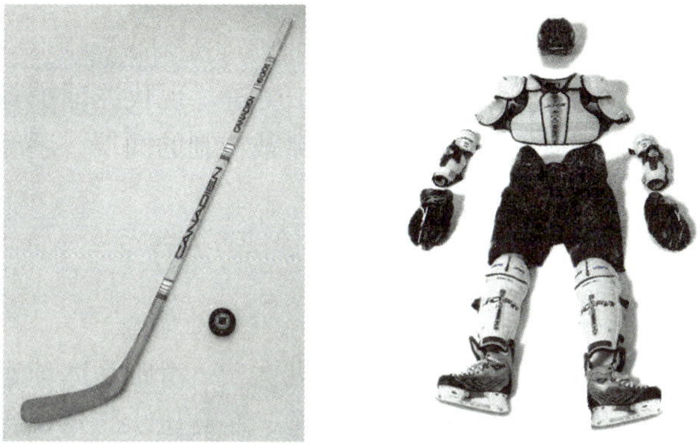

图 10-45　冰球装备

（一）冰球杆

传统的球杆是木杆，由桦木、枫木或榆木刻成，近些年出现了不同材料组合而成的球杆：杆身由铝、木材、碳纤维和纤维强化复合树脂等制成，杆头由木材、玻璃纤维、强化树脂和碳纤维制成。

球杆的杆柄从根部至端部最长 163 cm，最宽 3 cm，最厚 2.54 cm；球杆的杆刃从根部至端部最长 32 cm，高 5～7.62 cm。

（二）冰球

冰球为黑色硬橡胶或经国际冰联批准的材料制成。球的厚度为 2.54 cm，直径为 7.62 cm，重量为 156～170 g。

（三）冰球鞋

冰球鞋为高腰型，鞋头、鞋帮、两踝、后跟等外层均为硬质材料。前面的长鞋舌加上硬实的高腰，可将脚踝箍紧，帮助运动员用力。冰球鞋原为优质牛皮缝制或全塑料模压成型。现在多用尼龙纤维鞋帮、塑料底的冰球鞋。这种鞋比皮制鞋轻，坚硬、耐湿，适合在室内冰场使用。守门员冰球鞋在鞋的四周包有特殊加厚的硬皮革，以抵抗球的击打，保护脚部。

（四）冰球刀

冰球刀原为铁托钢刃，现多采用全塑刀托，优质合金钢刀刃，因为这种冰球刀具有质量轻、抗击打、不易生锈等优点。冰球刀的刀身高而短，弧度大，刀刃较厚。刀身高，在运动员急转弯冰刀倾斜时，鞋不会触及冰面；刀身弧度大，和冰面接触面积小，可以使运动员灵活地滑跑和改变方向；刀刃厚，可抗打击而不弯；刀刃带有浅沟可使其长久保持锋利。守门员的冰球刀为金属制作，刀身矮而平，且刀刃与刀托之间有多处连接，以防漏球。

（五）护具

护具包括头盔、面罩、手套、护颈、护肘、护腿等。现代冰球护具一般采用轻体硬质塑料外壳，内衬海绵或泡沫塑料软垫。守门员需穿戴特制的面罩、手套，加厚的护胸及加厚加宽的护腿。

二、基本技术

冰球的基本技术可分为滑跑技术和攻防技术两大类。滑跑是冰球运动员必须熟练掌握的最基本技术，包括起跑、正滑、倒滑、惯性转弯、左右压步转弯、急停等。攻防技术包括控球、传球、过人、争球、射门等进攻技术和阻截、抢球、合法冲撞及守门员防守等防守技术。

下面介绍一些基本的滑跑技术。

（一）预备姿势

预备姿势（见图 10-46）的动作要领如下：双脚分开，与肩同宽，身体重心落在冰鞋内刃，屈膝微蹲，背部挺直，挺胸抬头，肩膀与膝盖对齐。双手握杆，球杆置于身体前方冰面上，不要将身体的任何力量施加在球杆上。

图 10-46　L 型向前启动

（二）固定式向前启动

固定式向前启动（见图 10-47）的动作要领如下：双脚打开形成 45°角，利用冰刀内刃蹬冰，一只脚（图中为右脚）内刃蹬冰且腿部伸展，另一只脚快速向前，快速蹬冰过程中要注意降低身体重心和收腿。

图 10-47　固定式向前启动

（三）L 形向前启动

L 形向前启动（见图 10-48）的动作要领如下：一只脚停止，并用内刃蹬冰，旋转胸部和腿部，指向前进方向，两脚脚跟并拢，另一只脚利用冰刀内刃向前进方向的反方向全力蹬冰，快速蹬冰过程中要注意降低重心和收腿。

图 10-48　L 型向前启动

（四）前交叉步启动

前交叉步启动姿势（以向左启动为例，见图 10-49）的动作要领如下：右脚内刃蹬冰，身体重心移向左脚外刃，右脚抬起，越过左脚，同时左脚外刃蹬冰，右脚落地，利用内刃蹬冰，左腿从右腿后面跟上，膝关节弯曲，推出左腿，接着正滑。

图 10-49　前交叉步启动

（五）向前滑行步法

向前滑行步法（见图 10-50）的动作要领如下：利用内刃全力蹬冰，蹬冰腿完全伸展，为了获得速度，滑行时必须要降低身体重心，膝盖弯曲，重心落在滑行脚，保持直线滑行。

图 10-50　向前滑行步法

（六）正滑变倒滑

正滑变倒滑（以左脚为例，见图 10-51）的动作要领如下：右脚首先离开冰面，向右旋转胸部及臀部，身体重心落在左脚，右脚反方向旋转 180°，使右脚与左脚脚跟相对且尽量平行，胸部及臀部继续向右旋转，右脚放到冰上，抬起左脚同时上身旋转面向后方，在旋转上身及抬起冰鞋时，不要用冰刀刮冰面，以保持转身动作的顺畅。

图 10-51　正滑变倒滑

（七）倒滑

倒滑（以右手杆选手为例，见图 10-52）的动作要领如下。

（1）准备姿势：左手持球杆，双脚分开，与肩同宽，屈膝微蹲，头部与肩膀保持端正。

（2）后续动作：右脚内刃蹬冰，脚跟向后推出，用脚趾画弧，重心转移至左腿，蹬冰腿充分伸展，滑行腿膝关节弯曲，臀部随着腿部蹬冰摆动，始终抬头挺胸。

图 10-52　倒滑

（八）转向控制

转向控制（见图 10-53）的动作要领如下：双脚分开，与肩同宽，引导脚（图中左脚）加大对外刃的作用力，引导脚的膝关节始终弯曲，尾随脚（图中右脚）利用内刃蹬冰，臀部随即转动，上身保持挺直，不要向转弯的方向倾斜。

图 10-53　转向控制

（九）倒滑急停

倒滑急停（见图 10-54）又称为“外八字急停”，其动作要领如下：双脚分开，与肩同宽，脚跟相对，脚尖外翻，双脚同时加大对内刃的作用力，身体轻微向前倾斜并保持平衡，抬头挺胸，平视前方。

图 10-54　倒滑急停

（十）单脚急停

单脚急停用于停止并改变方向，包括单脚内刃急停和单脚外刃急停，以右脚内刃急停为例，动作要领如下：上体向左转动，身体重心稍向左侧倾斜，右膝稍向内扣，右脚内刃蹬冰，停止在目标位置上。

（十一）双脚急停

双脚急停（见图 10-55）的动作要领如下：臀部迅速旋转 90°，前脚（引导脚）使用外刃压冰，后脚（跟随脚）使用内刃压冰，屈膝，双脚间距适当加宽，重量均匀分布在两只脚上，停止在目标位置上。

图 10-55　双脚急停

三、基本战术

冰球比赛精彩激烈，如图 10-56 所示。在比赛中若想取得胜利，除了需要具备扎实的基本技术外，战术也是至关重要的。常见的冰球战术有进攻、防守、以多打少和以少打多等战术。

图 10-56　冰球比赛

（一）进攻战术

进攻战术可分为个人、2 人或 3 人的进攻战术和全队的进攻战术。全队的进攻战术又可分为快攻及阵地战两种。阵地战又可分为出守区、中区推进及攻区阵地战等。

（二）防守战术

防守战术可分为个人防守、2 人或 3 人防守和全队防守战术。全队防守战术可分为攻区、中区及守区防守战术，如“2-1-2”“1-2-2”“1-4”等阵形的防守战术；3 个区的防守又可分为盯人防守、区域防守及混合防守等方法。

（三）“以多打少”“以少打多”战术

冰球运动的比赛规则中有队员犯规被罚出场 2 min 或 5 min 的规定。这时场上便形成了“6 打 5”“6 打 4”等以多打少的局面。“以多打少”战术就是利用这种短暂的时机争取得分的进攻战术。反之，“以少打多”战术则是在队员犯规被罚出场时被迫采取的以防守为主的战术。

四、场地与比赛规则

（一）场地

冰球比赛的场地如图 10-57 所示，标准冰球场地最大规格为长 61 m，宽 30 m；最小规格为长 56 m，宽 26 m；四角圆弧的半径为 7～8.5 m。冰球场地四周设有高 1.20～1.22 m 木质或可塑材料制成的牢固界墙。除场地正式标记外，全部冰面和界墙内壁应为白色。

在冰场两端，各距端墙 4 m，横贯冰场并延伸到边线界墙的两条平行红线为球门线。两个球门固定在球门线的中央。2 条 30 cm 宽的蓝线将两条球门线之间的区域作三等分，本队球门一侧为守区，中间为中区，对方球门一侧为攻区。在冰场中间，有 1 条 30 cm 宽的红线，称为中线。冰面上共有 9 个争球点，其中，位于中线上的蓝点称为中心争球点或开球点。此外，在中区和两端区还有 8 个红色的争球点和 5 个争球圈，位于中线上的争球圈称为中心争球圈。

冰球门宽 1.83 m，高 1.22 m，球门内最深处不大于 1.12 m 或小于 0.6 m。球门支架后面应覆盖门网，门内悬挂垂网，以便把球挡在门内。球门柱、横梁应被涂成红色，其他球门框架必须为白色。

在冰场一侧的界墙外设有分开的、供比赛队使用的队员席，对面边线界墙外设裁判席和受罚席。为使比赛顺利进行，冰球场必须备有信号装置、公开计时装置和光线充分良好的照明设备。

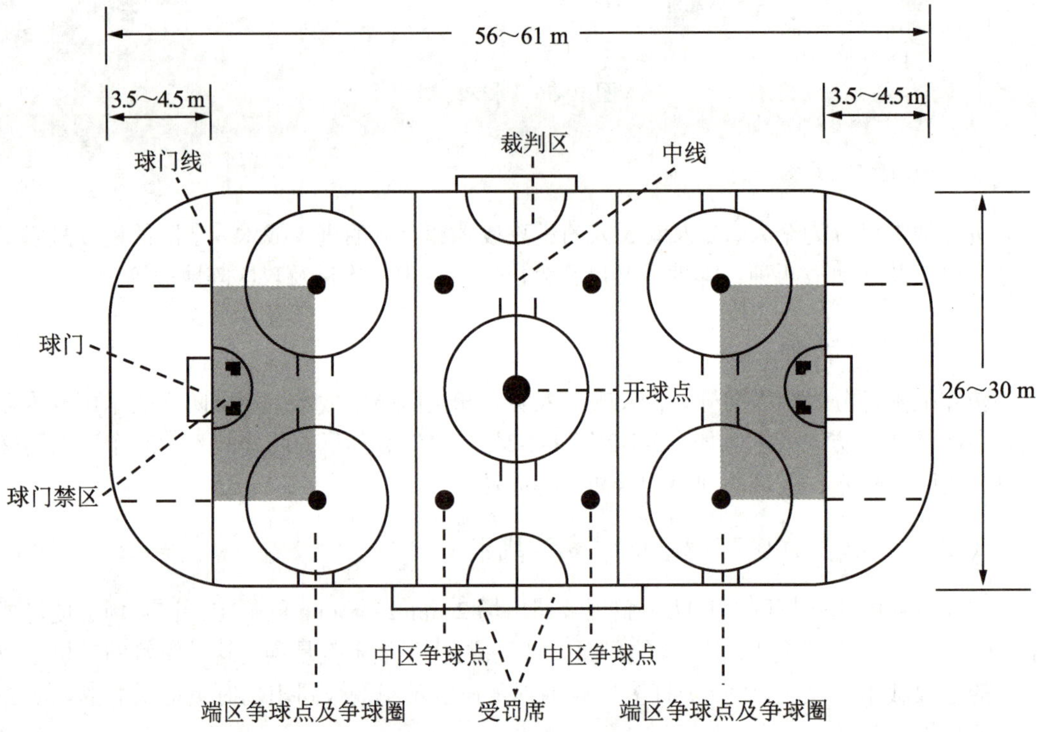

图 10-57　冰球比赛的场地示意图

（二）比赛规则

国际冰球联合会根据比赛成绩，将所有会员国的球队按冰球运动水平高低分为 A、B、C3 组，A 组 6 个队，B 组 8 个队，其余为 C 组。A 组的球队可参加奥运会冰球比赛和世界冰球锦标赛。3 个组的球队按每年比赛成绩实行升降级，即 A 组、B 组的最后两名翌年分别降入 B 组、C 组；B 组、C 组的前两名翌年分别升入 A 组、B 组。

冰球比赛在同一组别的两队之间进行，每队最多有 20 名队员和 2 名守门员参赛。比赛中，每队不少于 4 名队员或多于 6 名队员。

全场比赛分为 3 局，每局 20 min，中间休息 15 min。射门得分多者获胜。

强体筑梦

弘扬冬奥精神，争做时代新人

“冰雪为媒，共赴冬奥之约。”自2022年2月4日北京冬奥会开幕，至2022年3月13日北京冬残奥会闭幕，第24届冬季奥林匹克运动会和第13届冬季残疾人奥林匹克运动会相继圆满收官。在这将近40天的时间里，奥林匹克精神之光在北京这座“双奥之城”无限闪耀。

在北京冬奥会赛场上，中国青年频频惊艳亮相。17岁的单板滑雪小将苏翊鸣、18岁的自由式滑雪“天才少女”谷爱凌、24岁的男子1 000 m短道速滑冠军任子威、25岁的钢架雪车奖牌突破者闫文港……中国代表团在这届冬奥会上，展现了新时代中华体育健儿的精神风貌和竞技水平，以9金4银2铜位列金牌榜第三，创造了中国冬奥参赛史上的最好成绩。

在北京冬残奥会赛场上，中国选手的表现同样令人惊叹。刘子旭在冬季两项男子短距离（坐姿）比赛中为中国代表团摘得北京冬残奥会第一金，梁景怡摘下北京冬残奥会高山滑雪男子超级大回转（站姿）比赛第一金，北京冬残奥会女子超级大回转（站姿）比赛选手张梦秋为中国代表团摘得冬残奥会第三金，杨洪琼在越野滑雪女子中距离（坐姿）比赛中收获了个人的第三枚金牌……中国代表团共取得61枚奖牌（18金20银23铜），位列冬残奥会金牌榜和奖牌榜双榜首。

台上一分钟，台下十年功。冬奥健儿们数十年如一日地反复训练，才取得了优异的成绩，每一位选手的背后都有着不为人知的动人故事。追梦不停步的自律少年苏翊鸣，曾强忍耳朵被冻伤的疼痛“狠狠”训练；冰雪王子任子威曾带伤坚持训练，即使摔得骨折依然拼尽全力。冬残奥会运动员更是展现出不屈不挠的精神，他们以惊人的毅力和饱满的精神，不断奋斗、拼搏、进取、超越，用实力向世界证明了中国青年“决不言弃，堪当大任”。

赛场内，朝气蓬勃的中国青年用自己的实际行动诠释着“更快、更高、更强、更团结”的奥运精神。赛场外，穿梭在人群间微笑着为他人服务的中国青年志愿者，以自己的“少年心”“嫩肩膀”向世界展示着中国青年“热情奉献、温暖好客”的青春风采。

“未来属于青年，希望寄予青年”。广大青年肩负着重大的历史使命，应当以冬奥健儿们为榜样，弘扬冬奥精神，积极进取，敢于拼搏，不断超越，坚定奋斗信念，努力成为堪当民族复兴重任的时代新人。

（资料来源：人民论坛网，有改动）

第十一章　民族传统体育运动

知识目标

- 了解板鞋竞速、高脚竞速、毽球运动、抛绣球、跳绳、打陀螺、跳竹竿的概念和特点。
- 掌握板鞋竞速、高脚竞速、毽球运动、抛绣球、跳绳、打陀螺、跳竹竿的基本技术。

素质目标

- 理解民族传统体育运动项目的文化内涵，树立文化自信。
- 培养对民族传统体育运动的兴趣和热情。

第一节　板鞋竞速

板鞋竞速（见图 11-1）是指由多名运动员一起将足套在同一双板鞋上，在田径场上进行的比赛，以在同等的距离内所用的时间多少决定名次。

图 11-1　板鞋竞速

板鞋竞速是壮族传统体育项目之一，起源于明代。相传在明代，倭寇侵扰我国沿海地带，女英雄瓦氏夫人率兵赴沿海地区抗倭。她曾令每 3 名士兵穿一副长板鞋齐跑，以训练士兵的作战能力和协作能力。通过长期训练，士兵的战斗能力得到了提高，不久便击败了倭寇。后来，壮族人民模仿瓦氏夫人练兵，将三人板鞋竞速活动发展成为民间体育活动。每逢喜庆的节日，壮族人民便会在庆典活动中开展多种多样的板鞋竞速项目，如板鞋抢粽粑、板鞋扭秧舞、板鞋戏水、板鞋采香包、板鞋抛绣球、板鞋扇舞、板鞋拳术、板鞋踩气球等。

板鞋竞速所用器材简单，易于开展，可因地制宜，并且不受参与者年龄、性别等条件的限制，不仅是一项集群众性、娱乐性、竞技性于一体的民族传统体育活动，也是学校体育健身活动的常见项目。1986 年，板鞋竞速被列为广西少数民族传统体育运动会竞赛项目。2007 年，板鞋竞速正式成为了第八届全国少数民族传统体育运动会比赛项目。

一、场地与器材

板鞋竞速比赛在标准的田径场上进行。场地线宽均为 5 cm，跑道分道宽 2.44～2.5 m，跑道的数量可根据比赛的需要和场地状况设置。在接力比赛中，每个接力区的长度为 10 m。

以三人板鞋竞速为例，比赛所用的板鞋（见图 11-2）由两块长 1 m、宽 9 cm、厚 3 cm 的木板制成。每只板鞋配有 3 块宽度为 5 cm 的护皮，分别固定在板鞋的特定位置，护皮的高度以套紧脚面为宜。第一块护皮固定在其前沿距板鞋前端 7 cm 处，第三块护皮固定在其后沿距板鞋末端 15 cm 处，第二块护皮固定在第一块护皮与第三块护皮的中间。

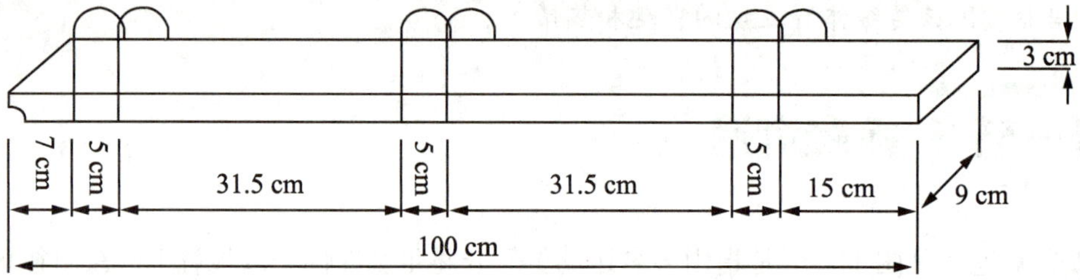

图 11-2　三人板鞋竞速比赛的板鞋示意图

二、比赛规则

板鞋竞速比赛分为单项比赛和接力比赛两大类。具体的比赛规则如下。

（1）当发令员发出“各就位”口令时，运动员应将板鞋置于跑道起跑线后（不得触及或超过起跑线），然后套好板鞋。当发令员发出“预备”口令时，运动员在起跑线后做好起跑准备，在听到发令枪响后起跑。

（2）在比赛过程中，运动员应自始至终在各自的分道内前行。如果有队员的脚脱离板鞋触地，则须在触地处重新套好板鞋，方能继续比赛。

（3）计时员停止计时以第一名运动员身体躯干（不包括头、颈、臂、腿和脚）抵达终点线后沿垂直面瞬间为准。到达终点时，运动员的身体和板鞋须全部超过终点线后才能分离。

（4）接力比赛有以下规定：① 运动员应持接力棒跑完全程，接棒运动员在接力区内等待接棒。② 队员之间的交接棒必须在接力区内完成，即交接时接力棒位于接力区内。③ 队员之间交接棒必须在脚不脱离板鞋的情况下完成。④ 完成交接的队员应在不影响其他运动员比赛的情况下离开接力区。⑤ 每队服装须统一。

（5）当运动员出现以下任一情况时，可判定其犯规：① 在鸣枪前跑进起跑线。② 在比赛过程中串离其所在跑道。③ 比赛中脚脱离板鞋触地，未在原地穿好板鞋。④ 抵达终点时，两只板鞋有部分未过线，脚与板鞋分离。⑤ 在比赛过程中，有阻挡或妨碍其他运动员跑进的行为。⑥ 在接力比赛中，在接力区外交接接力棒。⑦ 交接接力棒时脚脱离板鞋触地。⑧ 在退出接力区时，阻挡或妨碍其他运动员跑进。

第二节　高脚竞速

高脚竞速（见图 11-3）运动是指由运动员双手各持一根高脚杆，两脚分别踩在高脚杆的踏镫上，在田径场上进行的比赛，以在同等的距离内所用的时间多少决定名次。

高脚竞速所用的器材被称为高脚杆，原本是苗族和土家族群众在雨季代步及涉水过浅河的工具。随着社会的发展，踩高脚杆逐渐演变为一种民族传统体育项目。高脚竞速运动易于开展，具有较强的娱乐性和极高的健身价值。在第七届全国少数民族体育传统运动会上，高脚竞速首次被列为正式的比赛项目。

图 11-3　高脚竞速

一、场地与器材

高脚竞速比赛在标准的田径场上进行。场地线宽均为 5 cm，跑道分道宽 2.44～2.5 m。在接力比赛中，每个接力区的长度为 10 m，接力区中线为宽 5 cm 的虚线，前后 5 m 处各画一条直的实线。

高脚竞速所使用的高脚杆由竹子、木材或其他硬质材料制成，整体高度不限，但一般会在高脚杆底部向上 30～35 cm 处加装踏镫。

二、基本技术

（一）持握高脚杆

持握高脚杆的方式有下握式和上握式两种。

下握式的动作要领如下：两脚开立至与肩同宽，两腋夹紧高脚杆，两手虎口向下，大拇指与其他四指分开，紧握高脚杆。双手与肋骨下端同高，双眼平视前方，如图 11-4 所示。

上握式的动作要领如下：将两根高脚杆立于体前，与肩同宽，两手虎口朝上，握紧高脚杆的中上端，如图 11-5 所示。

（二）上高脚杆

动作要领如下：以下握式为例，持握好高脚杆后，一脚先踏上高脚杆的踏镫，另一只脚稍蹬地，然后迅速踏上踏镫，同时两臂内夹，控制好高脚杆，如图 11-6 所示。

动作关键：蹬地上踏要迅速，重心要调整好。

图 11-4　下握式

图 11-5　上握式

图 11-6　上高脚杆

（三）踩高脚杆

动作要领如下：站在高脚杆上，保持身体平衡，双眼平视前方，然后一侧手臂上提，将高脚杆提离地面，同侧脚顺势向前迈步，注意保持身体平稳。

动作关键：调整重心，保持身体平衡。

（四）下高脚杆

下高脚杆的方法有双脚下杆法和单脚下杆法两种。

双脚下杆时，手、脚协调用力，保持身体平衡，然后双脚同时向后跳下，注意落地要平稳。单脚下杆时先保持一侧的重心稳定，另一侧脚蹬踏镫下，后脚跟着落地。

（五）起跑

听到“各就位”口令时，运动员可将自己的惯用脚（以左脚为例）踩在高脚杆的踏镫上，另一只脚立于起跑线后 30 cm 处，两手握住高脚杆上端，两臂处于自然弯曲状态，重心稍向前倾，眼睛自然看向前方，集中注意力听口令；听到“预备”口令时，运动员将立于地面的腿屈膝 135°左右，脚跟稍离地，以前脚掌有力地撑地；同时，身体和高脚杆向前倾，踩在高脚杆上的脚向下压紧，双臂微屈，双手紧握高脚杆上端，注意力高度集中；听到鸣枪后，两手用力握杆，双臂猛力做后伸下拉动作，先踩在高脚杆踏镫上的脚用力下压，位于地面的脚迅速踏上踏镫，两脚踩杆快速向前跑进，如图 11-7 所示。

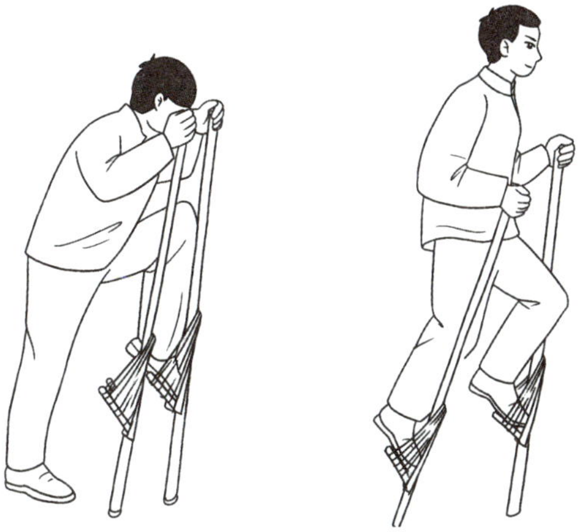

图 11-7　起跑

三、比赛规则

高脚竞速比赛分为个人比赛和接力比赛两大类。具体的比赛规则如下。

（1）当发令员发出“各就位”口令时，运动员应上跑道将两根高脚杆立于起跑线后，可单脚上踏镫。当发令员发出“预备”口令时，运动员在起跑线后做好起跑准备，在听到发令枪响后起跑。

（2）在比赛过程中，运动员应自始至终在各自分道内跑进。如果出现一只脚或双脚触地的情况，须停止奔跑，在重新蹬上踏镫后，方能继续比赛。

（3）计时员的停止计时以运动员身体躯干（不包括头、颈、臂、腿和脚）抵达终点线后沿垂直面瞬间为准。运动员的身体和高脚杆须全部超过终点线后才能分离。

（4）接力比赛有以下规定：① 接力赛采用一副高脚杆进行比赛，运动员交接高脚杆后继续跑进。② 在混合接力赛中，第一、三棒为女队员，第二、四棒为男队员。③ 队员必须在接力区内完成交接，即交接时高脚杆位于接力区内。交杆运动员必须进入接力区内方可人杆脱离，然后进行交接。④ 完成交接的队员应在不影响其他运动员比赛的情况下离开接力区。⑤ 参加接力赛的运动队须在上一赛次前上报运动员的接力顺序。⑥ 每队服装须统一。

（5）当运动员出现以下任一情况时，可判定其犯规：① 在鸣枪前跑进起跑线。② 在比赛过程中串离其所在跑道。③ 比赛中脚触地，未按规定重新蹬上踏镫。④ 抵达终点线时，身体或高脚杆的一部分仍未过线，脚与踏镫分离。⑤ 在比赛过程中，有阻挡或妨碍其他运动员跑进的行为。⑥ 在接力比赛中，在接力区外交接高脚杆。⑦ 在退出接力区时，阻挡或妨碍其他运动员跑进。

第三节　毽球运动

毽球运动（见图 11-8）是指用脚踢毽子的竞技运动，是在我国民间踢毽活动基础上发展起来的民族传统体育项目，是一项简便易行的健身运动。

图 11-8　毽球竞技

毽球运动既有竞技性，又富有民族特色，男女老少都能参加，且场地要求也较低。毽球运动能提升人体在速度、灵敏性、弹跳力、耐力等方面的素质，特别是能够有效提升腰、腿及关节的灵活性。

一、毽球的种类

毽球主要有两类，一类是传统的花毽（见图 11-9），另一类是大毽子（见图 11-10）。

图 11-9　花毽

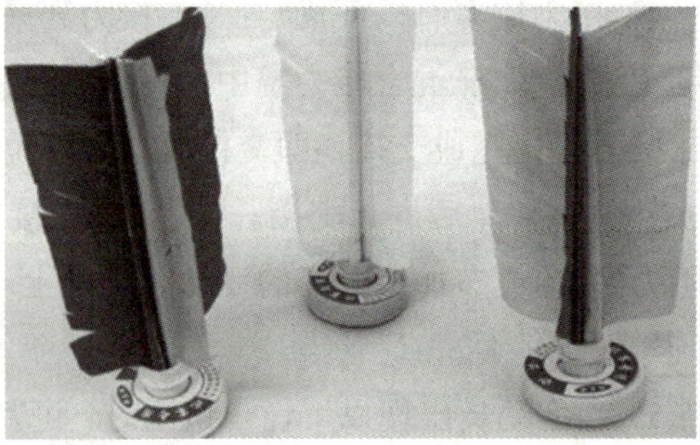

图 11-10　大毽子

花毽的高度一般在 12 cm 左右，多用鸡毛做毽身，铜钱或金属片做底座，因此看起来更美观一些，踢起来弹性也很好。

大毽子的毽身多用鹅毛制成，底座为橡胶材质。大毽子的整体高度为 13～15 cm，重量为 13～15 g。与传统花毽不同的是，大毽子比较重，对技巧的要求相对较高。

二、基本技术

踢毽球的基本技术主要有以下四种。

（一）盘踢

盘踢是指用脚内侧踢毽。其动作要领如下：膝关节外张，大腿向外转动、稍上摆，髋关节和膝关节放松，小腿向上摆，踝关节发力，将毽子踢起，如图 11-11 所示。毽子踢起的高度一般不超过下颌。

（二）磕踢

磕踢是指用膝盖将毽子向上磕起。其动作要领如下：髋关节和膝关节放松，小腿自然下垂，膝关节发力，将毽子磕起，如图 11-12 所示。做磕踢动作时，注意大腿不要向外张或向内扣，毽子踢起的高度一般不超过下颌。

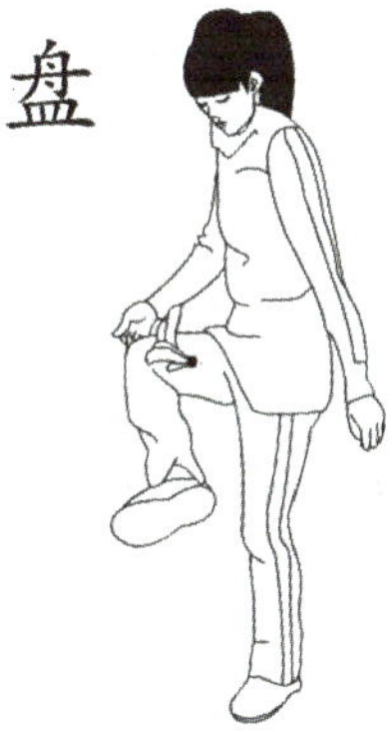

图 11-11　盘踢

图 11-12　磕踢

（三）拐踢

拐踢是指用脚外侧踢毽。其动作要领如下：大腿放松，小腿发力并向体后斜上方摆动，勾脚尖，用脚外侧将毽子踢起，如图 11-13 所示。做拐踢动作时，注意大腿不得摆到体前，小腿向体后斜上方摆动的幅度不要过高。毽子和脚外侧相碰的一刹那，踢毽脚的内侧距离地面一般不越过 30 cm。

（四）绷踢

绷踢又称“绷尖”，是指用脚尖外侧踢毽，适用于踢起即将落地的毽子。其动作要领如下：大腿向前抬起，与上体成 150°～160°角，小腿向前摆动，髋关节、膝关节放松，踝关节发力，脚尖外侧猛地向上用力，将毽子踢起，如图 11-14 所示。

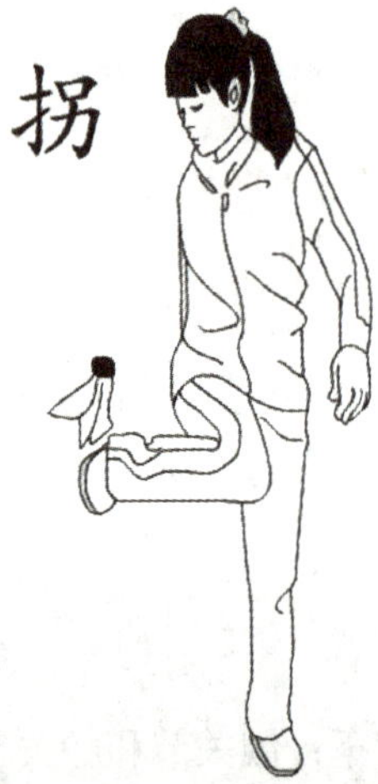

图 11-13 拐踢

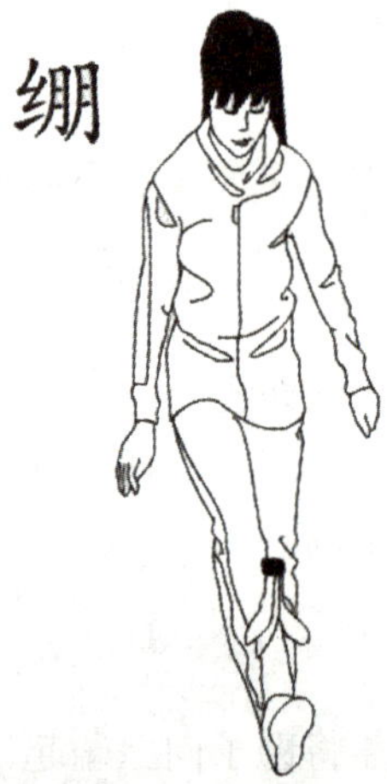

图 11-14 绷踢

第四节 抛绣球

绣球源于古代一种用于投射的兵器。随着社会的发展，绣球逐渐演化为用来娱乐身心和竞技强身的体育器材。抛绣球是壮族的传统体育项目之一，极具民族性和趣味性，已被列为广西少数民族传统体育运动会的竞赛项目，同时也是全国少数民族传统体育运动会的表演项目。

一、场地与器材

抛绣球比赛的场地长 26 m，宽 14 m，必须有明显的界线。在中线两侧 7 m 的地方，各画一条与中线平行、与两条边线相接的线，这两条线为投球控制线。投球控制线到端线之间的地区为投球区。

抛绣球比赛所用的绣球由绸布或花布制成，其直径为 5～6 cm，内装细沙石，重量约为 150 g，绣球系着一根长 90 cm 的绳子。

二、比赛方法

抛绣球的比赛方法有高杆抛绣球和背篓抛绣球（见图 11-15）两种。高杆抛绣球需要运动员甩动绣球，使绣球穿过高杆顶部的圆圈；背篓抛绣球需要运动员和同伴默契配合，运动员远距离抛绣球，同伴背着竹篓接绣球。

图 11-15　背篓抛绣球

在高杆抛绣球比赛中，每支参赛队由 10 名队员组成，男女各 5 人，比赛时间一般为 20 min，分两段进行。比赛场地置有 1 根高 10 m 的杆，杆顶上置有 1 个直径 1 m 的绣球圈。比赛开始后，运动员可在高杆两侧的抛球区内反复将绣球抛向高杆上的圆圈。绣球每抛过圈内 1 次得 1 分，在规定的时间内得分多者为胜者。

在背篓抛绣球比赛中，抛球手听口令开始抛绣球，接球手背球篓站立在接球区内，面对抛来的绣球，判断来球落点并积极跑动，然后采用蹲或半跪的姿势将来球接入篓中，绣球中篓 1 次得 1 分，以规定时间内投入圈内的绣球多者为胜。

第五节　跳绳

跳绳在古代被称为“跳百索”，是我国民间流行的一项传统体育活动。跳绳在明清时期就已盛行，到了近代，更是获得了长足的发展，绳具的材质也有所改进。

常见的绳具有竹节绳和一体绳。竹节绳容易摇动且不易打结，所以适合初级练习者使用。在选择竹节绳时，可以用一只脚的前脚掌踩住绳体中部，然后双手向上提拉，以绳头到达胸部下沿时的长度为宜（见图 11-16）。一体绳摇动起来速度更快，适用于练习者在熟练自如、开始练习高难度动作时使用。

图 11-16　跳绳长度

一、基本技术

（一）直摇并腿跳

1. 动作要领

自然站立，两手握绳，做好准备；两脚掌蹬地发力，并腿跳起至一定的高度，同时提膝、收腹、稍含胸，上臂尽量贴近身体；两手腕均匀发力，迅速向前摇绳，使绳子绕至身体前方；稍屈膝并腿跳过绳子，随后前脚掌着地，如图 11-17 所示。

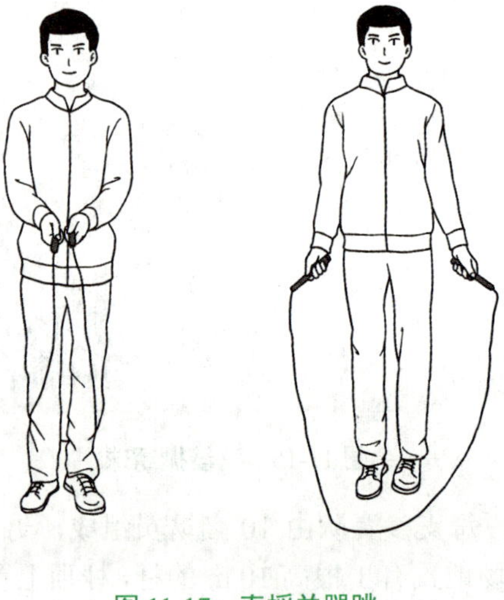

图 11-17　直摇并腿跳

2．动作要求

（1）手臂保持摇绳姿势，注意控制摇绳的节奏。

（2）双脚并拢向上跳，落地时只需前脚掌着地。

（3）把握并脚跳过绳子的时机和节奏。

3．错误动作及纠正方法

错误动作：摇绳节奏与跳动的节奏不匹配。

纠正方法：① 练习徒手摇绳，在摇动绳子的过程中，膝盖随着摇绳的节奏弹动。② 练习原地直腿跳。

4．练习方法

（1）固定手形：空手摇或两手各握一根短绳摇。

（2）徒手跳：双手不持跳绳，模仿整个动作过程。

（3）单个动作练习：每次只跳一下就停下来，然后重新开始。

（4）连续动作练习：以 1 或 2 个八拍为一组进行连续跳练习，跳完一组后可休息 3 min，再继续跳。

（二）单脚交换跳

1．动作要领

以直摇并腿跳姿势为基础，在绳子过脚时，先抬起一只脚跳过绳子，再抬起另一只脚跳过绳子，两脚交替落地，如图 11-18 所示。

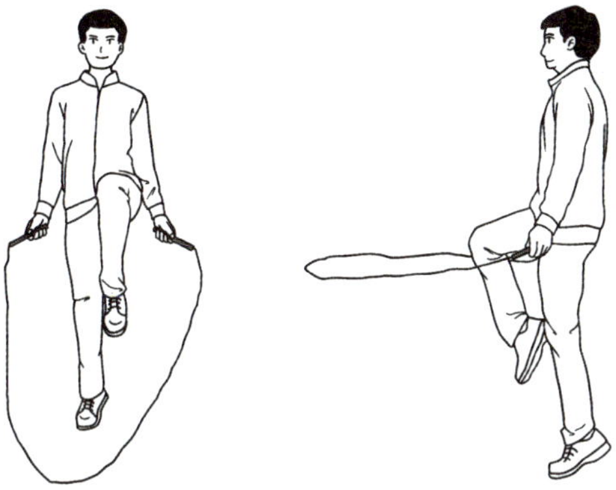

图 11-18　单脚交换跳

2．动作要求

（1）手臂保持摇绳姿势，注意控制摇绳的节奏。

（2）为了加快跳绳速度，抬脚时脚尖应下压，脚尖与地面的距离不超过 10 cm，然后用前脚掌着地。

（3）单脚跳时，应在绳子过脚后再抬另一只脚，两脚交替跳。

（4）把握两脚交替跳过绳子的时机和节奏。

3．错误动作及纠正方法

错误动作：把握不准单脚交换跳与脚跳过绳子的时机，控制不好摇动绳子的节奏，左右脚交替跳绳的动作不协调。

纠正方法：单脚跳时，等绳子过一只脚后再抬另一只脚。

（三）开合跳

1．动作要领

在基本摇绳姿势的基础上，两手持绳向前摇；当绳子过脚并置于空中时，两脚分开与肩同宽，当绳子触地将要过脚时，两脚并拢跳过绳子，如图 11-19 所示。

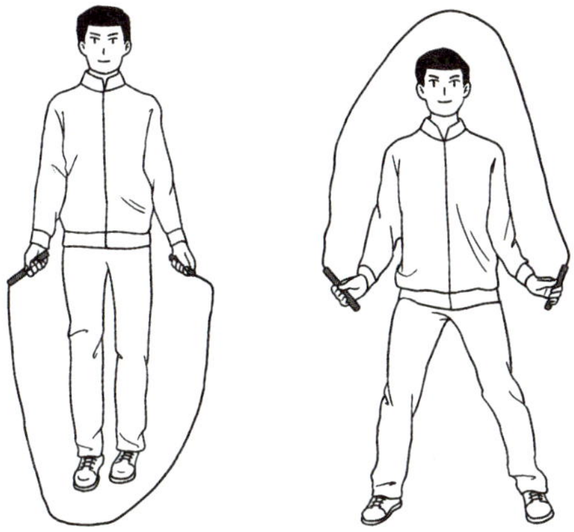

图 11-19　开合跳

2. 动作要求

（1）手臂保持摇绳姿势，注意控制摇绳的节奏。

（2）两脚打开至与肩同宽。

（3）把握两脚开合及脚跳过绳子的时机和节奏。

3. 错误动作及纠正方法

错误动作：把握不准两脚开与合、交换跳及跳过绳子的时机，控制不住摇动绳子的节奏，把握不住两脚开与合的节奏。

纠正方法：两脚由合到开时，等绳子过脚再打开两脚；两脚由开到合时，要先合并两脚再跳过绳子。

（四）弓步跳

1. 动作要领

在基本摇绳姿势的基础上，两手持绳向前摇；当绳子过脚并置于空中时，两脚分开形成弓步，当绳子触地快过脚时，两脚并拢跳过绳子，如图 11-20 所示。

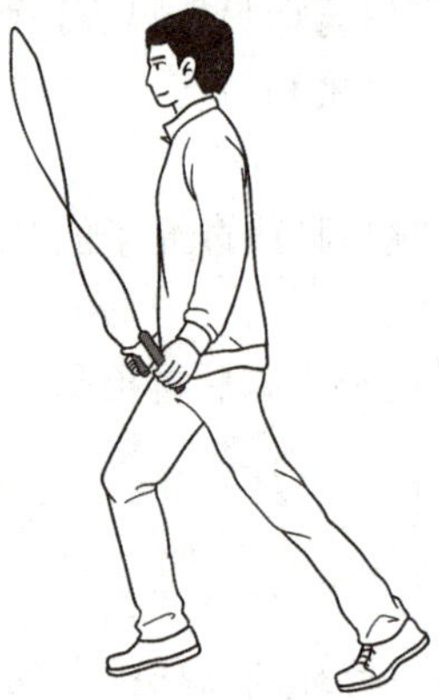

图 11-20　弓步跳

2. 动作要求

（1）手臂保持摇绳姿势，注意控制摇绳的节奏。

（2）两脚打开时，前腿弯曲角度在 30°～60°之间，后腿必须伸直，并且脚后跟不能着地；两脚的间距约为 20 cm。

（3）把握弓步跳过绳子的时机和节奏。

3. 错误动作及纠正方法

错误动作：把握不准弓步跳与跳过绳子的时机，控制不好摇动绳子的节奏、两腿弓与合的节奏。

纠正方法：两腿由合到弓时，要等绳子先过脚再打开双脚成弓步；两腿由弓到合时，先合并两脚再跳过绳子。

（五）并脚左右跳

1. 动作要领

在基本摇绳姿势的基础上，当绳子过脚并置于空中时，两脚并拢，分别向左跳和向右跳，如图 11-21 所示。

2. 动作要求

（1）手臂保持摇绳姿势，注意控制摇绳的节奏。

（2）左右跳时一直保持并脚，左右跳的时间间隔不宜过长，左右落地点的间距与肩同宽。

（3）左右跳时，两手腕注意放松，自然、柔和地摇绳，手与脚的动作节奏是一摇一跳。

（4）左右跳时，踝关节和膝关节注意放松，控制好跳动的节奏与时机，前脚掌着地时，动作要轻盈。

（5）身体挺直，目视前方。

（6）把握并脚左右跳过绳子的时机和节奏。

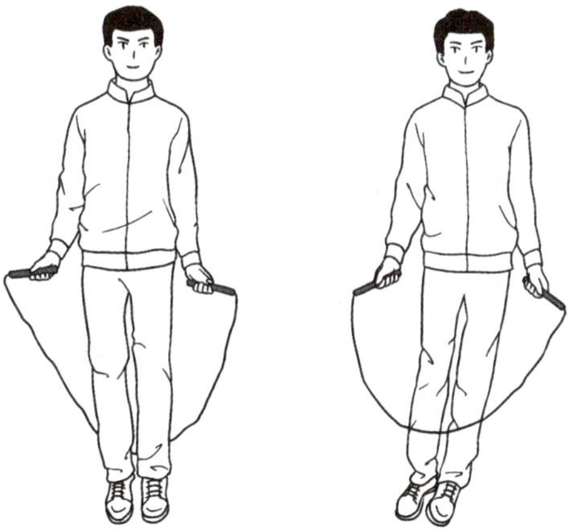

图 11-21　并脚左右跳

3. 错误动作及纠正方法

错误动作：把握不准并脚左右跳与脚跳过绳子的时机，控制不好摇动绳子的节奏、并脚左右跳的节奏。

纠正方法：① 练习徒手摇绳，在摇动绳子的过程中，脚尖着地，膝盖弯曲，随着节奏弹动。② 练习原地并脚左右跳。

4. 练习方法

先做徒手动作练习；再做分步骤练习，即双手摇绳，双脚左右跳；最后手脚配合完成动作。

二、交叉与双摇动作

（一）交叉

1．动作要领

由基本摇绳姿势开始，两脚蹬地发力，跳起至一定的高度，同时两手迅速向前摇绳；当绳子越过头顶后，两手顺势在腹部位置做交叉动作，两手腕用力摇绳，让绳子顺利通过脚下绕身体一周，如图 11-22 所示。

图 11-22　交叉

2．动作要求

（1）两前臂交叉贴于腹部，交叉的位置大约在前臂的中间。

（2）两臂做交叉动作时，拳心向后，拳眼向上，摇绳时由后向上摇起。

（3）当绳子快落地时，并脚跳起过绳。

（4）两臂交叉的位置要恰当，在两臂做交叉动作时，两手也要摇绳。

3．错误动作及纠正方法

错误动作：两臂交叉的位置不恰当或两臂交叉时两手没有摇绳。

纠正方法：练习时，刻意控制两臂交叉的位置，并尝试徒手摇绳。

4．练习方法

（1）徒手跳：原地徒手练习两臂交叉和两脚跳动的动作配合。

（2）跳空绳：两手各握一根短绳，由后向前摇动绳子，并在体前做交叉动作。

（3）交叉踩绳：绳子摇到体前时，两臂做交叉动作，然后双脚踩住绳子中间。

（4）组合动作练习：双脚能踩住绳子后试着跳过，再练习连续跳过。

（二）直双摇跳

1．动作要领

在直摇并腿跳的基础上，加快摇绳速度，双腿屈膝并向上跳，手腕摇 2 次绳子，两脚跳过 1 次，如图 11-23 所示。

2．动作要求

（1）手臂保持基本摇绳姿势，注意控制双摇跳的节奏。

（2）控制摇绳的速度和手腕力度，双腿屈膝，上跳高度约为 20 cm。

（3）两脚落地时，用前脚掌着地，以起到缓冲的作用；双手摇绳 2 次，两脚跳过绳子 1 次。

（4）把握摇绳的节奏和两脚跳过绳子的时机。

3．错误动作及纠正方法

错误动作：① 把握不准摇绳的节奏和脚跳过绳子的时机。② 落地时用全脚掌着地。

纠正方法：① 起跳时摇绳的速度加快，接第二个动作的时候，双脚在地面停留 2 s，这样，缓冲时间会多一点。② 学会用前脚掌发力，用前脚掌着地缓冲。

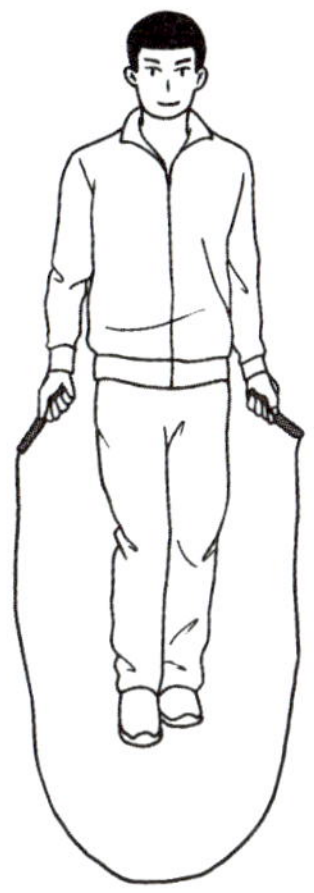

图 11-23　直双摇跳

4．练习方法

（1）徒手跳：练习原地徒手跳，体会双摇跳的动作要领和节奏。

（2）直摇并腿跳练习：放慢节奏，两脚用力向上跳起至一定的高度，摇绳的节奏要和脚跳的速度相匹配。

（3）单个动作练习：在直摇并腿跳的基础上，手腕尝试摇两次绳。手和脚配合完成一次动作后停下，然后反复练习。

（4）组合动作练习：在单个动作练习的基础上，以 5～10 个动作为一组，练习 10 组。

（三）直摇交叉

1．动作要领

在直双摇跳动作的基础上，将直双摇跳的第二个直摇动作改成交叉动作，在两脚起跳到落地的过程中完成手臂直摇交叉。交叉动作为两臂交叉，置于胸前，如图 11-24 所示。

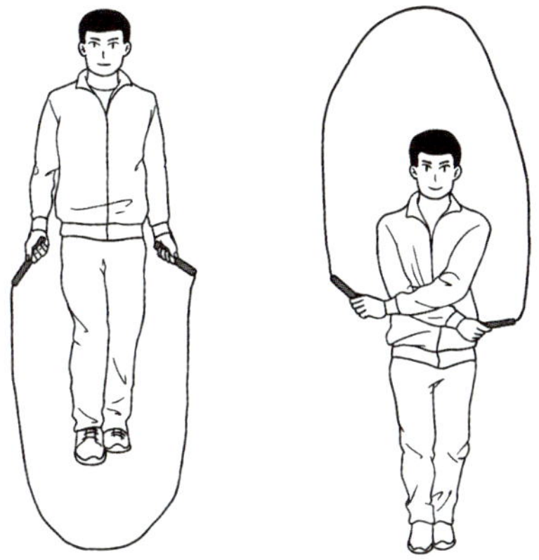

图 11-24　直摇交叉

2．动作要求

（1）手臂保持基本摇绳姿势，注意把握双摇的节奏。

（2）直摇交叉的动作应在空中完成，两臂交叉和手腕摇绳的速度要快，并且要控制好两脚落地的节奏。

（3）把握摇绳的节奏和跳的时机。

3．错误动作及纠正方法

错误动作：两臂交叉的位置不恰当，导致两脚跳的时候出现问题。

纠正方法：在空中做交叉动作的时候，要控制好手臂，用手腕来发力，这样动作连接起来比较顺畅。

4．练习方法

（1）徒手跳：练习原地徒手跳，体会直摇交叉的动作要领和节奏。

（2）带绳单个动作练习：完成一次直摇交叉动作后停下来，然后反复练习。

（3）连续练习：在单个动作练习的基础上，以 5～10 个动作为一组，练习 10 组。

（四）交叉直摇

1．动作要领

起跳时双臂先做交叉动作，然后双臂在空中分开，再做直摇并腿跳的动作，如图 11-25 所示。

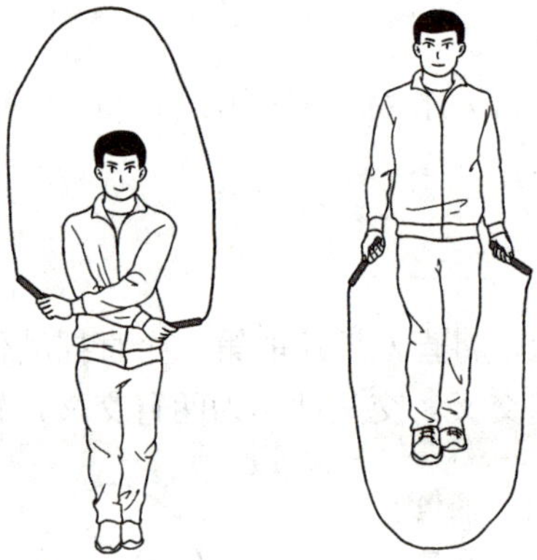

图 11-25　交叉直摇

2．动作要求

（1）在两臂交叉时，用手腕发力摇绳。

（2）两臂从交叉过渡到直摇时，动作要快。

（3）起跳以前，脚掌发力，落地以前，脚掌着地。

（4）在交叉双臂时，手腕要正确发力，注意把握摇和跳的时机、节奏。

3．错误动作及纠正方法

错误动作：交叉两臂时，手腕的发力方法不对，导致难以控制身体重心。

纠正方法：多练习交叉直摇，培养摇绳的节奏感。

4. 练习方法

（1）徒手跳：练习原地徒手跳，体会交叉直摇跳的动作要领和节奏。

（2）单个动作练习：初学时把速度放慢，练习交叉直摇的单个动作。

（3）组合动作练习：以 5～10 个动作为一组，练习 10 组。

（五）交叉双摇

图 11-26　交叉双摇

1. 动作要领

起跳时，保持双臂交叉的摇绳姿势，在空中完成第二个双臂交叉摇绳动作的同时，双脚跳过绳子落地，如图 11-26 所示。

2. 动作要求

（1）起跳时膝盖微屈，起跳高度约为 20 cm。

（2）摇绳的速度要快，落地时前脚掌着地缓冲。

（3）注意把握起跳的时机和摇绳的节奏。

3. 错误动作及纠正方法

错误动作：交叉双臂时上臂发力，动作过猛，导致控制不了绳子。

纠正方法：先练习带绳单摇、双摇，熟悉用手腕发力摇绳，再练习交叉双摇。

4. 练习方法

（1）徒手练习：原地徒手练习，体会交叉双摇的动作要领和节奏。

（2）单个动作练习：完成一次交叉双摇动作后停下来，然后反复练习。

（3）组合动作练习：可以将直双摇和交叉双摇结合起来练习。

（六）侧甩直摇

1. 动作要领

将绳子由右后方向左前方甩一下，此时右手在上，左手在下；侧甩绳子的同时，双脚准备向上跳，然后以直摇并腿跳的方式过绳落地，如图 11-27 所示。做侧甩直摇动作时，可交替向身体两侧甩绳。

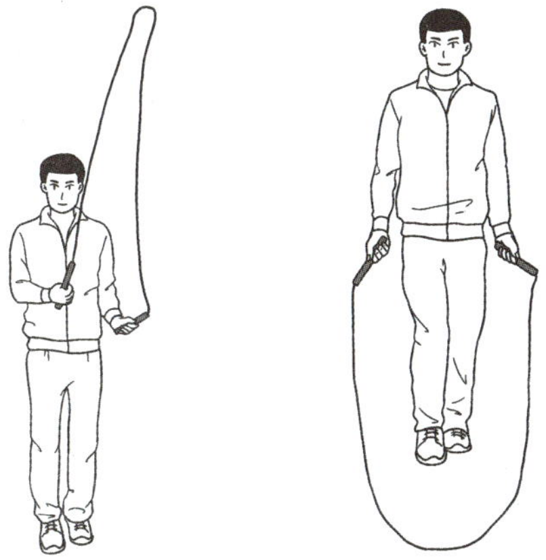

图 11-27　侧甩直摇

2．动作要求

（1）绳子从右后方向左前方甩动的同时，双脚要准备向上跳。

（2）转成直摇跳的时候，要控制住手臂，稳住身体重心。

（3）起跳时前脚掌发力，落地时前脚掌着地。

（4）注意把握侧甩时两手的位置。

3．错误动作及纠正方法

错误动作：左右侧甩时手的位置不恰当。

纠正方法：原地练习侧甩，熟练后再加入单直摇动作，然后过渡到双摇。

4．练习方法

（1）徒手练习：原地徒手练习，体会侧甩、直摇和双摇的节奏。

（2）带绳连续练习：带绳子练习，先练习将绳子甩向一侧，再练习将绳子甩向左右两侧。以 5～10 个动作为一组，练习 10 组。

第六节　打陀螺

打陀螺（见图 11-28）历史悠久，是一项深受人们喜爱的传统体育项目。

图 11-28　打陀螺

在不同地域，打陀螺的玩法也有所不同，有的是用鞭子连续抽打陀螺，使之在冰面或平滑的地面上不停地旋转，或与其他陀螺相互碰撞后，看哪只陀螺旋转得更快、更久；有的是将陀螺旋放或抽打到一定距离以外的规定范围内，看谁将陀螺放得准，看谁的陀螺旋转得久；有的是先将一只陀螺旋放，然后由其他人站在一定距离之外用旋转着的陀螺去击打它，看谁打得准，看哪只陀螺旋转得久；还有的是用鞭子抽打陀螺，使其上斜坡或越过各种障碍，看哪只陀螺先到达终点。在第五届全国少数民族传统体育运动会上，打陀螺被列为正式比赛项目。

一、场地与器材

（一）场地

陀螺比赛在平整无障碍物的地面上进行。比赛场地（见图 11-29）包括比赛场区和无障碍区。比赛场区为长 20 m、宽 15 m 的长方形。场地线宽 5 cm（以外沿计算），其四周应有宽度为 2 m 以上的无障碍区。

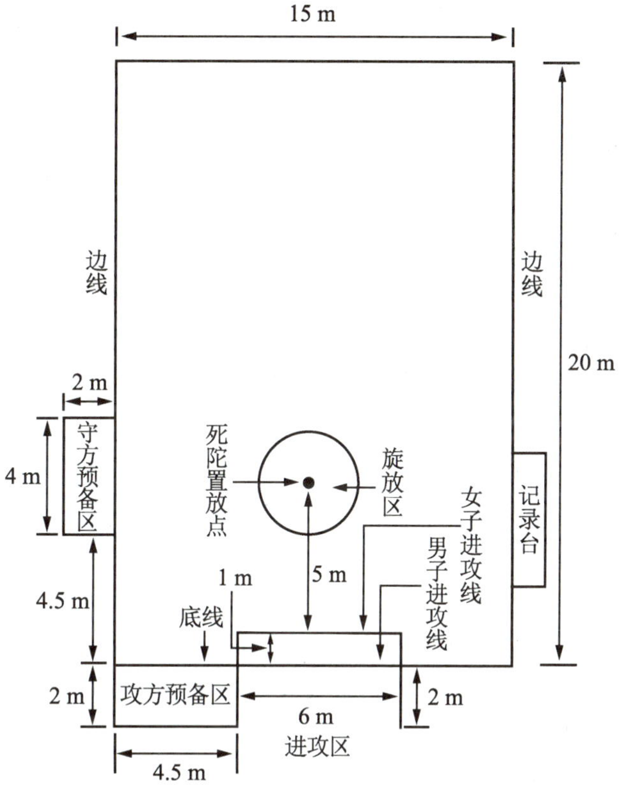

图 11-29　陀螺比赛的场地示意图

在场地左边线距底线 4.5 m 的无障碍区内，设有一个 4 m×2 m 的长方形区域作为守方预备区。在进攻线左侧距底线 2 m 的无障碍区内，设有一个 4.5 m×2 m 的长方形区域作为攻方预备区。

沿底线中点并垂直于底线的场内 6 m 处，画有半径为 5 cm 的实心圆点，即死陀置放点。以死陀置放点中心为圆心，画有半径为 0.75 m 的圆作为旋放区（可铺设橡胶垫）。

从底线中点向两侧延伸 3 m 所构成的线为男子进攻线。与男子进攻线同宽，平行向场内移 1 m 处设女子进攻线。进攻线全长 6 m，线宽 5 cm（以内沿计算）。

以男子进攻线两端向场外各画一条与底线垂直的线，线长 2 m。这两条线与比赛场区底线（以外沿计算）与之间的区域为男子进攻区（以内沿计算）。以女子进攻线两端点向场外方向各画一条与底线垂直的线，线长 1 m（同男子进攻区的两条垂直线相连）。这两条线与进攻线之间的区域（含男子进攻区）为女子进攻区（以内沿计算）。

（二）器材

陀螺比赛用到的器材包括陀螺和鞭。

比赛所用的陀螺为非金属平头陀螺。陀螺不得上色，除锥尖可装置直径不超过 0.8 cm 的金属钉外，不得填充或装饰金属和其他材料。陀螺直径为 9～10 cm，高度（含钉高度）为 10～12 cm，陀螺圆柱体高度为 5～6 cm（从陀螺的顶部平面丈量至锥体的交界处），重量为 800～900 g。陀螺在比赛前应经过检验，检验合格后做标记，攻守陀螺应区别标记。

陀螺比赛所用的鞭由鞭绳和鞭杆组成。鞭绳不得用金属材料制作，其粗细不限。男子所用鞭绳长度为 6 m，女子所用鞭绳长度为 5 m（不得少于 2 m）。鞭杆长度不超过 0.6 m。

二、比赛规则

陀螺的比赛规则如下：两队在比赛场地上，守方将陀螺旋放于旋放区，待陀螺旋转稳定后，攻方抛掷旋转的陀螺，将守方陀螺击出比赛场区或击停，而攻方陀螺仍保持旋转。比赛只计攻方得分，以当场比赛的累计得分决定该场胜负，得分多的队为获胜队。

当运动员出现以下任一情况时，可判定其犯规。

（1）守方队员旋放陀螺时，身体的任何部位及鞭杆触及旋放区。

（2）攻方队员在进攻时身体的任何部位或鞭杆触及比赛场区地面。

（3）攻方队员实施进攻后，可滞留在进攻区内。但在裁判员未发出捡陀螺信号前，攻方队员身体的任何部位及鞭杆触及比赛场区地面。

（4）在裁判员未发出捡陀螺信号前，守方队员身体的任何部位触及比赛场区地面。

（5）顺序错误：比赛中，攻守的一方或双方未按比赛位置表顺序出场参加比赛。

（6）更换器材的时间超过 2 min。

第七节　跳竹竿

跳竹竿（见图 11-30）是我国少数民族传统体育项目，具有悠久的历史渊源和深厚的文化内涵。2006 年被国务院列入第一批国家非物质文化遗产名录。它是一项不受场地条件限制，对参与者的性别、年龄没有特殊要求的休闲娱乐运动项目。

图 11-30　跳竹竿

跳竹竿的动作必须根据敲竹竿的动作进行合理设计，做到敲竹竿与跳竹竿的节奏一致。

一、敲竹竿的基本技术

负责敲击竹竿的运动员面对面相距 4 m 左右，平坐、下蹲或跪坐在竹竿两端，双手各握一根竹竿，听口令或音乐的节拍，通过提、拉、开、合等动作，相互碰击手中的竹竿和用竹竿敲击竹竿架，发出清脆且有节奏的敲击声。

（一）握竹竿的手法

握竹竿时，应握住竹竿外侧靠上的部分，并且不能用手掌紧握竹竿，否则会导致手指在敲击竹竿时受伤，同时会影响敲击竹竿的节奏。

（二）敲竹竿的方法

相互碰击两根竹竿时，应将两根竹竿沿竹竿架平行内移，然后根据节拍，轻轻碰击。用竹竿敲击竹竿架时，应将两根竹竿沿竹竿架平行外移，使其间距为 40～50 cm，然后提竿向下轻敲竹竿架。提竿时，应使竹竿高出竹竿架 5～8 cm。值得注意的是，竹竿的间距不能过窄，提竿不能过高，否则会导致跳竹竿的运动员踩竿或勾脚，从而造成其身体损伤或器材损坏。

二、跳竹竿的技术动作与方法

跳竹竿要求运动员按照不同的节奏在竹竿空隙中进退跳跃，既不能踩着竹竿，也不能被竹竿夹住。

（一）跳竹竿的技术动作

跳竹竿的技术动作由步法和手臂动作组成。其中，步法主要有进步、退步、踏步、点步、跨步、跳步等；手臂动作主要有前后摆臂、左右摆臂、上下挥臂、摆臂击掌等。

（二）跳竹竿的方法

跳竹竿的常见方法有以下几种。

1. 前后换脚跳

运动员站在两根竹竿之间，跟随竹竿开合的节奏，两脚快速蹬地跳起，并在空中完成前后分腿动作，落地时，两脚落在两根竹竿之间。连续且快节奏地重复上述动作，双手叉腰或双臂前后摆动。

2. 内外合、分腿跳

运动员两腿跨在两根竹竿外侧，然后跟随竹竿开合的节奏，两脚快速蹬地跳起，并在空中完成快速并腿动作，落地时，两脚落在两根竹竿之间。随后，两脚再次快速蹬地跳起，并在空中快速完成左右分腿动作，落地时，两脚分别落在两根竹竿的外侧。连续且快节奏地重复上述动作，双手叉腰或双臂前后自然摆动。

3．手拉手连续转圈跳

两名运动员面对面、手拉手，两腿分别跨在两根竹竿的外侧，然后跟随竹竿开合的节奏，单腿依次蹬摆或双脚同时蹬地，按逆时针或顺时针的方向绕竿转圈蹬跳。

（三）跳竹竿的注意事项

运动员在跳竹竿时，身体应随敲击竹竿的节奏自然移动，身体重心不能靠后，并使用前脚掌着地。运动员在练习过程中，应先练习跳单竹竿，再练习跳双竹竿；先练习单人跳，再练习多人或集体跳；先练习使用单一动作跳，再练习多个动作组合跳。

强体筑梦

播撒民族传统体育的“种子”

体育是社会发展和人类进步的重要标志，也是促进人全面发展的重要手段。建设体育强国，实现全民健康，民族传统体育项目不能缺席。“十四五”时期，国家倡导通过民族传统体育项目进校园活动，在青少年心中种下“种子”，让中华民族传统体育在校园中绽放光彩。

首先，要讲好中华民族传统体育项目的历史和故事，让传统体育项目“活起来”。我们要积极、主动地宣传中华民族传统体育项目，弘扬中华体育精神，让更多的人了解传统体育项目，特别是让广大青年参与进来，为传统体育项目的发展注入活力。

其次，要插上“互联网+”的翅膀，让传统项目“动起来”。当前，传统体育项目应搭上“互联网+”这一发展快车，开展形式多样的线上培训、线上展示、线上竞赛等活动，扩大覆盖人群。同时，借助传统体育项目的开展，帮助广大青年养成健康、文明、向上的生活方式。

最后，应深入挖掘中华民族传统体育项目里的育人元素，让传统项目“潮起来”。蔡元培曾强调，“完全人格，首在体育”。中华民族传统体育项目除了具有强身健体的功能，还具有文明教化的作用，比如倡导“求同存异、和而不同”的处世方法，蕴含“形神兼备、情景交融”的美学追求等。“十四五”时期，各类院校应以体育课程结合思政的方法，通过教学与实践教授学生运动知识和项目技能，更教授学生如何为人处世，待人接物，帮助学生在体育锻炼中享受乐趣、增强体质、健全人格、锤炼意志。

健康是每个人实现幸福生活的重要基础，人民健康是民族昌盛和国家富强的重要标志。我们相信，只要不断激发人民群众特别是青少年对民族传统体育项目的参与热情，一定能切实增强人民体质、推进体育强国建设进程，为中华民族伟大复兴提供凝心聚气的强大力量。

（资料来源：央广网，有改动）

第十二章　休闲健身运动

知识目标

- 了解定向运动的分类，熟悉定向运动的装备，掌握定向运动中路线选择的原则。
- 了解登山运动的分类，熟悉登山运动的装备，掌握登山运动的基本技术。

素质目标

- 磨炼不怕吃苦、勇于攀登的坚强意志。
- 通过健康、有益的方式提升身体素质，陶冶情操，增长知识。

第一节　定向运动

定向运动是一项运动员借助地形图和指北针，按规定的顺序独立寻找若干个标绘在地图上的地面检查点，并以最短的时间完成比赛的竞技运动。

一、定向运动的分类

定向运动分为徒步定向、滑雪定向和山地车定向等。其中，徒步定向的形式与比赛方式多种多样。

按照场地的不同，徒步定向可分为公园定向、校园定向、山地定向、城镇定向等；按照活动时间的不同，徒步定向可分为夜间定向、白日定向、多日定向等；按照比赛距离的不同，徒步定向可分为短距离赛、中距离赛、长距离赛等；按照组织形式的不同，徒步定向可分为个人赛、团队赛、积分赛、接力赛等。

二、定向运动的装备

（一）定向地图

定向地图（见图 12-1）是定向运动中的重要工具，与一般地图相比，定向地图更加详尽地记录了地面的情况并标示了定向路线。一条标准的定向路线通常包括一个起点（图中用三角符号表示）、一个终点（图中用双圆圈表示）和多个检查点（图中用单圆圈表示）。点与点之间的自由选择路线用实线表示，必须经过的路线用虚线表示。

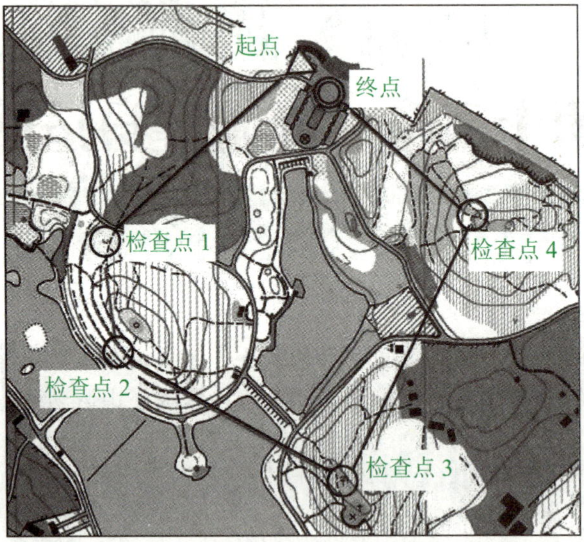

图 12-1　定向地图示意图

山地定向地图的比例尺大多为 1∶10 000（地图上的 1 cm 相当于实际场地中的 100 m），公园定向地图的比例尺一般为 1∶5 000 或 1∶4 000（地图上的 1 cm 相当于实际场地中的 50 m 或 40 m）。定向地图中不同的颜色所表示的信息也有所不同，具体如下。

（1）黑色：表示人造地物，如建筑物、道路等。

（2）棕色：表示地貌，如山丘、小坑等。

（3）蓝色：表示任何有水的地方，如湖泊、溪流和泥沼等。

（4）绿色：表示被植被覆盖，以及植被浓密且难通过的地区。绿色越深的地区，越难通过。

（5）白色：表示普通的林区，容易通过。

（6）黄色：表示空旷地，易于奔跑。

（7）紫色：表示线路。

（二）指北针

指北针是一种用于指示方向的工具，如图 12-2 所示。指北针的基本原理是利用地球磁场的作用指示北方方位。

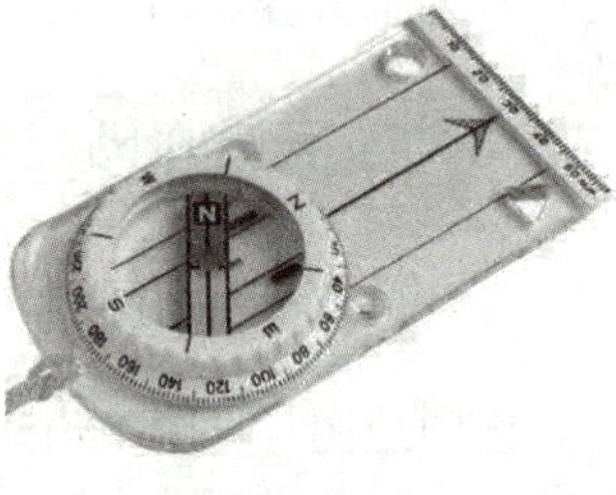
图 12-2　指北针

指北针使用方法如下：

（1）先将地图保持水平，再将指北针平放到地图上。

（2）在地图上，将指北针的（长边）边缘与站立点（图中自己位置）和下个目标点之间的连线平行或重合。

（3）慢慢地转动身体，使指北针的红色末端（N：实际北方）指向与地图上的方位指向（地图上标示的北方）一致。

（4）按照指北针的箭头方向前进。

（三）检查卡

在定向运动中，通常用点标旗（见图 12-3）标示检查点。点标旗由 3 个正方形小旗连接而成，每个正方形小旗均沿对角线分成 2 个三角形，位于左上方的三角形为白色，位于右下方的三角形为橙色。

为了证明运动员找到并到访了各个检查点，赛事组织人员会在比赛前为每名运动员发放检查卡。常见的检查卡有检查卡片和电子指卡（见图 12-4）。

检查卡片分为主卡和副卡两部分，主卡由运动员在比赛中随身携带，每到达一个检查点，运动员应将该检查点的点签图案印在主卡的空格中，待到达终点后，交给裁判人员验证，副卡则由赛事组织人员保管，以作留底和公布成绩使用；电子指卡由运动员在比赛中随身携带，每到达一个检查点，运动员应将电子指卡靠近该检查点的点签器（见图 12-5），以完成打卡。

图 12-3　点标旗

图 12-4　电子指卡

图 12-5　点签器

（四）服装

定向运动服装以轻便、舒适为宜，过紧或太厚的衣物会使运动员行动不便；鞋的选择以轻便、结实为主，鞋底应能牢固地“抓住”所有类型的地面，包括湿滑的泥泞地面和坚硬的岩石地面。

三、定向运动的路线选择

在定向运动中，选择最佳路线不仅能保证安全，还能节省体力和时间。在选择路线时，一般应遵循以下原则。

（1）有路不越野。尽量选择沿道路行进，这不仅是因为在道路上容易确定站立点，使运动员增加前进的信心，还因为道路的地面相对平坦，有利于加快行进速度。

（2）走高不走低。如果不得不越野，则要尽量在高处（如山脊）行进，避免在低处（如山谷）行进。地势高的地方视野好，便于确定站立点和保持正确的行进方向，并且高处通风、干燥，荆棘、杂草、虫害等较少。另外，在山脊这样的地方，常常会有放牧、砍柴的人踏出的小路，沿着这些小路行走可以加快行进速度。

第二节　登山运动

登山运动是指徒手或使用专门装备攀登各种山峰或山岭的一种运动。

一、登山运动的分类

根据山峰的地势和攀登方式的不同，登山运动可以大致分为探险登山（又称“高山探险”）、健身登山和竞技登山（包括攀岩和攀冰等）。

（一）探险登山

探险登山（见图 12-6）的对象往往是海拔 4 000 m 以上并终年积雪的山峰。登山队员会面临地势陡峭、强风低温、高山缺氧等情况，以及其他可能发生的山间危险。因此，探险登山不是登山队员之间的比赛，而是登山队员与恶劣的自然环境的对抗。

参加探险登山的登山队员需要具备良好的体能、丰富的登山知识和相关专业技能。另外，个人装备和整个队伍的后方保障也至关重要。

（二）健身登山

健身登山（见图 12-7）一般在海拔不超过 3 500 m 的山地进行。健身登山的形式多样，可以将登山与旅游相结合，也可以组织定向登山比赛等。健身登山比探险登山更具可实施性。

图 12-6　探险登山

图 12-7　健身登山

（三）竞技登山

竞技登山是指熟练运用攀登技术和各种技术装备攀登悬崖峭壁或冰壁的登山活动，如攀岩、攀冰等，如图 12-8 所示。

攀岩　　攀冰

图 12-8　攀岩和攀冰

学练提示

（1）如果攀登的山比较高，那么可以在登山前做 10～20 min 的热身运动来放松全身肌肉，这样在攀登时会感觉轻松一些。

（2）向上攀登时，视线最好保持在前方 3～5 m 处，不要一直往上看，以免产生疲惫感。

（3）如果山崖比较陡峭，可做“Z”字形攀登，这样比较省力。

（4）下山时，一定要控制脚步的节奏，不可太快，以免受伤。

二、登山运动的装备

下面以攀岩为例，简要介绍登山运动的运动装备。

攀岩的运动装备不仅是攀岩者向上攀登的辅助工具，也是攀岩者在攀登过程中的安全保证。攀岩常用的运动装备如图 12-9 所示。

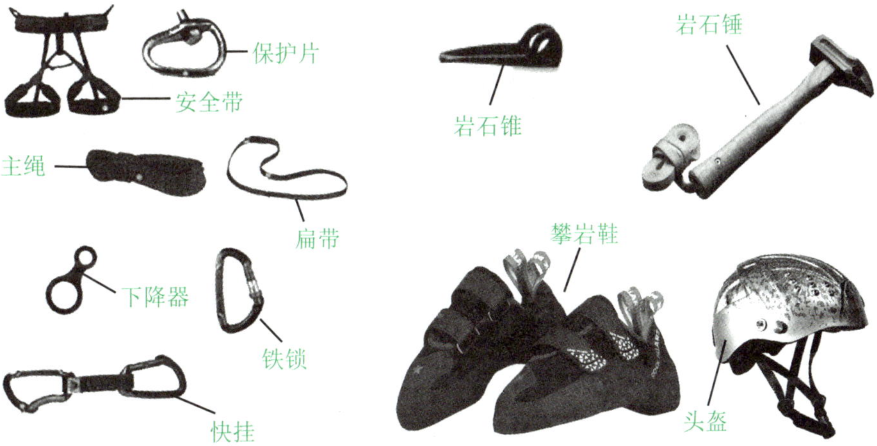

图 12-9　攀岩常用的运动装备

（1）安全带是连接攀岩者和攀岩绳的一种装备。其主要作用是承受冲坠力和分散拉力，同时让攀岩者处于舒适、安全的状态。

（2）攀岩绳分为主绳和辅绳。主绳用高强度的尼龙材料按特殊的方法编织而成，具有较强的延展性，可以吸收攀岩者在下降过程所产生的大部分冲击力，从而降低对攀岩者的伤害。辅绳结实耐磨，抗拉扯，是攀岩时的辅助用绳。

（3）扁带是各个保护装备之间的软性连接装置。

（4）保护片和下降器可以在攀岩者攀爬和下降的过程中与绳子产生摩擦力，从而保障攀岩者的安全。常见的下降器为 8 字环下降器。

（5）铁锁和快挂用来连接主绳、凸起、安全带、保护片、下降器等，是保护系统中的刚性连接装置。

（6）岩石锥是一种由金属材料制成的保护器械，用于打入岩缝中制造人工凸起。攀岩者可根据岩缝的不同而使用不同的岩石锥。

（7）岩石锤是用于敲打岩石锥的工具。

（8）攀岩鞋是一种摩擦力很大的登山专用鞋。

（9）头盔可起到保护攀岩者头部的作用。

（10）镁粉可吸收攀岩者手上的汗液和凸起表面的水分，以增大手掌与凸起之间的摩擦力。镁粉袋一般挂于腰后，攀岩者可随时用手蘸取。

三、登山运动的基本技术

扫一扫

了解攀岩

下面以攀岩为例，简要介绍登山运动的基本技术。

（一）保护点的设置

保护点分为上方保护点和中间保护点（又称“临时性保护点”）。根据不同的岩壁条件，攀岩所需的保护点的数量从一个到多个不等。

（1）在设置上方保护点时，选择的固定点要绝对安全，可选择人工岩壁上设置好的横栏、自然岩壁上的大树等。在确定保护点之前，必须仔细测试其牢固程度和可承受的力量。

（2）在设置中间保护点时，可选择岩壁上的树木、犄角状岩体等，或者使用岩石锥、岩石锤等改造岩壁来制造保护点。当设有多个中间保护点时，要注意尽量使这些保护点受力均匀。

（二）攀爬技术

攀岩者需要具备良好的身体条件和较高的专业技术水平，其手脚的协调配合与全身的协调用力会使攀岩动作更加流畅。

1. 抓握方法

岩壁上的凸起形状各异，攀岩者要根据这些凸起的形状采取不同的抓握方法。常用的抓握方法有开握、抠握、反抠、曲握和捏握等。

（1）开握的动作要领如下：如果凸起的边缘或边缘上的小洞可以支撑住手指的前两个指关节，那么可将虎口张开，四指并拢，让手指与凸起充分接触，而手掌则不用紧握凸起。

（2）抠握的动作要领如下：遇到相对较小的凸起时，可先将四指并拢，套住该凸起，再用拇指压住食指，以完全套牢凸起。

（3）反抠的动作要领如下：掌心向上，手指抠握凸起，以维持身体平衡；反抠时，手要尽可能地伸到凸起的背后。

（4）曲握的动作要领如下：手掌弯曲，四指并拢，拇指压在食指上，用手掌的外边缘抠握住凸起。曲握主要用于抠握小球状的凸起。

（5）捏握的动作要领如下：当凸起没有可抓握的边缘时，可以通过捏来增加握点的可靠性。一般来讲，拇指捏的方向与其余四指抓的方向是相对的，但有时因凸起形状的特殊性，拇指捏的方向可能与四指方向成90°。

2. 脚法

脚的负重能力很强，因此在攀岩时，要充分利用脚的力量。攀岩时常用的脚法有正蹬、侧蹬和换脚。

（1）正蹬的动作要领如下：用鞋尖和鞋尖内侧去蹬岩壁上不规则、粗糙的地方及缺口和凹陷处；正蹬时，后脚跟要立起来。

（2）侧蹬的动作要领如下：用鞋的外侧去踩光滑的凸起。侧蹬能使攀岩者的身体更加紧贴岩壁，便于攀岩者将身体重心放在脚上，还能减小手部的拉力。

（3）换脚的动作要领（以从右脚换到左脚为例）如下：先把左脚提到右脚上方，右脚以脚下凸起的右侧为轴，向逆时针方向移动，把凸起左侧空出来，此时身体重心仍然在右脚上；左脚从上方切入，踩到凸起上，然后将身体重心转移到左脚上。

（三）下降技术

在下降过程中，攀岩者需要沿主绳依次向下倒手。在倒手时，一手先将抓结捋下，然后双脚在双手下移的同时向下移步。倒手和移步要配合进行，前脚掌尽量蹬住岩壁，以减轻手臂的负担。双腿分开，以使身体保持平衡。当臂力不足、倒手存在困难时，也可用双手沿绳下滑，但要注意速度不能过快，以免擦伤。

学练提示

抓结是指系在主绳上，用于攀岩者进行自我保护的绳结。在发生意外情况时，抓结能辅助攀岩者将自己固定在主绳上。攀岩者可推动抓结，以调整其在主绳上的位置。

强体筑梦

攀岩改变的村庄

羊山村位于广西壮族自治区南宁市马山县古零镇，是一个大山环绕的小山村。连绵不断的石山曾经让这个村庄发展受困，绝大多数村民只能外出务工。让当地村民没想到的是，因为攀岩这项运动，这个拥有很多岩壁的山村开始热闹起来。

2017 年 8 月，中国首个攀岩特色体育小镇落户马山县，核心区就位于羊山村。目前，攀岩小镇已累计开发完成 22 面岩壁、553 条攀岩线路、9 条登山栈道、12 个攀岩平台，还完成了攀岩馆、登山健身步道、营地主舞台、汽车营地等系列配套设施建设。

如今，攀岩小镇已成为国内外攀岩爱好者的打卡地，是广西乃至全国发展攀岩特色运动、培养攀岩人才的重要基地。自 2017 年以来，攀岩小镇已承办多场国际级和国家级攀岩赛事，并承办呢多种类型的山地户外赛事和户外培训班。

羊山村党支部书记助理介绍，在攀岩运动的带动下，村集体经济收入从 0 元增至 109 万元，农民人均纯收入从 2016 年的 3 800 元增至 2020 年的 9 800 元，成为本地知名的富裕村、明星村。

村庄有了活力，乡村风貌也稳步提升。近年来当地先后筹集资金 3 000 多万元，实施村屯房屋外立面改造、排污给排水、环卫绿化等 56 项工程。如今，行走在山村中，步步皆景。静静流淌的小河串起多个村屯，花红柳绿、小桥流水，让人流连忘返。

（资料来源：新华网，有改动）

参考文献

[1] 李振佳，齐爽．大学生体育与健康［M］．北京：中国人民大学出版社，2020．
[2] 华宝元．大学生体育与健康教程［M］．成都：电子科技大学出版社，2017．
[3] 张巍．高职体育教程［M］．北京：高等教育出版社，2018．
[4] 张建龙，亢宇．大学体育实践教程［M］．上海：上海交通大学出版社，2021．
[5] 周涛，刘信明，郑春平．体育与健康［M］．北京：中国人民大学出版社，2019．
[6] 王存文．职业体能训练［M］．北京：中国人民大学出版社，2013．